企业技术创新的内在机制研究

——基于股权结构与高管激励的视角

牟 琪 著

華東理工大學出版社
EAST CHINA UNIVERSITY OF SCIENCE AND TECHNOLOGY PRESS
·上海·

图书在版编目(CIP)数据

企业技术创新的内在机制研究：基于股权结构与高管激励的视角 / 牟琪著. —上海：华东理工大学出版社，2022.11

ISBN 978 - 7 - 5628 - 6748 - 7

Ⅰ. ①企… Ⅱ. ①牟… Ⅲ. ①企业创新—研究—中国 Ⅳ. ①F279.23

中国版本图书馆 CIP 数据核字(2022)第 185464 号

内容提要

本书基于公司治理理论、激励理论和利益相关者理论，构建了股权结构、高管激励与企业技术创新关系的理论模型，并以我国战略性新兴产业上市企业为研究对象，实证分析了股权结构、高管激励与企业技术创新的关系，揭示了其内在的影响和作用机制，研究了企业技术创新的内在机制。全书共 8 章，第 1 章为导论，介绍了股权结构、高管激励与企业技术创新的研究目的和意义、研究内容和研究思路；第 2 章为文献综述，梳理了股权结构、高管激励与企业技术创新相关研究；第 3 章为理论模型构建，构建了股权结构、高管激励与企业技术创新理论模型，并进行模型推导和分析；第 4 章实证研究了股权性质、高管激励与企业技术创新关系；第 5 章实证研究机构持股、高管激励与企业技术创新关系；第 6 章基于政府补贴调节效应，实证研究了股权性质、高管激励与企业技术创新关系；第 7 章基于政府补贴调节效应，实证研究了机构持股、高管激励与企业技术创新关系；第 8 章为结论与政策建议，总结上述理论模型推论以及实证研究所得出的相关结论，并在此基础之上提出了政策建议。

本书可为政府促进企业技术创新，以及企业提高自身技术创新绩效提供理论指导和借鉴。

项目统筹 / 马夫娇　韩　婷
责任编辑 / 韩　婷
责任校对 / 陈　涵
装帧设计 / 徐　蓉
出版发行 / 华东理工大学出版社有限公司
地址：上海市梅陇路 130 号，200237
电话：021 - 64250306
网址：www.ecustpress.cn
邮箱：zongbianban@ecustpress.cn
印　　刷 / 上海中华商务联合印刷有限公司
开　　本 / 710 mm×1000 mm　1/16
印　　张 / 15.25
字　　数 / 226 千字
版　　次 / 2022 年 11 月第 1 版
印　　次 / 2022 年 11 月第 1 次
定　　价 / 98.00 元

序

preface

对于中国这样的发展中国家来说，当经济发展达到中等收入水平时，约束经济增长的直接因素是市场规模扩张的限制，这一方面在于内需市场的增长难以支撑生产能力的扩大；另一方面在于国外市场的扩张日益受到全球市场规模的限制，尤其是与贸易对象国的竞争与冲突会越来越尖锐，因此才有所谓的“中等收入陷阱”一说。对此有大量的研究希望破解这一难题，尤其是世界银行等国际经济组织始终在关注这一问题，提出了一些建设性的意见。我们觉得一个经济体的经济发展到一定程度，无论是大国还是小国，要实现经济转型和持续的经济增长，直接的约束是市场的限制，但根本因素是生产和技术的创新性。要摆脱“中等收入陷阱”，关键在于是否能提升产业的技术创新能力和水平，形成系统性的技术创新体系。

对于这一点，我国改革开放以来，政府始终是高度重视的，出台了一系列促进技术创新的政策，也确定了建立企业为主体、市场为导向、产学研相结合的技术创新体系策略。但长期以来基于产品仿制的可能性和成本考虑，大量的企业并不以技术创新作为经营战略重点，企业生产能力及竞争力的提升更多是通过设备引进、产品仿制等技术进步而非创新。只是在近 20 年随着市场竞争性的加剧，国家对技术创新的重视程度和支持力度不断提高，我国企业的技术发展战略才有了明显的转变，技术创新投入也大幅度增加，企业持有的专利数屡创新高，目前已居世界前列。然而，在关键技术、高精尖技术等领域，我国企业的创新能力仍严重不足。这既有历史基础薄弱的原因，也有制度性的因素，关于这方面的约束因素已经引起学界的关注。但研究还比较笼统，尤其是从企业微观的视角来研究企业技术创新动力的文献还比较少。因此，有必要深入探索企业技术创新的内在影响机制和激励机制，为相关政策制定提供理论依据。

基于上述的研究背景，本书作者将股权结构、高管激励作为公司治理的核心内容，从企业制度、管理者行为等角度分析影响企业技术创新的因素，这对探讨企业技术创新的约束因素和激励机制有着重要意义，也是一个新的研究视角。同时，鉴于企业技术创新具有较高的成本不确定性和知识外溢风险，通常政府会给予企业研发补贴等政策性支持以降低企业技术创新的成本和风险，进而调动企业技术创新的积极性，这种外部的激励会影响内部股权结构、高管激励与企业技术创新的关系，这一点也引起了作者的重视。因此，本书作者聚焦企业内部股权结构、高管激励对企业技术创新的影响开展研究，并综合考虑了政府补贴、资本市场的机构投资人等外部因素，对这些因素如何影响企业技术创新进行了综合效应的研究。我认为，聚焦股权结构和企业的经理人激励机制来研究企业技术创新问题，触及了企业资本和管理者利益的本质，对揭示企业技术创新的内在机制是很有意义的。具体而言，我认为本书在以下几个方面的研究具有特色和创新性：

一是本书基于公司治理理论、激励理论和利益相关者理论，构建了股权结构、高管激励与企业技术创新的关系理论模型，主要包括股权性质和机构持股、高管激励与企业技术创新关系理论模型。进一步来说，作者建构了考虑政府补贴调节效应的股权性质和机构持股、高管激励与企业技术创新关系理论模型。通过理论模型推导，在理论上发现国有控股企业更倾向于采用高管薪酬激励，更加注重高管绩效评估，由此可能会对高管技术创新决策产生负面影响，从而导致国有控股企业技术创新绩效低于民营控股企业技术创新绩效。机构持股对企业投资收益的要求会形成外部约束，从而抑制高管做出技术创新决策，对企业技术创新产生负面影响。政府补贴对国有控股企业与民营控股企业技术创新均存在正向影响。此外，政府补贴可以通过缓解机构投资者对企业技术创新收益外部约束，从而激励高管进行技术创新，对机构持股与企业技术创新关系产生正向调节效应。

二是基于我国沪深两市战略性新兴产业上市企业 2010—2015 年的面

板数据，通过构建多元回归模型实证检验股权结构、高管激励与企业技术创新的理论模型，并通过实证研究发现，我国战略性新兴民营控股企业技术创新绩效显著高于国有控股企业，但是其技术创新效率有待提高。高管薪酬激励对国有控股与民营控股企业技术创新，尤其是实质性技术创新均有着较显著的正向影响。而高管股权激励则对民营控股企业技术创新，尤其是非实质性技术创新有着更加显著的正向影响。机构持股对企业技术创新没有显著的影响效应，本书还在考虑机构投资者的异质性后发现，基金持股和券商持股对企业技术创新分别存在显著和不显著的负向影响效应，QFII 持股则对企业技术创新，尤其是实质性技术创新有着更加显著的正向影响。相较于高管股权激励，高管薪酬激励可以对机构持股整体与企业技术创新，尤其是实质性技术创新关系产生更加显著的正向调节效应。但对于不同的机构投资者，高管薪酬激励的调节效应存在差异性。其中，高管薪酬激励无法对基金持股和券商持股与企业技术创新关系产生正向调节效应，但可以对 QFII 持股与企业技术创新，尤其是实质性技术创新关系产生显著的正向调节效应。

三是在综合考虑政府补贴的调节效应，实证分析股权结构、高管激励与企业技术创新的关系后，认为政府补贴对战略性新兴产业国有控股和民营控股企业的技术创新，尤其是实质性技术创新均有着较显著的正向影响。相较于民营控股企业，在政府补贴条件下，由于降低了创新投资的成本和政治风险，国企高管薪酬激励与国有控股企业技术创新的正向关系更强，尤其是对实质性技术创新活动更具正向调节效应。通过实证分析也发现，在实行高管股权激励的情况下，政府补贴并不能改变高管激励与企业技术创新的关系，即对两者关系不存在显著调节效应。考察在政府补贴条件下机构股东与企业技术创新的关系，发现外部的补贴政策对机构持股与企业技术创新，特别是实质性技术创新关系存在显著的正向调节效应。进一步考察机构异质性后发现，政府补贴对基金持股与企业技术创新，尤其是非实质性技术创新关系有更加显著的正向调节效应。政府补贴对券商持股、QFII 持股与企业技术创新，尤其是实质性技术创新关系有着更加显著的正向调节效应。相较于高管股权激励，在政府补贴影响下，实行高管薪酬激励对机构持股与企业技术创新，尤其是实质性技术创新间关系存在更加显著的正向调节效应。

上述的研究结论是基于企业技术创新理论模型，利用我国战略性新兴产业上市企业的丰富数据，在规范的实证研究基础上得出来的，其揭示的企业技术创新内在机制具有理论创新性，在研究方法上也有所改进，提出的政策性建议有助于我国企业技术创新的制度安排和政策制定。

值得一提的是，本书是牟琪在其博士论文基础上修改而成。她在攻读博士学位之前，已具有扎实的财务分析知识。攻读博士学位期间，经过严格的经济学研究训练，使这项研究工作的科学性和规范性得到保证，最终取得了这项具有创新性的研究成果。

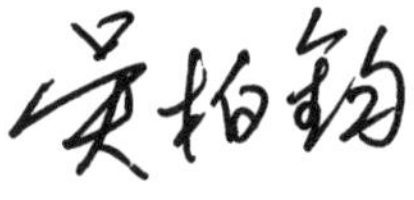

于华东理工大学

2022 年 5 月

前　言

foreword

本书基于公司治理理论、激励理论和利益相关者理论，构建股权结构、高管激励与企业技术创新关系的理论模型，并以我国战略性新兴产业上市企业为研究对象，实证分析股权结构、高管激励与企业技术创新的关系，揭示其内在的影响和作用机制，研究企业技术创新的内在机制。第一，本书介绍了股权结构、高管激励与企业技术创新的研究目的和意义，梳理了股权结构、高管激励与企业技术创新相关研究；第二，基于经济活动的事实特征和相关的理论，本书构建了股权结构、高管激励与企业技术创新理论模型，并分析了变量间的关系及内在机制；第三，实证分析了股权性质、高管激励与企业技术创新的关系，机构持股、高管激励与企业技术创新的关系；第四，基于政府补贴影响效应，实证分析了股权性质、高管激励与企业技术创新的关系，以及机构持股、高管激励与企业技术创新的关系。

本书的研究表明，理论上，国有控股企业技术创新绩效低于民营控股企业技术创新绩效，机构持股对企业技术创新产生负面影响，政府补贴对国有控股与民营控股企业技术创新均有正向影响，对机构持股与企业技术创新关系产生正向调节效应。实证分析发现，我国战略性新兴民营控股企业技术创新绩效显著高于国有控股企业。高管薪酬激励对国有控股与民营控股企业技术创新均有较显著正向影响，而高管股权激励则对民营控股企业技术创新有更显著的正向影响。机构持股对企业技术创新没有显著影响效应，在考虑机构投资者异质性后发现，基金持股和券商持股对企业技术创新分别存在显著和不显著的负向影响效应，QFII 持股则对企业技术创新有显著正向影响。相较高管股权激励，高管薪酬激励会对机构持股整体与企业技术创新关系产生显著正向调节效应，但对不同机构投资者，其调节效应存在差异性。政府补贴对战略性新兴产业国有控股和民营控股企业的技术创新均有较显著正向影响。相较于民营控股企业，在政府补贴条件下，国企高管薪酬激励与国有控股企业技术创新的正向关系更强。政府补贴对高管股权激励与企业技术创新的关系不存在显著调节效应。政府补贴对机构持股与企业技术创新关系存在显著正向调节效应，且对基金持股、券商持股、QFII 持股与企业技术创新关系均有显著正向调节效应。相较高管股权激励，在政府补贴影响下，实行高管薪酬激励对机构持股与企业技术创新关系存在更加显著的正向调节效应。本书为政府促进企业技术创新、企业提高自身技术创新绩效提供理论指导和借鉴。由于水平所限，书中难免有不足之处，恳请广大读者批评指正。

牟琪
2022 年初夏于沪

目 录

contents

第1章 导 论

1.1 研究目的与意义

1.1.1 研究背景

自熊彼特（Schumpeter，1942）[1]提出创新理论以来，诸多经济学家开始关注技术创新对经济增长的贡献以及决定技术创新的因素。无论是外生经济增长理论还是内生经济增长理论，均提出技术创新是经济增长的重要源泉（Solow，1957[2]；Romer，1990[3]）。其中内生经济增长理论将技术创新视为内生变量，以新的视角解释了技术创新是经济增长的根本动力。

基于企业技术创新对经济增长的重要性，大量研究文献聚焦于影响企业技术创新的因素分析。早期的研究较多关注市场结构、市场需求与规模等因素对企业技术创新的影响研究（Schumpeter，1942[1]；Demsetz，1969[4]；Arrow，1962[5]）。随着公司治理理论的兴起，学者们开始关注公司治理对企业技术创新的影响研究，这方面的研究不仅涉及股东类型、股权分布等对企业技术创新的影响性，也重点讨论了公司治理结构、公司激励机制等的影响（O'Sullivan，2000[6]；Aghion 等，2013[7]）。其中，公司治理结构作为企业运行的基本制度与规则，对企业技术创新项目的决策与执行起到决定性的作用。股权结构与高管激励作为公司治理结构的核心内容，对企业技术创新行为更是有着重要的影响。股权结构与高管激励主要涉及公司治理中的第一类代理问题，即所有者与经营者之间的代理问题。一般而言，股权结构是指企业中不同股东持股比例以及股东关系情况。股权结构相关研究视角主要包含股权性质、股权集中度以及股权制衡等，且股权结构对于企业技术创新的影响研究大多基于以上视角展开。另外，随着机构投资者在上市企业中持股比例的增加和市场地位的提高，学者们也逐渐注重基于机构股东视角研究股权结构的影响效应。因此，研究股权结构对企业技术创新的影响效应，不仅是企业技术创新的经济学研究近期关注的重点，而且这方面的研究在理论上也可以较全面地反映企业内部因素对企业技术创新的影响机制。

鉴于企业的经营管理和投资决策在本质上是人的偏好、决定与选择行为，在现代公司治理结构中，两权分离及由此产生的委托代理机制约束下，企业经营和投资的效益常常取决于企业的激励机制，特别是以高级管理者为主体的经理人激励更为关键。在企业的技术创新活动中，这种激励机制的影响尤为显著。在企业实践中，薪酬激励、股权激励等不同的激励机制，对于经理人的风险承担、经营责任等均产生很大的影响。对于企业技术创新活动来说，存在着研发周期较长、失败风险较高等诸多不确定性因素，相较于企业其他经营项目，技术创新尤其是高科技创新项目投资对于企业高管存在较高的职业风险，这种风险较易引发所谓的逆向选择和道德风险等代理问题。同时，已有的理论和实践证明，有效的高管激励机制可以促使高管更注重技术创新等风险较高但有利于企业长远发展的投资项目。我国学者对此方面的诸多研究中，尽管对于不同激励方式的绩效和影响程度有较大的争议，但研究结果大多表明高管薪酬激励有利于促进企业R&D 投入（王燕妮，2011[8]；鲁桐和党印，2014[9]）。

正如后文综述的有关公司治理及激励机制与企业技术创新之间关系的研究，可以发现绝大部分的研究注重于单一因素的研究，而事实上激励机制与股权结构直接相关，也受外部市场、制度和政策等因素的影响，激励机制的作用在不同的股权结构、治理结构中会产生不同的效应。目前的研究较少将股权结构、治理结构和高管激励等因素综合起来考虑，也很少有研究将政策因素考虑在内，所以难以深入分析企业治理结构、激励方式与企业技术创新的关系与内在影响机制。因此，在考虑政府补贴等政策因素的情况下，综合分析股权结构、高管激励与企业技术创新的关系及内在作用机制，对于深入研究企业技术创新的影响因素和作用机制是具有非常大的理论意义的。

改革开放四十多年来，在我国产业快速发展的同时，技术创新体制和机制不断变革，企业的技术水平不断提高，逐步建立了产学研合作、以企业为研发主体的技术创新体系。据统计，2016 年超过 20%的企业对于研发经费的支出占主营业务收入的比例大于 10%，且企业专利申请数量占其总创新成果的比重高达 62.4%①。在中国未来的经济转型期，产业发展面临着升级改造的重任，技术创新驱动已经成为我国经济转型和发展的重要战略部署。企业作为国民经济中的微观经济主体，其技术创新水平直接关系到我国技术创新体系建设的进度和质量。根据 2017 年中国企业创新动向指数报告，现阶段我国企业技术创新意愿和投入有显著增加，但技术创新产出绩效尚需提高，企业技术创新仍面临很多风险和挑战（仲为国等，2017）[10]。如何突破技术创新困境，调动企业技术创新的积极性，已成为当前急需解决的重要问题。

在一国经济发展中，战略性新兴产业的发展及技术水平决定了国家的产业竞争能力，战略性新兴产业是以重大技术创新为基础的专利密集型产业，具有资源消耗少、成长潜力大和综合效益高的特征，主要包括节能环保、新一代信息技术、生物、高端装备制造、新能源、新材料、新能源汽车七大战略性新兴产业。我国正处于经济转型的关键时期，发展战略性新兴产业对我国传统产业升级和经济可持续发展有着重要的引领带动作用。因此，培育战略性新兴产业被中央及国家部委视为我国重大战略选择，同时战略性新兴产业也成为我国政府补贴等优惠政策重点扶持的对象。据战略性新兴产业专利统计分析报告，2016 年年底我国战略性新兴产业发明拥有量占国内发明拥有量的比重达 37%②，战略性新兴产业在发明创新方面有了显著的成绩，但是还存在技术创新发展不充分的问题。政府的政策性支持是否能够促进战略性新兴企业完善治理机制，进而调动其技术创新的积极性，还有待理论探讨和实践经验总结，目前这方面的研究较为薄弱。事实上，截至 2016 年第二季度末，战略性新兴产业上市企业占 A 股

① 数据来源于《2017 年中国专利调查报告》。

② 数据来源于《战略性新兴产业专利统计分析报告（2017 年）》。

上市公司的35.4%①，这些公司的技术创新状况在一定程度上反映了我国企业的整体技术创新和高新技术水平状况。因此，如果我们对战略性新兴产业的上市企业技术创新影响因素进行深入分析，可以准确把握我国企业的技术创新状况，揭示其内在的作用机制。本书试图以战略性新兴产业上市企业为研究样本，研究上文所述的政府补贴影响下股权结构、高管激励与技术创新绩效的关系及作用机制。

1.1.2 研究目的

本书的研究，目的在于揭示企业治理结构和激励机制对技术创新的影响，以及产生该种影响的内在机制。

（1）构建股权结构、高管激励与企业技术创新理论模型，聚焦于高管的决策行为，从理论上分析公司治理影响企业技术创新的机制和路径。基于企业控股股东、机构股东、高管以及政府各方利益博弈视角，构建企业高管技术创新决策模型，分析企业内部因素（股东和高管）和企业外部因素（政府）对企业技术创新的影响效应。

（2）基于2010—2015年我国战略性新兴产业上市企业数据，通过实证分析检验理论模型推论，并进行拓展分析。实证分析部分主要通过构建多元回归模型，从企业股权性质、机构持股、高管激励、政府补贴等方面的统计数据进一步揭示股权结构、高管激励对企业技术创新的影响效应。

（3）基于理论与实证分析结果提出相关政策性建议，一方面为企业完善公司治理机制以促进技术创新提供理论指导，另一方面为我国政府实施有效的宏观调控，引导和促进企业技术创新提供理论依据。

1.1.3 研究意义

现有相关的研究大多基于公司治理方面对企业技术创新进行了较为宽泛的研究。关于股权结构、高管激励对企业技术创新的影响分析也偏向于单一研究，且较多采用实证分析的方法。对政府补贴调节效应、机构异质

---

① 数据来源于《2016上半年战略性新兴产业上市公司发展报告》。

性以及股权结构与高管激励的交互效应等因素的影响分析比较匮乏。本书研究的理论意义在于：

（1）丰富了企业技术创新的研究方法，为研究企业技术创新提供了一个理论框架。以往相关文献大多为实证研究，本书则基于公司治理、利益相关者等理论，构建控股股东、机构股东、高管和政府之间的利益博弈视角下的企业技术创新的决策行为模型，为分析企业技术创新建立模型基础。

（2）拓展了公司治理对企业技术创新影响分析的研究视角，基于控股股东、机构股东、高管以及政府各利益相关方视角进行了补充分析。本书不再拘泥于各方因素对企业技术创新的单项影响分析，更注重企业股东、高管以及政府对企业技术创新所产生的交互影响效应分析。

（3）补充了战略性新兴产业技术创新的研究内容。本书以战略性新兴产业上市企业为研究样本，构建了股权结构、高管激励与企业技术创新的理论模型并进行了实证分析，进一步拓展了战略性新兴产业技术创新的研究视角和研究内容，丰富了相关研究结论，从而为我国战略性新兴产业技术创新的发展提供了理论依据与借鉴。

本书的实际应用价值在于：

（1）为企业完善内部治理机制和促进技术创新绩效提供理论依据与借鉴。本书通过构建理论模型对控股股东和机构股东对企业高管技术创新决策的影响机制进行分析，揭示了股权结构和高管激励与企业技术创新的关系内涵。不同股东对高管技术创新决策约束存在差异性，导致在异质股权性质或异质股东影响下，企业最终技术创新绩效产生了显著的异质性。因此如何衡量股东以及高管各方利益从而激发企业技术创新活力是企业需要考虑的重要方面。

（2）为我国战略性新兴产业技术创新与可持续发展提供理论指导。本书以战略性新兴产业上市企业为研究样本，基于股权性质、机构持股情况、高管激励机制以及政府补贴情况进行了详细的理论分析和实证研究，全面分析了战略性新兴产业公司治理与企业技术创新的关系现状，从而为战略性新兴产业基于公司治理层面寻求技术创新动力提供依据。

（3）有利于为我国政府促进企业技术创新与可持续发展提供理论基础。本书在结合政府补贴影响效应下，更加全面地讨论了政府补贴在股权结构、高管激励与企业技术创新之间的关系中所产生的调节效应，从而基于政府补贴对企业技术创新的补贴效率进行了评估。总体而言，政府补贴对企业技术创新产生了较为显著的促进作用，但是其补贴效率还有待提高。

1.2 研究内容和研究思路

1.2.1 研究内容

本书的研究基于公司治理理论、激励理论和利益相关者理论，建构股权结构、高管激励与企业技术创新关系的理论模型，并以我国战略性新兴产业上市企业为研究对象，实证分析股权结构、高管激励与企业技术创新的关系，揭示其内在的影响和作用机制。具体而言，本书主要研究以下几个方面的内容。

（1）基于公司治理理论、激励理论等基础理论，在对相关理论文献进行研究的基础上，主要借鉴 Aghion 等的理论模型，根据中国企业的实际情况，建构股权结构、高管激励与企业技术创新的理论模型，形成总体的理论分析框架。同时，基于该理论模型提出一系列的变量间关系的推论，对股权结构、高管激励与企业技术创新影响的内在机制给出一般的理论解释。

（2）以我国战略性新兴产业的上市公司为研究对象，在对这些企业的技术创新及相关因素进行统计分析的基础上，分因素和分层次分析股权结构、高管激励与企业技术创新的关系及其影响机制。首先，实证分析股权性质、高管激励与企业技术创新的关系，以验证理论模型相应推论，并在此基础上进行扩展分析；其次，综合考虑机构持股异质性，实证分析机构持股、高管激励与企业技术创新的关系，以验证理论模型相应推论并进一步丰富理论模型研究内容。

（3）在上述研究基础上，考虑政府补贴政策的影响因素，一方面实证分析股权性质、高管激励与企业技术创新的关系；另一方面实证分析机构持股、高管激励与企业技术创新的关系，以验证和丰富该理论模型及相应的推论。

(4) 基于所揭示的股权结构、高管激励与企业技术创新的关系，探讨何以在不同的股权性质、高管激励方式和政策环境下，会对企业技术创新产生不同的影响效应。

(5) 基于研究的结论，并结合中国的企业技术创新实际情况，为促进企业技术创新发展提出一些政策性建议。

1.2.2　研究思路

本书的研究思路如图1-1技术路线图所示，具体包括以下几个部分。

第一部分为导言与文献综述。主要介绍了本书研究背景与目的等内容，并基于规范研究方法整理了国内外关于企业技术创新、股权结构、高管激励以及战略性新兴产业技术创新的文献，并对其进行评述与总结。

第二部分为理论模型构建与分析。主要基于政府补贴调节效应构建了股权结构、高管激励与企业技术创新的关系理论模型并提出了相关推论，本部分模型主要包含四个方面内容。首先，综述模型构建的依据，并给出理论模型基本假设与框架；其次，基于股权性质和机构持股两个视角构建股权结构、高管激励与企业技术创新的关系理论模型；再次，结合政府补贴影响效应，构建股权结构、高管激励与企业技术创新的关系理论模型；最后，基于构建的理论模型进行理论分析并提出相关推论。

第三部分为基于多元回归模型的实证研究。以我国战略性新兴产业上市企业面板数据为样本，对理论模型推论进行检验并进行扩展分析，本部分主要包含四个方面的内容。首先，基于异质股权性质，实证分析股权性质、高管激励与企业技术创新的关系；其次，基于异质机构，实证分析机构持股、高管激励与企业技术创新的关系；再次，基于政府补贴影响效应，实证分析股权性质、高管激励与企业技术的创新关系；最后，基于政府补贴影响效应，实证分析机构持股、高管激励与企业技术创新的关系。

第四部分为结论与政策建议。总结以上理论模型推论及实证研究所得出的相关结论，并在此基础之上提出政策建议，为政府促进企业技术创新，以及企业提高自身技术创新绩效提供理论指导和借鉴。

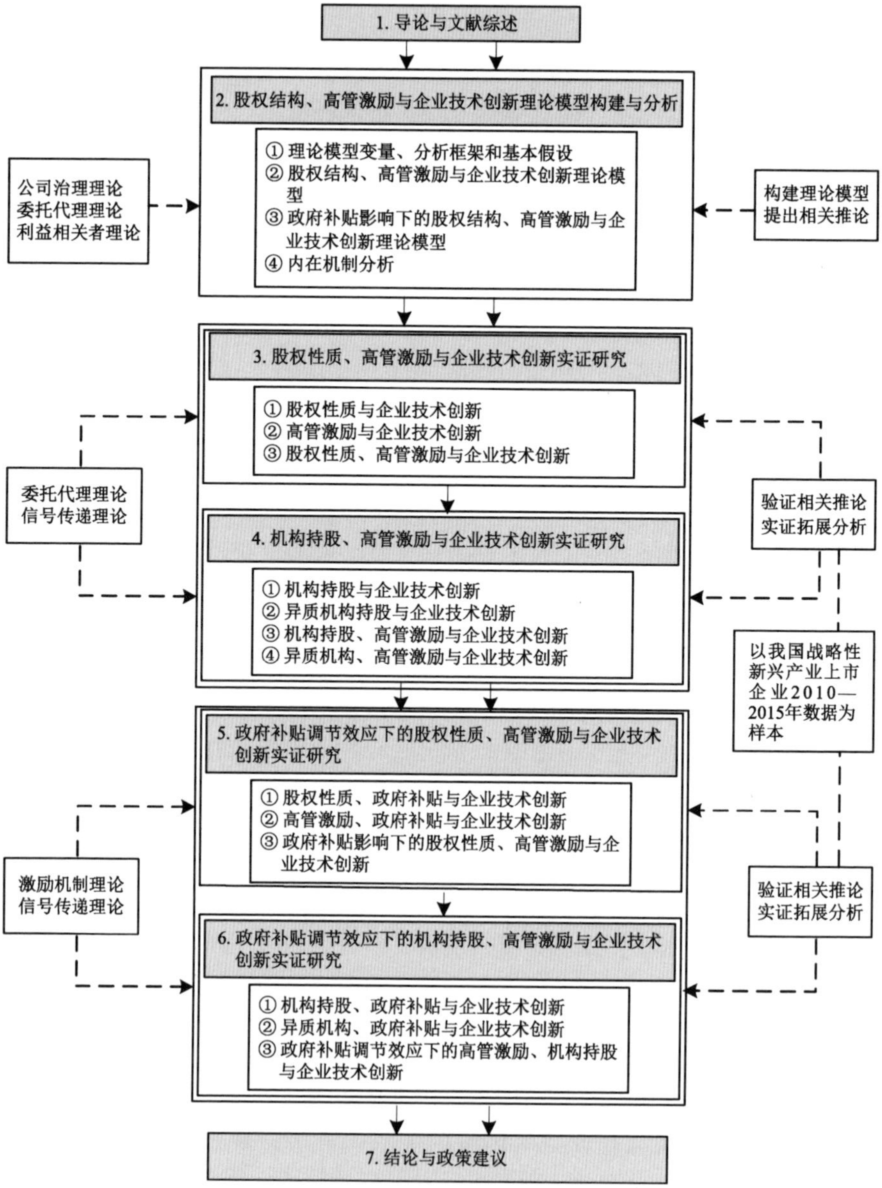

图 1-1 技术路线图

1.3 本书创新点

本书预期研究成果和创新点主要有以下几点。

第一，对于企业技术创新影响因素的分析，在已有的单因素分析模型基础上，在理论上综合考虑了公司治理的多种因素，并加入政府补贴等外部政策性约束因素，从而构建了股权结构、高管激励与企业技术创新的多因素关系理论模型，丰富了理论研究内容，扩展了理论模型，建构了企业技术创新影响研究的一般理论分析框架。

第二，不仅检验了股权结构、高管激励对企业技术创新的单项影响效应，还检验了股权结构与高管激励对企业技术创新的交互影响效应。而以往相关文献通常基于不同高管激励机制对企业技术创新影响效应进行分析，鲜有结合股权结构，包括股权性质与机构持股影响效应进行较全面分析的。

第三，以往的研究较多从企业内部影响因素分析公司治理与企业技术创新的关系，本书引入政府补贴政策，分析了政府补贴政策条件下股权结构、高管激励对企业技术创新的影响效应。由此更深入地揭示了公司治理因素影响技术创新的内在机制，以及外部影响因素下的决策行为变化。

第四，在研究企业技术创新行为时，进一步将企业技术创新划分为高水平的实质性技术创新与低水平的非实质性技术创新，从而能够更加全面地反映股权结构、高管激励以及政府补贴对企业技术创新效率的影响效应。而以往文献较多讨论公司治理对企业 R&D 投入，或者创新绩效的影响，较少考虑企业技术创新效率。

第五，以我国战略性新兴产业上市企业为研究样本，进一步丰富了战略性新兴产业技术创新的研究内容与方法。以往关于战略性新兴产业创新研究较多集中于政府政策的影响分析，较少从公司治理层面分析其技术创新行为与绩效，因此本书研究可以为我国战略性新兴产业发展提供理论指导和借鉴。

第2章　文献综述

关于企业技术创新问题的研究始终是学界的重点，在对技术创新概念形成共识的基础上，研究工作不断地围绕技术创新的动力、创新的机制展开。本书基于企业技术创新影响因素及机制的研究主体，特别是公司治理层面的股权结构、高管激励与企业技术创新关系的研究，对相关的理论和研究文献进行梳理和述评。

2.1 企业技术创新理论演进的相关研究综述

自技术创新理论被提出以来，国内外学者对其进行了大量的研究。本书对企业技术创新理论进行梳理总结，并对企业技术创新影响因素，即基于企业技术创新的研究发展视角进行综述。

2.1.1 企业技术创新理论的发展

Schumpeter首次提出创新理论，并对创新进行了概念界定和分析。Schumpeter（1942）[1]认为技术创新是促进经济增长的重要动力，并提出垄断的市场结构以及较大规模的企业更有利于技术创新等理论。之后又有较多学者围绕技术创新进行了理论分析，关于企业技术创新理论的发展大致可以分为两类。

一类是基于宏观经济增长所提出的技术创新理论。技术创新的根本目的在于促进经济增长，因此许多经济学家基于技术创新对经济增长的贡献对技术创新理论进行了研究。新古典经济增长理论把技术创新视为外生变量，将其纳入经济增长理论模型进行分析。Solow（1957）[2]构建的外生经济增长模型中，将技术创新、劳动力与资本视为促进经济增长的核心要素，并基于理论模型提出“Solow Residual”①。在 Solow 模型中，技术创新对经济增长的贡献被刻画成一种剩余价值，即通过经济增长扣除劳动力以及资本贡献之后的剩余价值是技术创新所带来的贡献。虽然技术创新对经济增长的贡献能够通过数学模型计算衡量，但是 Solow 模型将技术创新视为外生变量，且技术创新对经济增长的剩余贡献中是否包含了其他影响因素无法考量，所以在很多情况下，Solow 模型无法较好地揭示经济增长的根本动力。继 Solow 理论之后，又有学者将技术创新视为经济增长的内生因素构建理论模型，分析技术创新对经济增长的影响。Romer（1990）[3] 将技术创新视为内生变量，在模型中引入劳动力、资本、人力资本和技术水平四个变量，构建了三部门的内生经济增长模型。Romer 模型涉及技术创新与知识积累对经济增长的影响分析，并得出经济增长的根本动力在于技术创新与进步。

另一类技术创新理论的研究是基于微观产业或企业提出的。比较有代表性的是以产业经济学和制度经济学为基础所提出的产业或企业技术创新理论。产业经济学对企业技术创新理论的研究较多结合博弈论的分析方法，其中比较著名的技术创新相关模型有企业研发策略的 AJ 模型和 KMZ 模型等（D'Aspremont 和 Jacquemin，1988[11]；Zang 等，1992[12]），主要基于假设设定，分析特定市场结构或体制下企业技术创新行为。而制度经济学则进一步丰富了企业技术创新理论的内容。不同于新古典经济学将企业技术创新视作一个“黑箱”问题，制度经济学更多地从制度约束视角为分析企业技术创新提供了理论基础，尤其是公司治理理论可以为企业技术创新行为提供较多的理论解释。高水平的技术创新涉及企业重大战略发展，这就不可避免会关系到企业股东、高管等利益各方，技术创新会引发诸多关于交易成本、产权归属、委托代理等问题。而公司治理理论则是从企业所有者和经营者的视角对企业技术创新行为进行了一系列的研究，包括股权结构、董事会结构以及激励机制等对企业技术创新的影响。据此近代关

① Solow Residual（索洛剩余），是诺贝尔经济学奖得主、麻省理工学院的罗伯特·索洛（Robert Solow）的早期著名研究成果，使用的是 1909—1949 年美国的情况。以下称“Solow 模型”。

于企业技术创新的研究也开始较多地集中于公司治理视角。

2.1.2 企业技术创新机制研究视角的发展

企业技术创新机制研究视角的发展主要是对影响企业技术创新因素的分析。企业技术创新影响因素的相关研究大致可以分为企业外部因素和内部因素影响分析。企业技术创新外部因素的分析大多集中于市场环境、政府政策、法律制度等方面，内部因素的分析较多关注于企业规模、公司治理等方面。对于企业外部因素相关研究，最早始于市场环境的影响研究。市场环境对企业技术创新的影响研究主要集中在市场结构的影响效应。现有市场结构对企业技术创新的影响研究主要有三种观点：第一种观点认为垄断有利于技术创新（Schumpeter，1942[1]；Demsetz，1969[4]；Kamien 和 Schwartz，1972[13]；马静玉，1996[14]；王子君和张伟，2002[15]；杜伟和康自平，2004[16]）；第二种观点认为竞争有利于技术创新（Arrow，1962[5]；Reinganum，1982[17]；聂辉华等，2008[18]）；第三种观点认为市场结构与创新之间是非线性关系（Dasgupta 和 Stiglitz，1980[19]；Spence，1986[20]；Vives，2008[21]；Chen 和 Schwartz，2013[22]；平新乔和周艺艺，2007[23]；寇宗来和高琼，2013[24]）。这三种观点都有一定的理论依据与现实基础，同时也都有各自的局限性。政府政策与法律制度涉及企业技术创新的政治制度宏观环境，对企业技术创新行为起到监管和规范作用。在制度经济学兴起之后，学者们开始关注政府补贴等政策性支持，以及专利保护等法律制度对企业创新的影响效应。大部分研究表明政府补贴等政策性支持会对企业技术创新活动起到促进作用（Horowitz，1967[25]；Neary，1998[26]；Noland 和 Pack，2003[27]），但是在我国政治关联等非正式资源以及信息不对称干扰下，政策性补贴有时会成为企业寻租的对象，从而对企业创新产生负面影响（安同良等，2009[28]；郭晓丹等，2011[29]；储德银等，2016[30]）。相较于西方较健全的企业创新行为法律保护制度，我国知识产权保护等方面法律制度还有待改善（陈武，2010[31]；杨健和韩立新，2010[32]；胡冬雪和陈强，2013[33]）。

影响企业技术创新的内部因素相关研究最早集中于对企业规模的影响

分析，后来更多地关注公司治理的影响效应。早期关于企业规模对技术创新绩效的影响研究，结论大多支持规模较大的企业相对会拥有更多的技术创新产出和绩效（Schumpeter，1942[1]；Kaplan，1954[34]），但随着研究的深入，学者们提出了不同的观点。部分学者通过控制更多变量进行研究发现，企业规模与技术创新行为之间并非简单的线性关系，两者关系会受到企业所处产业特征以及市场结构、政府行为等因素的影响（Scherer，1965[35]；Bound 等，1982[36]；Cohen 和 Klepper，1996[37]；吴延兵，2006[38]）。公司治理机制作为企业运营的基本制度，关系到股东、高管等企业各个层级，对企业技术创新的影响效应相对较复杂，学者们也对此进行了广泛的研究。大部分学者认为好的公司治理机制有利于企业技术创新和可持续发展，但是对于何种治理安排是好的治理机制尚未有统一的观点。部分学者认为高股权集中度，或存在制衡机制的高股权集中度的治理结构更有利于企业技术创新（Shleifer 和 Vishny，1997[39]；孙兆斌，2006[40]；肖利平，2016[41]）。也有学者认为包含独立董事、董事经理职权分离等董事会结构，以及薪酬、股权激励等激励机制能调动管理层创新积极性从而提高企业技术创新水平（Levin 等，1987[42]；Pearce 和 Zahra，1991[43]；张宗益和张湄，2007[44]；田元飞等，2009[45]）。由此可见，虽然有很多学者基于公司治理对企业技术创新行为进行了很多研究，但是并没有形成较为统一的研究结论，且结合政府政策对公司治理结构，包括具体股东构成和高管激励等与企业技术创新的相关关系缺乏更为深入的分析。

2.2 基于公司治理的企业技术创新研究发展

公司治理的提出源于委托代理问题。技术创新决策是企业重大经营决策内容，涉及企业战略性发展，因此企业技术创新的决策与企业股东和管理层密切相关。又因为技术创新具有高研发风险和高外溢性特征，因此在技术创新决策上，企业股东与管理层基于自身利益考虑不可避免会产生决策冲突，这是由委托代理问题所引发的冲突。所以较多学者开始基于公司治理理论研究企业技术创新。本节首先对公司治理理论的企业技术创新相关研究进行归纳总结，然后对公司治理重要研究视角，即股权结构与高管激励对企业技术创新的影响研究进行梳理总结。

2.2.1 基于公司治理理论的企业技术创新研究发展

公司治理是企业运营的一系列制度安排，旨在解决由于所有权和控制权分离所带来的委托代理问题。随着股份制企业的发展，股权呈现分散化趋势，企业所有者对企业的管控权有所削弱，又因为企业经营者掌握更多的经营信息，从而导致企业所有者与经营者存在信息不对称问题，由此引发逆向选择和道德风险等代理问题（鲁桐和党印，2014）[9]。大多数关于公司治理与企业技术创新的研究也是基于委托代理理论展开的。虽然技术创新可以为企业带来新的利益增长点和竞争优势，但是由于企业技术创新存在较大的研发风险，会增加经营者因随机因素导致研发失败所带来的职业风险（温军和冯根福，2012）[46]。由此会引致所有者与经营者在企业技术创新决策上的委托代理问题。因此，关于公司治理与企业技术创新的相关研究，相关研究者更多地关注何种公司治理结构与激励机制可以有效缓解技术创新决策上的委托代理矛盾，促进企业技术创新。据此较多学者基于公司治理结构，包括股权结构、董事会组成等对企业技术创新展开了相关研究（冯根福和温军，2008）[47]。

由于公司治理理论涉及激励机制约束等内容，因此也有学者基于激励理论对企业技术创新展开重点研究。激励理论的核心内容即为如何调动人员工作积极性，从而更加有效地完成既定目标。企业对于经营者的激励本质上是一种契约的设立，且激励契约的设立是以所有者和经营者双方利益最大化为基础的。因此有学者认为企业中激励契约存在两种方式，一种为所有者与经营者所签署的显性契约；另一种为经营者基于职业生涯考虑的隐性契约。关于显性激励契约对企业技术创新的影响研究，有较多学者基于经营者或高管薪酬激励、股权激励等方面展开，且国内相关研究主要集中在高管薪酬激励、股权激励等与企业技术创新的实证分析。关于隐性激励契约的研究，最早由 Fama 提出，Fama （1980）[48] 认为经理人对自身职业生涯的关注会形成隐性激励对经理人决策行为产生约束。即在没有显性激励契约的情况下，由于经理人竞聘市场的存在，经理人也会基于自身在职场上的声誉和发展前景而努力工作。后来又有学者基于此理论对经理人职业生涯理论进行扩展分析，并应用到企业技术创新理论中。Aghion 等(2013)[7]基于经理人职业生涯理论模型构建企业技术创新理论模型，聚焦于经理人技术创新决策的影响研究，分析了机构持股与企业技术创新的关系。由于隐性激励契约难以衡量，国内对于高管隐性激励的研究较多集中于对高管年龄或所处职业生涯阶段的实证分析，且鲜有将隐性高管激励与显性高管激励结合起来进行分析的。

2.2.2 基于股权结构视角的企业技术创新研究

股东作为企业所有者，其结构特征对企业创新等重要经营决策，以及公司治理机制均起到决定性作用。现阶段关于股权结构的研究大多从股权性质、股权集中度以及股权制衡等方面展开，也有少数结合机构股东影响进行研究。现有研究更多地注重讨论股东构成及股东间关系，因此大部分关于股权结构对企业技术创新的影响效应分析也是从以上几个视角展开。下文将对股权结构与企业技术创新关系的相关文献进行汇总分析。

对于技术创新等能够对企业战略性发展起到决定性作用的投资决策，必然会受到股东层面的影响（鲁桐和党印，2014）[9]。股权结构作为公司治理的重要内容，能够较全面地反映股东层面的影响因素。关于股权结构对企业技术创新的影响研究视角大致也是基于股权性质、股权集中度与股权制衡等几个方面展开（徐金发和刘翌，2002[49]；杨勇等，2007[50]），也有少数文献涉及机构股东对企业技术创新的影响研究（温军和冯根福，2012[46]；蒋艳辉等，2014[51]）。股权性质与企业技术创新的关系研究较多讨论股权性质为国有与非国有，或民营时企业技术创新 R&D 投入，或技术创新水平和能力的差异性。由于国有控股企业大部分政企不分，导致国有企业管理层的薪酬及升迁会受到较大的行政干预（陈冬华等，2005）[52]，且相较于民营企业，国有企业承担更多的社会责任，对于利润重视程度较低（肖兴志等，2013[53]；舒谦和陈治亚，2014[54]）。因此有较多学者认为股权性质为国有控股的企业治理结构不利于激励管理层对技术创新项目的投资（白艺昕等，2008[55]；李丹蒙和夏立军，2008[56]），国有企业 R&D 投入强度低于民营企业（文芳，2008）[57]。除了上述对于国有控股和非国有控股企业技术创新投入产出差异性的研究，也有学者仅对国有股份占比与企业技术创新关系进行了讨论。部分学者经研究认为国有持股比例与企业 R&D 投入和技术创新能力存在负向关系，即国有股份占比较高，企业 R&D 投入及技术创新能力和水平较低（杨建君和盛锁，2007[58]；冯根福和温军，2008[47]）。

关于股权集中度、股权制衡与企业技术创新关系的研究，大部分学者是基于两者对企业技术创新的单项影响效应进行研究，也有少部分学者综合考虑两者对企业技术创新的联合影响效应进行分析探讨。对于股权集中度对企业技术创新的影响，学者们有较大分歧。有些学者认为股权集中度与企业技术创新存在正向或负向的线性关系。其中，部分学者认为当企业中存在大股东时会更倾向于加大 R&D 投入以获取企业可持续长远发展，即股权集中度较高有利于企业技术创新（Shleifer 和 Vishny，1986[59]；Hill 和 Snell，1988[60]；赵洪江等，2008[61]）；部分学者持相反观点，认为大股东出于规避风险的考虑会减少风险较高的技术创新项目的投资（杨建君和盛锁，2007[58]；郭海，2010[62]）；也有些学者认为股权集中度与企业技术创新之间不是简单的线性关系，而是呈倒 U 形关系（陈隆等，2005[63]；冯根福和温军，2008[47]）。但关于股权制衡对企业技术创新的影响效应，大部分学者认为股权制衡可以敦促股东之间相互监督制约，能够有效降低股东投资决策的片面性（Sah 和 Stiglitz，1991）[64]，从而促使股东投资于技术创新等有利于企业长远可持续发展的经营项目，即股权制衡对企业技术创新有正向影响效应（任海云，2010[65]；张其秀等，2012[66]）。而关于股权集中度与股权制衡对企业技术创新综合影响研究，大部分学者认为股权集中下的股权制衡更有利于企业技术创新活动的展开（肖利平，2016）[41]。

相较于西方学者对于机构股东与企业技术创新的关系研究，国内相关研究文献较少。西方发达国家资本市场发展较成熟，且较多已形成以机构投资者为主的资本市场结构。西方学者的相关研究结论更多地支持机构投资者对企业技术创新有正向影响（Kochhar 和 David，1996[67]；Wahal 和

McConnell，2000[68]；Eng 和 Shackell，2001[69]；Aghion 等，2013[7]）。相较西方学者，国内学者较多地研究机构持股对公司治理和企业 R&D 投入的影响，而关于机构持股对企业技术创新绩效的影响研究较少，且研究视角和结论各不相同。有些学者从机构投资者整体影响效应进行分析研究，得出我国上市企业机构股东对 R&D 费用支出有正向影响的结论（范海峰和胡玉明，2012）[70]。也有学者考虑机构股东异质性对企业技术创新影响的差异性，例如赵洪江和夏晖（2009）[71]仿效西方相关研究将国内上市企业中的机构股东按抗压能力进行分类，并得出压力抵抗型机构投资者对 R&D 投入有正向影响的结论。此外，也有部分学者综合股权性质影响效应研究机构股东对企业技术创新影响，得出机构持股对民营企业技术创新有正向影响的结论（温军和冯根福，2012）[46]。

2.2.3 基于高管激励视角的企业技术创新研究

企业管理层，尤其是企业高管的激励制度是公司治理的重要内容，激励制度的优劣与管理层的经营执行效用紧密相连。国内现有关于高管激励机制的研究大多从高管薪酬激励、股权或期权激励等方面展开，关于激励机制与企业技术创新的关系研究大多也围绕上述几个视角进行讨论。本书在此对高管激励机制与企业技术创新关系的相关文献进行梳理总结。

高管激励机制的优劣直接影响到企业治理机制的有效性，进而影响到技术创新等关系到企业战略性发展的重要经营决策。随着组织控制理论的发展，公司治理的核心研究内容由价值分配向价值创造转变（O'Sullivan，2000）[6]。何种高管激励机制可以有效调动高管投资创新的积极性，逐渐成为学者的重点研究对象（徐宁和王帅，2013）[72]。高管激励与企业技术创新的关系研究大致可以分为两类，一类是对两者关系的直接研究，另一类是结合其他影响因素对两者关系的较复杂性研究。对于高管激励与企业技术创新关系的直接研究，大多从薪酬激励、股权激励以及在职消费三个方面展开。薪酬激励是企业中最普遍的物质激励模式，大部分学者认为薪酬激励与企业 R&D 投入存在显著的正向关系（王燕妮，2011[8]；何霞和苏晓华，2012[73]）。股权激励的提出源于缓解股东与经理人之间代理冲突，有学者认为高管持有企业股权能够促进高管与股东利益一致化，从而驱动高管更加注重技术创新等有利于企业长远发展的投资项目（Jensen 和 Meckling，1976[74]；Cho，1992[75]；Lerner 和 Wulf，2007[76]）。王燕妮（2011）[8]、何霞和苏晓华（2012）[73]分别以我国上市制造企业与高新技术企业为样本，实证分析得出长期股权激励有利于促进企业对 R&D 的投入。也有学者研究得出股权激励对企业技术创新没有影响的结论（Tien 和 Chen，2012）[77]。关于在职消费激励与企业技术创新的关系，有学者经过研究认为在职消费与高管职位和权力挂钩，会驱使高管过于看重职位上升而非企业技术创新等投资回报周期较长的项目，因此在职消费对企业技术创新有抑制作用（肖利平，2016）[41]。也有学者将在职消费作为控制权激励的代理变量，实证研究得出控制权激励与企业技术创新存在倒 U 形的非线性关系（徐宁和徐向艺，2012）[78]。此外，除了以上学者关于薪酬激励、股权激励、在职消费对企业创新的单项影响效应研究外，还有部分学者基于三者对企业技术创新的联合影响效应进行了研究。何霞（2013）[79]通过理论分析得出薪酬激励、股权激励与控制权激励之间存在互补效应。徐宁和徐向艺（2013）[80]以我国上市高新技术企业为研究样本，通过实证分析认为薪酬激励与股权激励之间存在互补关系，而股权激励与控制权激励之间存在替代关系。

鉴于高管团队的复杂性和激励模式的多样性，高管激励机制与企业技术创新的关系也会受到其他因素的影响。根据相关研究，可以将影响高管激励与企业技术创新关系的因素分为企业内部因素和外部因素。关于影响高管激励与企业技术创新关系的内部因素，相关研究更多地考虑了股权结构、财务绩效、企业绩效等方面的影响效应。对股权结构的影响效应，大多基于股权集中度或股权性质进行了分析，鲜有涉及机构持股的影响效应研究。Francis 和 Smith（1995）[81]通过实证研究指出股权集中度较低时，高管激励对企业技术创新没有显著正向影响。姜涛和王怀明（2012）[82]以我国上市高新技术企业为研究样本，通过实证分析认为高管激励与企业技术创新关系受到股权性质的影响。其中，薪酬激励与企业技术创新关系受股权性质影响程度较大，而股权激励与企业技术创新关系受股权性质影响程度较小。对财务绩效和企业绩效的影响效应，大多基于现金流等财务指标以及企业经营绩效进行分析。王燕妮和李爽（2013）[83]通过实证分析认为高管激励与企业技术创新之间存在自由现金流的传导效应，即薪酬激励与股权激励对企业技术创新的正向促进作用均受到自由现金流的影响。Wu 和 Tu（2007）[84]基于我国上市企业相关数据实证分析得出，企业经营绩效与资本储备在高管激励与企业技术创新关系中起到正向调节作用。而基于企业外部影响因素分析高管激励与企业技术创新关系的研究较少，相关研究内容主要集中在企业所处行业以及经理人市场等方面的影响研究，且大多以西方资本市场上市企业为研究对象（Balkin 等，2000[85]；Makri 等，2006[86]；Fong，2010[87]），国内关于企业外部因素对高管激励与技术创新关系的影响研究更是阙如。

2.3 股权结构、高管激励与企业技术创新相关概念界定与测量

本节先对企业技术创新、股权结构以及高管激励机制的概念界定和测量相关文献进行梳理总结，为后文的变量设置提供研究依据。

2.3.1 企业技术创新概念的界定与测量

在企业技术创新的概念界定和测量指标方面，由于企业技术创新涉及诸多学科且相关文献研究侧重点不同，因此对于企业技术创新目前学术界尚没有统一的概念界定和测量体系。经济学家熊彼特（Schumpeter）首次提出创新理论，早在其著作《经济发展理论》（*Theory of Economic Development*）中，就给出关于“创新”的解释。Schumpeter 认为，只要是在生产过程中出现的新的经济组合便可视作创新，包括新的生产工艺、新的资源、新的产品组合、新的产业及其组织、新的市场共五大类。后来学者将熊彼特关于创新的概念归纳为五个创新，即产品创新、技术创新、市场创新、资源配置创新与组织创新。Mathewson 和 Winter（1984）[88]则将技术创新定义为“企业创新活动中技术机会、发明的专用性、技术进步的累积和知识的所有权的具体结合”。产业组织学将企业技术创新认定为由新产品设计到投入研究生产或模仿引进，进而最终走向产业化的综合过程的全程。由此

可见，关于企业技术创新的定义学术界尚未统一，大部分学者都是基于以往企业创新的相关经典研究来总结和定义企业技术创新。基于以上文献研究，我们可以将企业技术创新的定义概括为企业生产技术的创新，包括开发新技术，或者将已有的技术进行应用创新。对于企业技术创新的分类，较多学者是基于企业技术创新的内容与产出以及技术差异性来进行分类（叶林，2014）[89]。Utterback 和 Abernathy（1975）[90]、Klepper（1996）[91]、王亚妮和程新生（2014）[92]根据创新内容与产出将企业技术创新划分为产品创新和过程创新，以及产品创新、工艺创新和管理创新等创新项目。Brown 和 Campione（1996）[93]、徐幼民和徐小康（2013）[94]等根据创新技术差异性将企业创新划分为增加的产品创新、增加的工艺创新、革新式的产品创新和革新式的工艺创新，以及降低生产成本的工艺创新和导致产品差异化竞争的产品创新等。较少有学者是基于技术创新动机和目的对企业技术创新进行划分的。Tong 等（2014）[95]、黎文靖和郑曼妮（2016）[96]依据创新动机将企业技术创新划分为实质性创新与策略性创新。

对于企业技术创新的测量，现有从经验实证方面测量研究企业技术创新的相关文献主要基于“创新投入”与“创新产出”两个方面。在创新投入方面，大多数学者采用企业研发费用支出和科研人员数量等相关指标来衡量企业技术创新水平或绩效。Baysinger 等（1991）[97]、Wu 和 Tu（2007）[84]曾以人均研发支出来衡量企业技术创新水平，而 Hansen 和 Hill（1991）[98]、Berrone 等（2007）[99]则以研发支出与销售额的比值作为衡量企业技术水平的指标。Simonen 和 McCann（2008）[100]则采用企业 R&D 人员和 R&D 经费支出作为企业技术创新衡量指标。冯根福和温军（2008）[47]用研发支出与销售额的比值作为衡量企业技术创新水平的指标。徐幼民和徐小康（2013）[94]认为企业技术创新投入与技术创新产出有正相关关系，因此采用企业 R&D 支出多少来表示企业的技术创新程度，即企业 R&D 支出越多，企业技术创新程度越高。

在创新产出方面，学者们较多采用专利产出与新产品销售收入等指标来衡量企业创新水平或绩效。Lunn（1986，1989）[101][102]曾相继采用专利数量以及更加细致区分的产品和工艺专利数量来衡量企业技术创新水平。

Kochhar 和 David（1996）[67]以公司开发的新产品数量作为技术创新水平的度量指标。Bloom 等（2015）[103]用专利和信息技术来衡量企业技术创新与进步。孙晓华和田晓芳（2010）[104]采用新产品销售收入作为企业创新能力方程的被解释变量。此外，也有部分学者认为仅从企业技术创新投入或产出单方面来衡量企业创新水平失之偏颇，因此也有一些研究文献综合创新投入与产出两方面因素来衡量企业技术创新水平。Hu 等（2005）[105]选取企业 R&D 支出与新产品销售收入来反映企业创新水平。马瑞超和张鹏（2013）[106]则基于企业 R&D 资本存量与人员数量以及专利申请数量综合考量企业的创新水平和绩效。王亚妮和程新生（2014）[92]通过统计企业每年的创新项目（包括产品、工艺与管理创新项目）和专利申请数量（包括发明、实用新型与外观设计专利）来测量和反映企业的技术创新绩效。

2.3.2 股权结构概念的界定与测量

股权结构指的是企业股东组成及持股情况，其研究视角大致包含股权性质、股权集中度和股权制衡、机构持股等方面（Jensen 和 Meckling，1976[74]；Hill 和 Snell，1988[60]；赵洪江等，2008[61]；Bennedsen 和 Wolfenzon，2000[107]；舒谦和陈治亚，2014[54]）。股权性质主要体现股东类型及控股股东性质。其中，由股东类型可以看出企业持股主体情况，一般我国企业股东主要包括国家、自然人、境外合格投资者等。不同类型股东持股动机和投资目标不同，从而会对公司治理及企业经营决策产生不同的影响效应（Baysinger 等，1991[97]；Chung 等，2003[108]；任海云，2010[65]）。而控股股东性质决定了企业股权性质，鉴于我国国有企业在市场中的重要地位和影响力，很多学者在研究企业股权性质时将其划分为国有控股和非国有控股（刘胜强和刘星，2010[109]；文芳，2008[57]），且较多学者经过研究认为国有控股企业创新效率低于民营企业（冯根福和温军，2008[47]；任海云，2010[65]）。股权集中度在股权性质基础上进一步反映了企业中股东持股比例的分布情况，主要体现企业股权是较分散还是较集中。股权集中度较高意味着企业中存在大股东，且大股东有着较高的控制权，能够决定企业重要经营和发展方向。有学者认为股权集中度较高有利于缓解两权分离所带来的代理问题（李文洲等，2014[110]；鲁桐和党印，2014[9]），提高大股的东治理能力（Belloc，2012[111]；肖利平，2016[41]）。也有学者持不同观点，认为股权集中度过高会加重第二类代理问题，对公司治理产生负面影响（Wu 等，2011[112]；Sauerwald 和 Peng，2013[113]）。股权制衡主要反映股东相互间的牵制关系，股权制衡的研究与股权集中度密切相关。一般而言，在股权较分散的情况下，股权制衡程度较高，但却可能会加重第一类代理问题，即股东与经理人代理冲突（Cornett 等，2009[114]；杨建君等，2015[115]）。而在股权较集中的情况下，股权制衡程度则要视情况而定。如果企业股权高度集中，例如存在一股独大的情况，此时股权制衡程度很低，那么可能会加重第二类代理问题，即出现大股东侵犯其他小股东利益情况（Chin 等，2009[116]；Chen 等，2011[117]）。如果企业股权掌握在几个大股东手中，股权制衡程度较高，则可以较好地抑制第二类代理问题（La Porta 等，1999[118]；任海云，2010[65]）。有学者经过研究提出，在股权集中前提下的股权制衡是一个比较理想的股权结构（肖利平，2016[41]）。此外，随着机构投资者在上市企业中持股比例及影响力的增加，有很多学者认为机构持股能够对企业治理及重要决策产生影响，因此也将机构投资者行为特征纳入股东结构体系中进行研究。机构投资者一般指资本市场中拥有金融专业背景和大规模资金运作能力的法人机构。根据不同的标准，机构投资者的分类也各有不同，有学者根据机构投资者抗压能力将其划分为压力敏感型、压力抵抗型和压力不确定型（Brickley 等，1988[119]；Kochhar 和 David，1996[67]）。也有学者根据交易特征和机构主体分别将机构投资者划分为长期持有机构、短期频繁交易机构等（Bushee，1997）[120]，或基金公司、保险公司等（赵洪江和夏晖，2009[71]；刘华芳和杨建君，2014[121]）。

大部分相关文献中股权结构的指标体系主要基于企业股权性质、股权集中度以及股权制衡等方面构建，少数学者也会将机构持股比例纳入股权结构指标体系中。大部分学者采用控股股东背景来判定企业股权性质，如果控股股东背景为国家法人单位，那么股权性质就为国有，否则股权性质即为非国有（鲁桐和党印，2014[9]；舒谦和陈治亚，2014[54]）。由于我国国有企业与其他股权性质企业在治理结构、经营战略等方面存在较大差异，因此较多学者在研究股权性质时将股权性质分为国有和非国有来进行分析（龙勇等，2009[122]；黎文靖和郑曼妮，2016[96]）。对于股权集中度，较多学者采用 CR5，即企业前五大股东持股比例之和来测量（冯根福和温军，2008[47]；任海云，2010[65]），也有少数学者采用企业第一大股东持股比例、企业前三大股东持股比例之和等衡量（鲁桐和党印，2014[9]；杨建君等，2015[115]）。如果企业第一大股东或前五大股东持股比例占绝对优势，则表明该企业股份掌握在一个或少数几个股东手中，即企业股权集中度较高；如果企业第一大股东或前五大股东没有股份占比绝对优势，即持股比例较小，那么表明该企业股权较为分散。关于股权制衡，较多学者采用企业第二到第五大股东持股比例与第一大股东持股比例的比值来测量（肖利平，2016[41]），也有学者采用企业第一大股东持股比例与第二大持股比例的比值来测量（舒谦和陈治亚，2014[54]）。由以往文献中所构建的股权制衡测量指标可以看出，国内学者对于股权制衡的测量大都是基于股权较集中情况下的股权制衡，即企业中大股东相互之间的制衡程度。如果第二到第五大股东持股比例与第一大股东持股比例的比值较大，则表明大股东之间可以互相牵制，有利于削弱第二类代理问题的消极影响，进而改善企业的治理结构（Pagano 和 Röell，1998[123]；Gomes 和 Novaes，2001[124]）。除了国有或非国有控股股东等，部分学者发现机构股东也对公司治理产生了重要影响，因此机构股东也被纳入股权结构的测量体系，一般以机构持股比例反映其影响程度。也有学者认为机构投资者持股能够起到股权制衡的作用，机构投资者能够改善企业的治理结构（冯根福和温军，2008[47]）。

2.3.3 高管激励概念的界定与测量

激励机制一般是指企业中对管理人员经营行为和绩效的考核制度，我国上市企业激励机制主要包括薪酬激励、股权激励或期权激励等（冯根福和赵珏航，2012[125]；徐宁和徐向艺，2013[80]）。激励机制也是公司治理的重要组成部分，一个有效的激励机制才能使公司治理发挥更大的效用

(杨典，2013)[126]。而高管作为企业管理层的重要领导人员，对公司治理和经营都会产生关键性的影响效用，因此针对企业高管的激励政策成为管理层激励制度的重要内容（杨建君和盛锁，2007）[58]。高管激励机制旨在优化契约设计从而缓解企业第一类代理问题，即企业所有者与经营者的代理问题（Jensen 和 Murphy，1990）[127]。高管激励大致可以分为显性激励和隐性激励两类，我国学者对高管激励的研究大多为基于条件合同的显性激励。显性激励是指基于条件合同设立的契约，主要包括薪酬契约、股权契约等激励模式（姜涛和王怀明，2012）[82]。大部分学者认为最直接的激励形式是物质激励，即发放更多薪酬（Markman 等，2001[128]；王燕妮，2011[8]）。另一种比较普遍的激励形式是给予高管股权或期权，使管理者也成为企业股东，从而弱化管理者与股东的利益矛盾和代理冲突（Cheng，2004[129]；Lee，2005[130]）。而隐性激励主要指经理人对自己职业生涯的关注会形成隐性激励，进而对经理人决策产生影响。Fama（1980）[48]最早提出经理人在职场中的声誉会形成隐性激励，对经理人行为产生调节作用。后来 Holmström（1999）[131]通过构建复杂的两阶段动态理论模型，系统地讨论了职业生涯作为隐性激励对经理人行为决策的影响。之后也有很多学者以 Holmström 理论模型为基础对隐性激励效用进行了更为广泛的研究，但是国内学者关于管理者隐性激励的相关研究较少，且研究内容主要讨论经理人在不同职业生涯阶段的投资行为等（刘运国和刘雯，2007[132]；饶育蕾等，2012[133]）。

在实证研究中，对于高管激励的测量大都为显性激励的相关指标。由于隐性的高管激励比较难测量，因此对于高管的隐性激励研究大多基于理论模型的构建和分析（Holmström，1999[131]；Caruana 和 Celentani，2002[134]；Auriol 和 Frieble，2002[135]），也有少数学者将高管所处职业生涯阶段作为高管隐性激励工具变量进行实证分析，较多选用高管的年龄和任期等作为测量指标（饶育蕾等，2012[133]；郭世俊和王颖，2016[136]）。对于显性高管激励程度的测量，大多数学者采用薪酬激励与股权激励（何霞和苏晓华，2012）[73]。有学者认为薪酬激励直接给予高管物质报酬，是高管能够高效工作的直接动力来源（Tylecote 和 Conesa，1999[137]；杨建君和盛锁，

2007[58]）。也有学者认为薪酬激励是短期激励，在很多方面无法起到长期激励效用，而股权激励可以起到长期激励的作用（王燕妮，2011）[8]。对于薪酬激励的测量指标，部分学者按照薪酬排名，选用企业前三名高管薪酬之和来衡量企业对高管薪酬激励的程度，如果前三名高管薪酬之和较高，则表明企业对高管的薪酬激励程度较高（姜涛和王怀明，2012[82]；王燕妮和李爽，2013[83]）。也有学者直接将高管成员的薪酬之和或高管成员人均薪酬金额，作为衡量高管薪酬激励的指标（张宗益和张湄，2007[44]；肖利平，2016[41]）。对于股权激励的测量指标，学者较多采用高管持股比例来衡量（张宗益和张湄，2007[44]；毛良虎，2008[138]）。也有学者采用哑变量的形式来衡量股权激励，即高管是否持有公司股权来反映企业是否采用股权激励模式来调动高管工作积极性（陈隆等，2005）[63]。除了薪酬激励与股权激励外，部分学者也将在职消费激励或控制权激励作为高管激励的重要测量指标（Dale-Olsen，2012[139]；徐宁和徐向艺，2013[80]）。

2.4 基于战略性新兴产业的企业技术创新研究综述

战略性新兴产业作为我国重点发展的技术密集型产业，对我国经济转型与可持续发展具有重要战略意义，政府也给予其大力的政策性扶持。但是政府补贴等政策性支持是否有效促进了战略性新兴产业的技术创新与发展绩效，学术界仍存在争议，且基于公司治理对战略性新兴产业技术创新绩效进行研究的文献较少。本章对战略性新兴产业的形成与发展，以及战略性新兴产业技术创新的相关文献进行总结评述，为后文实证分析奠定研究基础。

2.4.1 战略性新兴产业的形成与发展

战略性新兴产业是指具备低能源消耗和高成长潜力特点，对我国社会发展和经济转型具有重要战略意义①的技术密集型产业。鉴于战略性新兴产业的重要地位，我国政府相继颁布了几项重要公文以大力支持战略性新

① 参考中国政府网公布的《国务院关于加快培育和发展战略性新兴产业的决定》（国发〔2010〕32号）。

兴产业的发展。在政府的大力支持敦促下，我国战略性新兴产业有了长足的发展，战略性新兴产业逐渐成为我国产业创新的领头羊。根据《战略性新兴产业专利统计分析报告（2017年）》，截至2016年，我国战略性新兴产业发明专利授权数量高达15.8万件，超过历年平均水平，其技术创新水平和绩效均得到了较大的提高。但是该报告也指出，我国战略性新兴产业还存在发展不充分不平衡的问题。同时我国学术界也对其展开了较广泛的研究（汪秀婷，2012[140]；温兴琦和李燕萍，2013[141]；杜勇等，2014[142]）。在初期关于发展战略性新兴产业发展的相关公文中，国务院仅提出将节能环保产业、新一代信息技术产业、生物产业、高端装备制造产业、新能源产业、新材料产业以及新能源汽车产业等七大产业划分为战略性新兴产业，但是没有对具体行业划分给出详细的说明。后来随着战略性新兴产业的发展以及相关政策的完善，战略性新兴产业逐步有了更详细的分类和行业划分细则①。至此，战略性新兴产业分类代码细分为三层，具体到相应产品和服务类别划分。尽管如此，由于战略性新兴产业行业划分编码规则与通用的国民经济行业分类代码存在差异性，且七大产业中对应国民经济行业分类代码存在重复②，因此学术界对战略性新兴产业的行业划分标准尚未统一（郭晓丹等，2011）[29]。

国内关于战略性新兴产业的研究大多选取上市企业为研究样本，因为我国沪深两市没有战略性新兴产业板块，因此在进行实证研究时需要根据战略性新兴产业相关产品和服务类别进行鉴别。由于没有统一的战略性新兴产业行业划分标准，不同学者在进行战略性新兴上市企业样本选取时所遵从的选取规则也不尽相同，同时不同学者研究的时间阶段存在较大差异，导致研究样本存在数量较小且不统一的问题。巫强和刘蓓（2014）[143]则将东方财务网依据主营业务划分战略性新兴产业的规则作为标准，选取了沪深两市上市企业中主营业务为战略性新兴产业类别的84家企业作为战略性新兴产业上市企业样本。肖利平（2016）[41]在选取我国

① 参考中国政府网公布的《战略性新兴产业重点产品和服务指导目录（2013版）》与《战略性新兴产业重点产品和服务指导目录（2016版）》。

② 参考国家统计局公布的《战略性新兴产业分类（2012）（试行）》。

沪深两市战略性新兴上市企业时，参照了我国高新技术产业、战略性新兴产业以及制造业等相关分类条文等，最终根据证监会所颁布的行业分类二级代码，选取了5年共783个面板数据作为样本。也有学者仅在研究中说明选取了沪深两市属于七大战略性新兴产业的上市企业，并没有对具体是如何确定这些企业属于战略性新兴产业进行详细说明和解释（陆国庆等，2014[144]；储德银等，2016[30]）。而本书则基于中证指数有限公司和上海证券交易所公布的中国战略性新兴产业综合指数，选取战略性新兴产业上市企业样本，对于其具体行业划分则结合证监会公布的行业划分标准进行划分。

2.4.2 战略性新兴产业技术创新研究的发展

目前关于战略性新兴产业技术创新的研究大多集中于政府政策对技术创新影响效用评价，以及对战略性新兴产业技术创新绩效评估，较少有涉及公司治理与战略性新兴产业技术创新的关系研究。对于政府政策的激励效用，相关文献的关注重点在于政府政策是否真正起到了促进战略性新兴产业技术创新的作用，且政府对战略性新兴产业的扶持对传统产业会产生怎样的影响，是否能够带动整个经济的发展。经济转型依赖于产业结构的调整，培育发展战略性新兴产业是产业结构调整的重要一环。而在我国尚未发展成熟的市场环境下，新兴产业的诞生与发展往往需要政府的引导和扶持（许罗丹和何洁，2000[145]；李晓华和吕铁，2010[146]；高友才和向倩，2010[147]）。鉴于战略性新兴产业技术创新项目存在较高的复杂性和外溢性等特征，许多学者肯定了政府补贴等政策性扶持的必要性，及其对战略性新兴产业创新绩效和快速成长的积极促进作用（郭晓丹等，2011[29]；周铁昆，2012[148]；肖兴志和王伊攀，2013[149]）。但也有学者认为政府补贴等政策性扶持无法对企业R&D投入产生促进作用，政府补贴的模式和途径等方面有待改善（郭晓丹和何文韬，2011）[150]。而关于战略性新兴产业的发展对传统产业的影响作用，较多学者认为较理想的产业结构应是战略性新兴产业与传统产业能够协调发展（Isard和Schooler，1959[151]；熊勇清和李世才，2011[152]）。也有学者提出为预防政府R&D补贴在促进战略性新兴产业增长时对传统产业发展产生负面影响，政府应适时了解战略性新兴产业与传统产业的发展动态，及时对补贴政策做出相应调整（王宇和刘志彪，2013）[153]。此外，我国部分学者也基于耦合理论对这两种产业共同发展进行了相关研究，并提出了一些关于战略性新兴产业与传统产业平衡发展的政策建议等（杨青等，2004[154]；熊勇清和李世才，2010[155]）。

在战略性新兴产业技术创新绩效评估方面，我国政府部门在近几年间一直持续研究并发布关于战略性新兴产业上市公司的专利产出及发展情况，且学术界也基于技术研发 R&D 投入，以及创新产出和效率等方面对战略性新兴产业创新水平进行评估。政府公布的相关研究报告一方面肯定了近几年战略性新兴产业创新水平的提高，另一方面也指出了其在快速增长过程中所存在的创新效率较低、发展不充分和不平衡等问题①。相关学术研究与政府提供的研究报告结论大体一致。有学者以专利产出为衡量标准，研究发现我国战略性新兴产业创新水平和绩效近几年得到了明显的增长和提高（贺正楚和吴艳，2011）[156]。余江和陈凯华（2012）[157]通过对战略性新兴产业相关专利产出的文献汇总研究发现，近几年我国战略性新兴产业在创新产出方面得到了较大的增长和发展。但是也有学者提出战略性新兴产业在发展过程中存在技术创新效率较低、增长存在波动等问题（肖兴志和谢理，2011）[158]。李红锦和李胜会（2013）[159]以部分战略性新兴产业上市企业为样本，通过实证分析提出战略性新兴上市企业存在 R&D 投入不足，以及创新效率不高和创新水平参差不齐的问题。吕岩威和孙慧（2013）[160]也在研究中提出我国战略性新兴上市企业存在技术创新效率低下的问题。

企业外部宏观环境对战略性新兴产业创新水平的提高和发展有着重要的影响，但是公司治理等企业内部因素对战略性新兴产业技术创新的影响也是十分重要的。随着公司治理理论的发展，近几年学者们开始从企业内部治理视角研究战略性新兴产业的技术创新发展水平，试图从公司治理层面找到促进战略性新兴产业技术创新发展的动力。但对于何种治理结构有

① 参考国家知识产权局网公布的《战略性新兴产业专利统计分析报告（2017 年）》和国家信息中心公布的《2017 年战略性新兴产业发展形势分析》。

利于战略性新兴产业技术创新尚未形成一致结论。有学者认为相较于传统产业，较集中的股权结构更有利于战略性新兴上市企业大股东进行集中管理和快速决策，且薪酬激励有利于激励高管对技术创新项目进行投资（孙早和肖利平，2015）[161]。也有学者提出股权结构为股权集中下的股权制衡更有利于提高战略性新兴产业上市企业的技术创新绩效，并指出在职消费激励对高管创新存在负面影响（肖利平，2016）[41]。然而也有学者经过研究发现股权集中度与战略性新兴产业上市企业并无显著正向关系，但股权制衡有利于企业技术创新，且股权激励、薪酬激励与在职消费均与战略性新兴上市企业 R&D 投入有正向关系（孙莹，2017）[162]。

2.5 文献总结和评述

从以上相关文献研究可以看出，早期关于企业技术创新的研究大多基于外部影响因素和经营规模等企业基本特征进行分析，后来随着公司治理及组织控制理论等的兴起，学者们开始关注公司治理层面对企业技术创新的影响效用。但是结合政府宏观政策调控从公司治理层面讨论企业技术创新的研究较少，且相关理论模型构建和分析以及实证分析更是阙如。因此，本书可以在以下几个方面弥补以往研究的不足：

第一，以往关于公司治理与企业技术创新的关系研究大多为实证分析，而实证分析无法很好地揭示公司治理对企业技术创新的影响机理和路径，基于经济学理论模型对股权结构、高管激励与企业技术创新的关系进行更加深入的理论分析的研究比较匮乏。因此，构建三者理论模型进行理论分析可以进一步丰富相关研究方法和内容。

第二，以往文献在研究股权结构、高管激励与企业技术创新关系时大多仅考虑单项因素的直接影响效应，鲜有分析股权结构、高管激励对企业技术创新的交互影响效应，且更少有结合政府补贴等政策性调控的影响效用进行讨论的。因此，在分析股权结构、高管激励对企业技术创新单项影响效应基础上进一步研究各因素之间的交互影响效应，并结合政府宏观调控影响效应的分析，可以补充公司治理与企业技术创新的研究内容。

第三，关于股权结构与企业技术创新关系的文献较多从股权性质、股权集中度与股权制衡等方面进行分析，较少有涉及机构股东对企业技术创新影响效用的详细分析，且鲜有结合企业内部激励机制与企业外部政府补贴影响效应分析机构持股与企业技术创新关系的。因此，将机构持股引入股权结构研究视角，并结合激励机制与政府补贴影响效应研究企业技术创新可以进一步充实股权结构对企业技术创新的影响研究内容。

第四，关于高管激励与企业技术创新关系的文献研究大多基于薪酬激励、股权激励等视角进行单项影响研究，较少结合股权结构和政府宏观调控影响进行详细分析的。因此，综合股权结构与政府补贴影响，研究高管激励与企业技术创新关系可以丰富高管激励的相关研究视角和内容。

第五，从公司治理层面研究企业技术创新绩效的相关文献，较多讨论了公司治理对企业 R&D 投入及专利产出的影响，但是较少有对企业技术创新行为进行进一步分类研究的。因此，根据技术创新产出分类对企业技术创新效率进行分析与刻画，可以进一步揭示公司治理对企业技术创新效率的影响效应，从而补充相关的研究内容。

第六，战略性新兴产业的技术创新与发展有重要的战略意义，但是关于战略性新兴产业技术创新的研究比较单一，从公司治理层面研究其技术创新绩效的文献更是阙如。因此，以战略性新兴产业上市企业为研究样本，可以进一步丰富战略性新兴产业技术创新的相关研究。

第3章　股权结构、高管激励与企业技术创新理论模型构建

股权结构、高管激励与企业技术创新关系的研究涉及公司治理理论、激励理论和利益相关者理论等基础性理论，本章将基于上述相关的理论基础构建股权结构、高管激励与企业技术创新的关系理论模型。

关于企业技术创新理论的研究，Aghion 等（2013）[7]以高管的决策行为作为核心视角，构建了企业技术创新理论的分析框架。该框架将企业技术创新决策聚焦至高管技术创新决策，既符合实际，又简化了模型，便于理解和分析。但是模型中的三个利益相关方，包括企业控股股东、机构股东和高管尽管符合企业基本特征，但只考虑了高管依据其利益进行决策，而缺乏其他约束条件，如企业最低收益要求的约束等。本书的研究将借鉴该模型的理论框架，并结合中国企业特征，特别是战略性新兴企业的特征进行理论分析与模型建构。

3.1 理论模型变量及分析框架

我们假设公司基本治理结构为：代表股东利益的董事组成董事会，董事会制定公司经营决策，并聘用经理人执行决策。总经理等公司高级经营管理者统称为高管。虽然存在自然人股东兼任董事，以及董事兼任总经理的情况，为便于分析，设定股东拥有公司的所有权和经济剩余控制权，一般的经营决策权归于高管。

基于上述假定，本模型构建中假设高管拥有企业技术创新的决策权，企业是否进行技术创新取决于高管的选择。当企业的技术创新活动预期可以给高管带来更大的利益时，高管乐意选择技术创新；反之，则选择不进行技术创新活动。但这样的一种仅仅基于高管预期收益的决策行为可能并不符合股东的意愿和利益，即在高管技术创新决策问题上，存在由于所有权和控制权分离所带来的委托代理问题。

以往的研究文献提出了一系列解决委托代理中产生的股东与经理人的决策行为相异问题，重要的如激励理论。一方面，股东通过制定激励机制来促进高管做出有利于企业长远可持续发展的技术创新决策。契约理论则更进一步地提出，企业中对于高管的激励机制属于一种调动高管积极性的显性契约，激励契约的设立是以股东和高管双方利益最大化为基础的。另一方面，潜在的隐性激励机制也会对高管技术创新决策产生影响。Fama提出，即使没有企业内部的显性激励契约，由于经理人竞聘市场的存在，经理人也会基于自身在职场上的声誉和发展前景而努力工作。而这种隐性的激励机制也是本章模型构建的一个隐含假设。据此，本章通过构建股权结构、高管激励与企业技术创新的理论模型，重点分析股东如何通过显性的激励约束机制影响高管的技术创新决策，从而最终影响到企业技术创新绩效。

本书参考 Aghion 等的分析模型，对于股权结构、高管激励与企业技术创新关系的研究，重点从股权性质与机构持股两个视角加以分析，同时引入不同股权结构中的高管激励因素加以考察。

股权性质取决于控股股东，在模型构建中我们按股权性质把企业划分为国有控股企业与民营控股企业，此种划分方式也可以较好地反映我国企业的现实情况。现有的诸多文献都表明，我国企业中由于存在不同性质的控股股东，因此包括高管激励方式在内的公司治理机制存在较大的差异，在类似于企业技术创新方面的投资决策中也存在比较大的差异。

本书的分析模型中引入机构投资人这一类型的股东，主要是考虑到机构股东已经逐步成为我国资本市场的重要主体，机构股东的企业投资行为尽管本质上也是希望从上市企业中获得预期的投资收益，但其对企业投资经营决策的注重点在于此项决策是否会影响到企业市值的变化，从而影响其投资的市场收益率。由于我国资本市场尚不成熟，我国经济活动中机构投资者尚难发挥资本市场较为发达的欧美一些国家机构投资者类似的作用。从目前的公司治理实践中观察，由于机构投资者种类众多，在企业中的持股比例一般较少，导致他们在公司决策中的话语权比较小，一般情况下机构投资人不会直接参与到本书研究的企业技术创新决策或者高管激励方案制定等。但是由于机构投资人在我国股票市场的特殊性和巨大影响力，机构投资人的投资行为及对企业经营决策活动的评估，将会影响企业在证券市场中的股票价格及其融资活动。尤其是如果机构投资者对于企业的经营活动、二级市场价格及投资回报不满意，随时可以用脚投票，从而对二级市场的众多投资者产生影响。由此机构投资者的介入对企业的经营活动产生一种外部约束机制。由于此种约束的存在，将成为影响高管企业技术创新投资活动的因素。

此外，为了鼓励企业的技术创新活动，长期来我国政府采用补贴或者税收优惠政策以促进企业技术创新水平的提高。政府的技术研发补贴或税收优惠可以直接减少企业研发的预期成本，从而降低企业技术创新的投资风险。在政府的技术研发补贴和税收优惠条件下，无论是对企业的股权投资人还是高管，都将改变或强化其技术创新的投资决策行为。为此，本书将在分析框架中引入政府补贴调节效应，构建政府补贴影响下的股权结构、高管激励与企业技术创新的理论模型。

综上所述，综合考虑股权结构、高管激励和政府补贴等内外因素，构建了如图 3－1 所示的股权结构、高管激励与企业技术创新的关系模型。

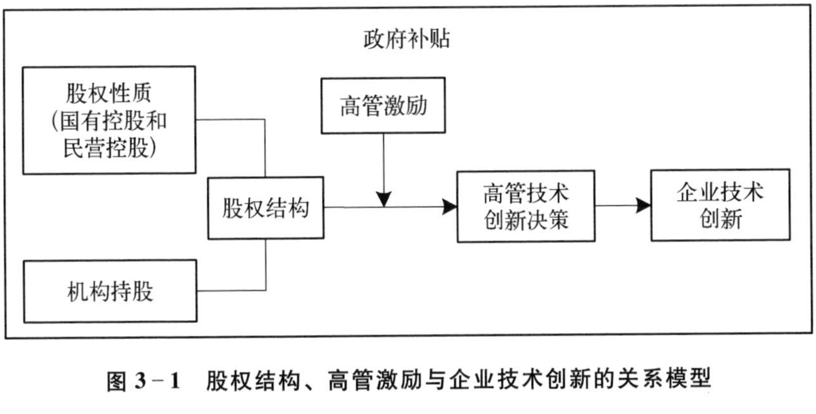

图 3－1　股权结构、高管激励与企业技术创新的关系模型

3.2 模型基本假设

假设控股股东愿意进行技术创新，并且愿意承担技术创新带来的风险。企业技术创新的决策完全委托给高管。企业技术创新成功与否取决于高管的能力与企业环境的适配性。当高管的能力足够且与企业环境适配时，技术创新有成功预期，否则技术创新活动趋于失败，即高管的能力与特定的企业环境存在关联性。某高管在 A 企业获得技术创新的成功无法保证其在 B 企业也能获得成功。反之，某高管在 A 企业的创新活动失败并不意味着其在 B 企业一定不能成功。因此，对于高管的能力高低，或者进一步具体为技术创新能否成功，是一个特定环境条件下的概率分布问题。本模型建立在期望与风险概念之上，具体假设如下：

（1）企业技术创新决策完全委托给高管，且高管仅为 1 人。高管是否进行创新的决策依据为本人预期收益最大化，且预期收益的计算方式确定，同时被股东和高管所认同。

（2）存在经理人市场，高管报酬由高管能力 A 决定。企业只对高能力的高管实行激励，设其激励函数为 $f(A)$， 对于低能力的高管予以解雇或者支付最低报酬。计算高管激励的一般规则为：企业认为高管为高能力高管的概率乘以对高能力高管的激励值，即 $Pr(A=\bar{A})\times f(A)$。由于我国存在国有控股企业和民营控股企业两种股权形式，国有控股企业和民营控股企业对于高管能力的认定存在差异，亦即，高管激励的机制存在差异。

（3）高管能力只考虑两种情况：高能力 $\bar{A}$ 和低能力 $\underline{A}$。为了简化分析，设定 $\underline{A}=0$。经理人市场中高管能力 $A\in\{0,\bar{A}\}$，且先验概率分布为 $Pr(A=\bar{A})=Pr(A=0)=1/2$。高管的能力只能通过技术创新来证明，如果高管不进行技术创新则无法证明其能力，此时高管能力推定为市场平均水平，即 $\bar{A}/2$。

（4）模型分析分为两期，第一期高管决定是否进行技术创新并执行该决策；技术创新的结果在第二期产生。为了简化分析，假设技术创新成功则企业收益为 R_1， 失败则企业收益为 R_0， 而技术创新的成本为 C， $0<C<R_1$。如果企业不进行技术创新，则不发生技术创新成本，同时收益也为 R_0。

（5）不同能力的高管技术创新成功的概率分布不同。高能力高管技术创新成功的概率为 p，$0 < p < 1$，低能力高管技术创新成功的概率为 αp，$0 < \alpha < 1$。

（6）依据前文假设，高管能力与特定企业环境相关联，因此，高管在更换工作时，市场会重新审视其能力，其能力为高管市场平均水平 $\bar{A}/2$。此外，高管更换工作存在成本，该成本记为 η。因此，如果高管更换工作，其预期收益为 $f(\bar{A}/2) - \eta$。由上述分析可得，高管可以随时更换工作，且预期收益为 $f(\bar{A}/2) - \eta$。因此，企业股东在决定留用高管时，$W_{min} = f(\bar{A}/2) - \eta$ 为最低报酬水平。

3.3　股权性质、高管激励与企业技术创新

3.3.1　国有控股企业高管激励与企业技术创新

根据我国战略性新兴产业上市企业 2010—2015 年相关数据的统计，在高管薪酬激励方面，国有控股企业与民营控股企业相差很小。但是，在高管股权激励方面，国有控股企业与民营控股企业相差较大。国有控股企业高管持股比例明显低于民营控股企业。在股权激励方面，民营控股企业全面占优[①]。由于薪酬激励更多的是和短期绩效挂钩，因此相较于民营控股企业而言，国有控股企业对高管能力的评估更多与其阶段性的工作绩效有关，而这也与市场对高管能力的评估方式具有一致性。由此也决定了国有控股企业高管在进行决策时，通常会偏向于注重业绩。

根据前文分析与基本假设，本模型有以下两个假设前提：第一期，国有控股企业对高管是否为高能力高管的认知取决于市场高管能力分布，即 $Pr(A = \bar{A}) = 1/2$；第二期，国有控股企业依据高管的技术创新绩效更新对于高管是否为高能力高管的认知。依据上述假设，可以做如下计算：

高管在第一期选择技术创新时，记为 $i = 1$，到第二期时，企业会依据高管技术创新绩效对高管能力做出基本判断，即判定高管是高能力高管还是低能力高管。高管在第一期做决策时熟知这些规则，并提前依据这些规

① 统计数据来源于 CSMAR 数据库。

则计算自己的预期收益。根据前文所述规则，企业会在第二期依据前文规则对高管能力的概率分布进行更新，具体模型推演过程如下所示。

（1）当企业认定高管为高能力高管时，根据第二期技术创新成功与否分以下两种情况讨论。

① 当第二期技术创新结果为成功时，企业收益为 R_1，国有控股企业将依据贝叶斯公式更新高管为高能力高管的概率为：

$$
\begin{aligned}
& Pr(A=\bar{A} \mid R=R_1) \\
&= \frac{Pr(R=R_1,\ A=\bar{A})}{Pr(R=R_1)} \\
&= \frac{Pr(R=R_1 \mid A=\bar{A}) \times Pr(A=\bar{A})}{Pr(R=R_1 \mid A=\bar{A}) \times Pr(A=\bar{A}) + Pr(R=R_1 \mid A=0) \times Pr(A=0)} \\
&= \frac{(1/2)p}{(1/2)p+(1/2)\alpha p} = \frac{1}{1+\alpha}
\end{aligned}
\tag{3-1}
$$

② 当第二期技术创新结果为失败时，企业收益为 R_0，国有控股企业更新高管为高能力高管的概率为：

$$
\begin{aligned}
& Pr(A=\bar{A} \mid R=R_0) \\
&= \frac{Pr(R=R_0,\ A=\bar{A})}{Pr(R=R_0)} \\
&= \frac{Pr(R=R_0 \mid A=\bar{A}) \times Pr(A=\bar{A})}{Pr(R=R_0 \mid A=\bar{A}) \times Pr(A=\bar{A}) + Pr(R=R_0 \mid A=0) \times Pr(A=0)} \\
&= \frac{(1/2)(1-p)}{(1/2)(1-p)+(1/2)(1-\alpha p)} = \frac{1-p}{2-p-\alpha p}
\end{aligned}
\tag{3-2}
$$

依据前文假设，高管熟知这一规则，因此高管在第一期进行技术创新决策时，会预先计算以上结果，并以此为基础计算其预期收入分布。其第二期预期收入分布计算过程如下所示：

① 当企业认定其为高能力高管，且高管技术创新成功时，高管将获取的报酬为：

$$
Pr(A=\bar{A} \mid R=R_1) \times f(\bar{A}) = \frac{f(\bar{A})}{1+\alpha} \tag{3-3}
$$

② 当企业认定其为高能力高管，但高管技术创新失败时，高管将获取的报酬为：

$$Pr(A=\bar{A} \mid R=R_0)\times f(\bar{A})=\frac{1-p}{2-p-\alpha p}\times f(\bar{A}) \tag{3-4}$$

假设 $\frac{f(\bar{A})}{1+\alpha}>f(\bar{A}/2)-\eta>\frac{1-p}{2-p-\alpha p}f(\bar{A})$，亦即技术创新失败时高管报酬低于最低报酬。因此，如果企业留任高管，高管依然可以获得最低报酬 W_{min}。

（2）当企业认定高管为低能力高管时，依据前文假设，高管获得的报酬为最低报酬 W_{min}。

综上所述，如果高管进行技术创新，成功时高管获得的报酬为 $\frac{f(\bar{A})}{1+\alpha}$，失败时高管获得的报酬为 W_{min}。因此高管技术创新的期望收益为：

$$\begin{aligned}E(W,\ i=1)=&[Pr(R=R_1 \mid A=\bar{A})\times Pr(A=\bar{A})\\&+Pr(R=R_1 \mid A=0)\times Pr(A=0)]\frac{f(\bar{A})}{1+\alpha}\\&+[Pr(R=R_0 \mid A=\bar{A})\times Pr(A=\bar{A})\\&+Pr(R=R_0 \mid A=0)\times Pr(A=0)]W_{min}\\=&\frac{1}{2}pf(\bar{A})+\frac{1}{2}(2-p-\alpha p)W_{min}\end{aligned} \tag{3-5}$$

高管不进行技术创新的期望收益为：

$$E(W,\ i=0)=W_{min} \tag{3-6}$$

在不考虑其他影响因素情况下，高管在第一期决定技术创新的条件为：

$$\frac{1}{2}pf(\bar{A})+\frac{1}{2}(2-p-\alpha p)W_{min}\geqslant W_{min} \tag{3-7}$$

3.3.2　民营控股企业高管激励与企业技术创新

民营控股企业作为国民经济的重要组成部分，有着诸多与国有控股企业不同的特征。其中首要的特征是其市场化程度较高，市场竞争压力较大。因此，民营控股企业更加注重高管的经营能力，更加愿意投入成本通过考察对高管的真实能力进行甄别。由此本书假设，民营控股企业愿意通过经理人市场的招聘和考察来判断高管的能力，并进行选拔，而无须根据第二期的创新绩效确定高管的能力和报酬，而是依赖考察结果直接确定高管报酬。

站在高管的视角，高管在第一期无法确定自己属于高能力高管还是低能力高管，因此只能基于市场高管能力的概率分布来预测自己在第二期被企业确认为高能力高管或者低能力高管的概率分布。因此高管进行技术创新时的预期收益为：

$$E(W,\ i=1)=Pr(A=\bar{A})f(\bar{A})+Pr(A=0)W_{\min}$$
$$=\frac{1}{2}f(\bar{A})+\frac{1}{2}W_{\min} \tag{3-8}$$

此时，高管不进行技术创新的期望收益依然为：

$$E(W,\ i=0)=W_{\min} \tag{3-9}$$

因此，在不考虑其他影响因素情况下，高管进行技术创新的条件为：

$$\frac{1}{2}f(\bar{A})+\frac{1}{2}W_{\min}\geqslant W_{\min} \tag{3-10}$$

与国有控股企业相比，民营控股企业与国有控股企业高管技术创新预期收益之差为：

$$\Delta E=\frac{1}{2}f(\bar{A})+\frac{1}{2}W_{\min}-\left[\frac{1}{2}pf(\bar{A})+\frac{1}{2}(2-p-\alpha p)W_{\min}\right]$$
$$=\frac{1}{2}[(1-p)f(\bar{A})-(1-p-\alpha p)W_{\min}] \tag{3-11}$$

因为 $1-p>1-p-\alpha p$ 且 $f(\bar{A})>W_{\min}$，所以 $\Delta E>0$。由此可得，民营控股企业高管进行技术创新时预期收益更大。相对于国有控股企业，民营控股企业高管更愿意从事技术创新活动。据此本书提出以下推论：

推论 1：相较于国有控股企业，民营控股企业有更大的意愿进行技术创新，从而可能会产生更高的技术创新绩效。

3.3.3　企业预期收益对高管技术创新决策的影响

根据前文假设，当高管在第一期选择技术创新时，企业的预期收益为：

$$\begin{aligned} R(i=1) &= Pr(R=R_1)\times R_1 + Pr(R=R_0)\times R_0 - C \\ &= Pr(R=R_1 \mid A=\bar{A})\times Pr(A=\bar{A})\times R_1 \\ &\quad + Pr(R=R_1 \mid A=0)\times Pr(A=0)\times R_1 \\ &\quad + Pr(R=R_0 \mid A=\bar{A})\times Pr(A=\bar{A})\times R_0 \\ &\quad + Pr(R=R_0 \mid A=0)\times Pr(A=0)\times R_0 - C \\ &= \frac{1}{2}(1+\alpha)pR_1 + \frac{1}{2}(2-p-\alpha p)R_0 - C \end{aligned} \tag{3-12}$$

当高管在第一期不选择技术创新时，企业的预期收益为：

$$R(i=0) = R_0 \tag{3-13}$$

如果技术创新后企业的预期收益更大，即 $R(i=1) > R(i=0)$，则股东愿意进行技术创新，否则股东不愿意进行技术创新。

即，高管在进行企业技术创新决策时，受到以下条件约束：

$$\Delta R = \frac{1}{2}(1+\alpha)pR_1 + \frac{1}{2}(2-p-\alpha p)R_0 - C - R_0 \geqslant 0 \tag{3-14}$$

进一步地，如果股东可以承受企业进行技术创新可能造成的损失，该损失记为 L，且 $L>0$，那么高管会更倾向于选择技术创新，即技术创新约束条件放松为：

$$\Delta R = \frac{1}{2}(1+\alpha)pR_1 + \frac{1}{2}(2-p-\alpha p)R_0 - C - R_0 \geqslant -L \tag{3-15}$$

根据以上分析可知，股东对企业技术创新所带来风险的承受能力会直接影响到高管技术创新决策，股东风险承受能力越大，越有利于促进高管选择技术创新。

3.4 机构持股、高管激励与企业技术创新

前文分析中只考虑了控股股东与高管之间的博弈，并未考虑其他股东的约束，尤其是具有资本市场影响力的股东对高管决策行为的约束性。因此，我们引入机构股东这一因素，建构起考虑机构股东利益诉求的分析模型。基于发达的资本市场条件，在 Aghion 等所构建的企业技术创新决策模型中，机构投资者通常拥有专业化水平高、市场号召力大以及对企业影响力大等特征。考虑到我国资本市场的发展程度和对企业影响的局限性，我们在考虑机构股东的影响时做了适当的修正。

作为企业重要股东的机构股东，对企业经营决策的影响一般是外部约束性的，这主要是上市公司中的机构投资者通常数量众多，单个机构股东持股比例较低，在上市公司重大决策和公司治理方面的参与度不高。但由于机构投资人是资本市场的重要主体，其对企业的投资活动主要关注的是市场收益。因此可以假设机构投资者不直接参与企业经营决策，其对企业技术创新活动的关注程度，视此类创新活动的预期市场收益大小而定。这里，假设机构投资者对企业收益率的最低要求为 R_{min}。由于机构投资者在二级市场上的重大影响力，高管在进行技术创新等重大经营决策时，必须考虑机构投资者的利益诉求，即保证企业在进行技术创新的情况下，预期收益不能低于 R_{min}。

由于机构投资者对企业收益有最低要求 R_{min}，因此，高管在第一期决定是否选择技术创新时增加了一个新的约束条件：

$$\frac{1}{2}(1+\alpha)pR_1+\frac{1}{2}(2-p-\alpha p)R_0-C>R_{min} \tag{3-16}$$

所以，综合考虑机构投资者对企业收益约束条件时，国有控股企业中高管在第一期的技术创新决策函数为：

$$\begin{cases}\frac{1}{2}pf(\bar{A})+\frac{1}{2}(2-p-\alpha p)W_{min}\geqslant W_{min}\\ \frac{1}{2}(1+\alpha)pR_1+\frac{1}{2}(2-p-\alpha p)R_0-C\geqslant \max(R_{min},\ R_0)\end{cases} \tag{3-17}$$

民营控股企业中高管在第一期的技术创新决策函数为：

$$\begin{cases} \frac{1}{2}f(\bar{A}) + \frac{1}{2}W_{min} \geqslant W_{min} \\ \frac{1}{2}(1+\alpha)pR_1 + \frac{1}{2}(2-p-\alpha p)R_0 - C \geqslant \max(R_{min}, \ R_0) \end{cases} \tag{3-18}$$

当 R_{min} 大于 R_0 时，机构投资者的收益诉求将形成实质性约束，由于该约束条件的存在，将对高管的技术创新决策产生一定的限制，即减少高管的技术创新倾向。据此本书提出以下推论：

推论 2：机构投资者对企业技术创新具有一定的负向影响。

3.5　股权结构、高管激励与企业技术创新——政府补贴调节效应

当政府对企业技术创新进行补贴时，将直接影响企业技术创新项目的预期成本与预期收益，从而也将影响不同股权结构下高管的投资风险偏好和决策行为。假设政府补贴为 $G>0$，在不考虑其他因素情况下，根据前文假设，当高管在第一期选择技术创新时，企业的预期收益为：

$$\begin{aligned} R(i=1) &= Pr(R=R_1)\times R_1 + Pr(R=R_0)\times R_0 - C + G \\ &= \frac{1}{2}(1+\alpha)pR_1 + \frac{1}{2}(2-p-\alpha p)R_0 - C + G \end{aligned} \tag{3-19}$$

当高管在第一期不选择技术创新时，企业的预期收益为：

$$R(i=0) = R_0 \tag{3-20}$$

所以企业的预期收益约束将变为：

$$\frac{1}{2}(1+\alpha)pR_1 + \frac{1}{2}(2-p-\alpha p)R_0 - C + G \geqslant R_0 \tag{3-21}$$

政府补贴将直接增大企业技术创新的预期收益，并降低预期收益对技术创新决策的约束。因此，政府补贴可以显著提高企业技术创新的意愿。由此本书提出以下推论：

推论 3：政府补贴对企业技术创新有正向影响。

综合考虑机构持股与政府补贴的情况下，高管选择技术创新时，企业

的预期收益为：

$$R(i=1)=\frac{1}{2}(1+\alpha)pR_1+\frac{1}{2}(2-p-\alpha p)R_0-C+G \tag{3-22}$$

此时，机构持股的收益约束为：

$$\frac{1}{2}(1+\alpha)pR_1+\frac{1}{2}(2-p-\alpha p)R_0-C+G\geqslant R_{\min} \tag{3-23}$$

对上式变形可得：

$$\frac{1}{2}(1+\alpha)pR_1+\frac{1}{2}(2-p-\alpha p)R_0-C\geqslant R_{\min}-G \tag{3-24}$$

由此可见，政府补贴可以直接降低机构投资者对企业预期收益的约束。当 $G\geqslant R_{\min}$ 时，机构持股对企业预期收益的约束完全被抵消。此时，政府补贴与机构持股对企业技术创新的综合影响效应为正向影响。

综合考虑政府补贴与机构持股后，国有控股企业的高管技术创新决策函数为：

$$\begin{cases}\frac{1}{2}pf(\bar{A})+\frac{1}{2}(2-p-\alpha p)W_{\min}\geqslant W_{\min}\\ \frac{1}{2}(1+\alpha)pR_1+\frac{1}{2}(2-p-\alpha p)R_0-C\geqslant \max(R_{\min},\ R_0)-G\end{cases} \tag{3-25}$$

综合考虑政府补贴与机构持股后，民营控股企业的高管技术创新决策函数为：

$$\begin{cases}\frac{1}{2}f(\bar{A})+\frac{1}{2}W_{\min}\geqslant W_{\min}\\ \frac{1}{2}(1+\alpha)pR_1+\frac{1}{2}(2-p-\alpha p)R_0-C\geqslant \max(R_{\min},\ R_0)-G\end{cases} \tag{3-26}$$

当政府补贴达到一定程度时，即使存在机构投资者的收益约束，高管依然具有很强的技术创新欲望。据此本书提出以下推论：

推论4：政府补贴可以缓解机构持股对企业收益的外部约束，促进高管做出技术创新的决策，从而提高企业技术创新绩效。

3.6　股权结构、高管激励与企业技术创新关系的内在机制分析

上述基于相关理论建构的股权结构（包括股权性质和机构持股）、高管激励与企业技术创新的理论模型，聚焦于不同条件下高管的技术创新决策行为，综合分析了股权性质（国有控股与民营控股）、机构持股、高管以及政府补贴等各种因素对企业技术创新的影响，建立了相关利益方与技术创新活动的关系，这种关系也蕴含着在不同的条件下各种因素与创新活动间的内在机制。

首先，在国有控股和民营控股的不同股权性质下，鉴于不同的高管激励方式，直接影响了高管对于预期报酬的计量，并进一步影响高管对于技术创新活动的决策行为，激励政策成为高管进行技术创新决策的内部驱动力。

其次，高管在进行技术创新决策时，必须考虑其他约束条件。约束主要来自两个方面，即控股股东对于企业预期收益的要求和机构投资者对于企业预期收益的要求。一方面，股东追求长期利益，希望企业技术创新带来长期的收益和市场竞争优势。然而，企业技术创新活动存在着不确定性风险，技术创新并不一定带来确定性成果和实现预期的收益。在不考虑风险承受的情况下，控股股东要求企业进行技术创新与不进行技术创新的预期收益差大于或等于0。如果控股股东愿意承受一定的损失，则控股股东要求企业进行技术创新与不进行技术创新的预期收益差大于或等于愿意承担的损失。控股股东的这一要求成为高管进行技术创新决策时面临的第一个约束。控股股东的风险承受能力越强，则该约束越宽。另一方面，机构投资者由于持有企业有限的股权，无法对企业经营决策产生重大影响。但由于机构投资者对投资市场收益具有确定的要求，机构股东要求企业的预期收益大于或等于最低的市场投资收益，机构股东的这一要求成为高管进行技术创新决策时面临的第二个约束。

最后，政府作为宏观经济政策的制定者，特别是依据产业支持政策，

可以通过技术创新补贴或优惠税率来影响企业技术创新活动的投资决策。政府补贴既能直接降低企业技术创新的成本，也能成为政府支持产业发展的风向标。由此，政府的补贴放宽了高管决策时面临的两个约束条件。当政府补贴达到一定程度时，政府补贴可以完全覆盖风险，从而导致这两个约束条件完全失效。

根据以上分析，股权结构、高管激励对企业技术创新的影响机制如图3－2所示。

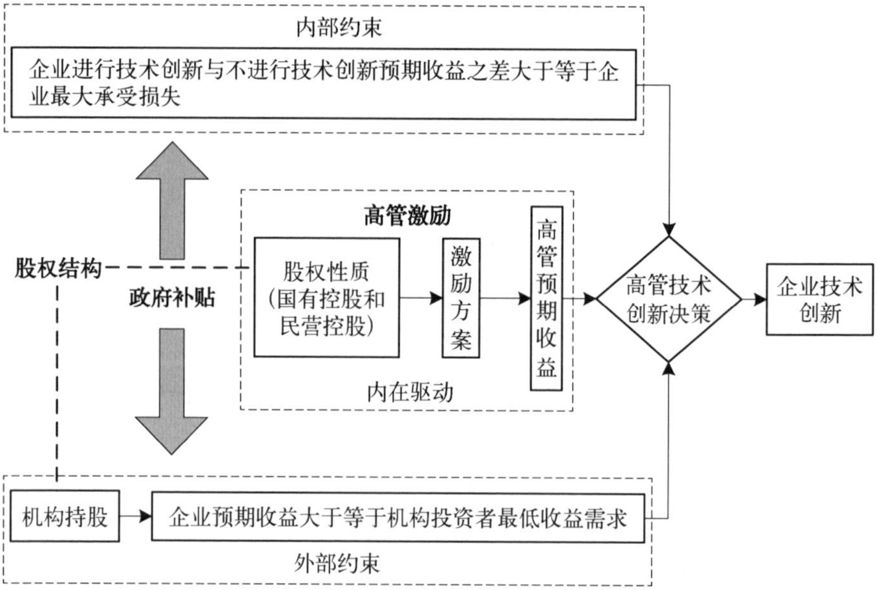

图3－2　股权结构、高管激励对企业技术创新的影响机制

进一步地，依据上述理论模型及内在机制分析，可以发现：第一，相较于国有控股企业，民营控股企业进行技术创新的意愿更高，从而可能会带来更高的技术创新绩效（推论1）。此外，根据模型推理，可以得到一个推论，即控股股东对技术创新所带来风险的承受能力会影响高管技术创新决策。控股股东对技术创新风险的耐受力越高，越有利于高管选择技术创新，从而促进企业技术创新绩效的提高。

第二，机构持股对企业技术创新有一定的负向影响（推论2）。该理论模型主要基于机构投资者对企业投资收益所形成的外部约束，分析机构投资者对高管技术创新决策的影响机制。通过理论推导和分析，发现机构投资者对企业投资收益的约束会提高企业高管对技术创新的决策门槛，从而会抑制高管对技术创新的投资。

第三，通过引入政府补贴影响因素，构建政府补贴调节效应下的股权结构、高管激励与企业技术创新理论模型，提出了推论 3 和推论 4。推论 3 表明政府补贴可以通过降低控股股东对技术创新决策预期收益的内部约束，促进企业技术创新。推论 4 表明政府补贴可以直接降低机构投资者对技术创新决策预期收益的外部约束，从而缓解机构投资者对企业技术创新决策的负向影响，促进机构持股对企业技术创新产生正向影响。

综上所述，本书的理论模型按照由内及外的顺序，逐步分析企业内部股东、高管层面以及企业外部政府政策层面因素，构建股权结构、高管激励与企业技术创新的理论模型，基于股权结构、高管激励以及政府补贴对企业技术创新的影响路径和机制进行了全面的分析，并提出相关推论。为证明以上推论并对股权结构、高管激励与企业技术创新的关系进行更加深入全面的研究，我们进一步以沪深两市战略性新兴产业上市企业为研究样本进行实证分析。实证分析部分共分为四章，其中第 4 章基于股权结构中股权性质视角与高管激励影响效应，对股权性质、高管激励与企业技术创新的关系进行实证研究；第 5 章基于股权结构中的机构持股视角与高管激励影响效应，对机构持股、高管激励与企业技术创新的关系进行实证研究；第 6 章引入政府补贴影响因素，对股权性质、高管激励与企业技术创新的关系进行进一步的实证研究；第 7 章引入政府补贴影响因素，对机构持股、高管激励与企业技术创新的关系进行实证研究。

第 4 章　股权性质、高管激励与企业技术创新实证研究

作为企业经营的决策者，高管的决策直接决定了企业的行为。高管激励机制作为公司治理的重要内容，关系到高管的切身利益，必然会对高管投资管理等行为产生重要影响。技术创新对企业长远发展的重要性不言而喻。然而，技术创新存在沉没成本较高以及投资回报周期长等高风险特征。此外，众多随机不可控的因素也可能导致企业技术创新失败。即使股东层面有较大意愿投资于技术创新，高管仍然面临较高的技术创新失败风险，进而影响其职业声誉。而完善的高管激励机制既可以缓解委托代理问题从而保护股东利益，又可以保护高管利益从而促进其选择技术创新等有利于企业长远发展的决策。

不同股权性质的企业架构和治理制度存在很大差异，所制定的高管激励机制也会存在较大异质性。因此，高管激励对企业技术创新的影响效应会因股权性质的不同而产生差异性。部分学者基于股权性质异质性对激励机制与企业技术创新的关系进行了分析，但鲜有学者通过构建理论模型进行分析，而以战略性新兴产业为样本进行的研究也很少。因此本章以前文所构建的理论模型为基础，基于异质股权性质进一步实证研究高管激励对我国战略性新兴产业上市企业技术创新的影响效应，一方面能够更加全面地反映股东层面与管理者层面对企业技术创新的影响机制，另一方面可以丰富我国战略性新兴产业技术创新的研究内容。

第 3 章根据理论模型提出了推论 1——相较于国有控股企业，民营控股企业有更大的意愿进行技术创新，从而可能会产生更高的技术创新绩效。本章将基于该推论，对股权性质、高管激励与企业技术创新三者关系进行理论分析并提出相关假设，以我国沪深两市 2010—2015 年间战略性新兴产业上市企业为研究样本，通过构建多元回归模型进行实证分析。本章首先根据股权性质将全样本划分为国有控股企业样本与民营控股企业样本，对股权性质异质性与企业技术创新之间的关系进行实证分析。其次基于高管薪酬激励与股权激励两种具有显著差异性的激励方式，对高管激励与企业技术创新之间的关系进行分析，以进一步丰富理论模型的相关研究。最后综合考虑股权性质与高管激励的交互影响效应，研究不同股权性质下高管激励机制对企业技术创新的影响。

此外，为检验股权性质、高管激励对企业技术创新效率的影响，我们参考以往学者的研究成果，以企业专利申请类型为标准将企业的技术创新划分为实质性技术创新和非实质性技术创新。如果企业的发明专利申请数量较多，表明该企业的实质性技术创新活动较多，企业的技术创新效率较高；如果企业的实用新型和外观设计专利申请数量较多，表明该企业的非实质性技术创新活动较多，企业的技术创新效率较低①。股权性质、高管激励与企业技术创新的关系模型如图 4-1 所示。

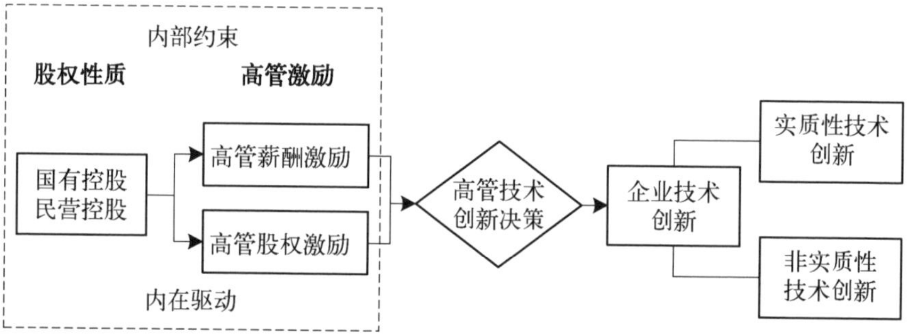

图 4-1 股权性质、高管激励与企业技术创新的关系模型

4.1 理论分析与研究假设

4.1.1 股权性质与企业技术创新

股权性质作为股权结构的重要组成部分，主要反映企业终极控股股东

① 对于企业技术创新的指标测量详细解释详见 4.2.2 节“变量设置”部分。

的属性。由于不同性质的控股股东行为特征和经营目标存在显著差异性，因此股权性质对企业技术创新和发展有着重要的影响作用（吴延兵，2007[163]；赵洪江等，2008[61]）。我国战略性新兴产业上市企业按照股权性质可以分为国有控股企业和非国有控股企业，且在非国有控股企业中民营控股企业占比较大（陈小悦和徐晓东，2001[164]；白艺昕等，2008[55]）。国有控股企业实际控制人为国家政府，在我国战略性新兴产业上市企业中占据重要位置。由于政府在拥有资源分配权的同时承担社会责任，这就不可避免使得国有控股企业的投资和经营目标具有多重性，因此对企业本身发展的关注度会降低（徐二明和张晗，2011）[165]。而相较于国有控股企业，民营控股企业承担的社会责任较少，且投资和经营目标更倾向于盈利创收和企业自身的长远发展。

此外，国有控股企业的职权更迭具备一定的政治属性和较高的就职门槛。相对而言，民营控股企业则拥有较大的灵活性，因此民营控股企业在更大概率上能够雇用到专业性更高的经理人，构建更加简洁高效的经营治理模式。对于技术创新研发，尤其是高水平的实质性技术创新研发，存在技术水平要求高、研发周期长以及投资风险高的特点。相较于国有控股企业而言，民营控股的股权结构更有动力和优势对其进行投资。李丹蒙和夏立军（2008）[56]、任海云（2010）[65]以我国部分上市企业为样本，通过实证研究后指出民营企业的研发投入高于国有企业。基于以上分析，我们在此提出以下假设：

H1a：相较于国有控股企业，民营控股企业拥有更高的技术创新绩效。

而在企业技术创新效率方面，多数研究主要集中于对企业技术研发投入以及整体绩效水平的影响研究，较少有对企业技术创新进一步细分的研究，且研究结论尚未统一。因此对于民营控股企业技术创新效率，我们提出以下两个矛盾假设：

H1b：相较于非实质性技术创新，民营控股企业的实质性技术创新水平显著高于国有控股企业。

H1c：相较于实质性技术创新，民营控股企业的非实质性技术创新水平显著高于国有控股企业。

4.1.2 高管激励与企业技术创新

高管激励的主要目的在于缓解企业的第一类代理问题，即所有者与经营者的代理问题（Jensen 和 Murphy，1990）[127]。相较于企业高管等经营者，企业所有者会更多地立足于企业战略性投资与可持续发展视角考虑。然而对于企业高管等经营者而言，可能会更多地考虑自身的工作绩效与职业发展，从而会导致高管投资决策倾向于风险较小且投资回报周期较短的项目，而非能促进企业长远发展但却具有较大研发失败风险的技术创新项目。如果企业可以制定有效的激励机制以削减高管进行创新投资所伴随的职业风险，就可以在很大程度上促进高管对技术创新等风险较高却有利于企业长远发展项目的重视和投资。很多学者通过研究肯定了高管激励机制对企业技术创新的促进作用（Lerner 和 Wulf，2007[76]；何霞和苏晓华，2012[73]）。

薪酬激励作为高管激励机制中较为基本的激励方式，一方面能够为高管提供物质报酬，另一方面也可以为高管带来工作成就感。由于技术研发需要投入较大的人力和物力，且具备较长的研发周期，因此较高的薪酬激励可以通过给予物质奖励的方式调动高管投入技术创新的积极性。王燕妮（2011）[8]、王燕妮和李爽（2013）[83]以我国部分上市企业为样本，研究发现薪酬激励能够对企业 R&D 投入产生显著的正向影响。因此，本书提出以下假设：

H2a：高管薪酬激励对企业技术创新存在显著的正向影响。

虽然有较多研究认为薪酬激励对企业技术创新有着显著的促进作用，但是由于薪酬激励具有普遍性和即时兑付的短期性特征，因此在技术创新效率方面，也有可能会引致高管投资于研发难度较低且收益周期短的非实质性技术创新项目。由此我们基于高管薪酬激励对企业技术创新效率的影响效应进一步提出以下对立假设：

H2b：相较于非实质性技术创新，高管薪酬激励对企业实质性技术创新存在更加显著的正向影响。

H2c：相较于实质性技术创新，高管薪酬激励对企业非实质性技术创新存在更加显著的正向影响。

高管股权激励是指给予企业高管部分股权，从而激励企业高管以企业价值为主要投资目标的一种激励制度。股权激励可以通过转换高管身份的方式来提高企业高管在企业中的归属感，从而激励高管对技术创新等有利于企业长远发展项目的重视。也有较多学者通过研究得出高管股权激励有利于促进企业技术创新的结论。由此我们提出以下假设：

H2d：高管股权激励对企业技术创新有显著的促进作用。

在企业技术创新效率方面，虽然有较多研究肯定了股权激励对企业技术创新的正向影响。但是由于我国上市企业股权激励具有较长的禁售期，因此对高管而言较难及时套现，且上市企业的股价受多方面因素影响，因此股权的价值具有很大的不确定性，很难与高管的现时绩效直接挂钩。所以股权激励是否能够有效促进高管投资于高水平的实质性技术创新尚未有明确结论，据此我们提出以下两个对立假设：

H2e：相较于非实质性技术创新，高管股权激励对企业实质性技术创新存在更加显著的正向影响。

H2f：相较于实质性技术创新，高管股权激励对企业非实质性技术创新存在更加显著的正向影响。

4.1.3　股权性质、高管激励与企业技术创新

为进一步检验异质股权性质下高管激励对企业技术创新影响下的差异性，我们接着对股权性质、高管激励与企业技术创新之间的关系进行理论分析并提出相关假设。同上文分析，高管薪酬激励作为一种最基本的物质奖励，对企业技术创新有积极的正向影响效应。无论是对国有控股企业还是民营控股企业而言，薪酬激励均会对高管产生显著的激励效应。但是，国有控股企业中高管工作岗位相对民营控股企业而言具有较大的稳定性，且在求职市场上会更受青睐。然而国有控股企业的这些特质也会增加高管更换工作的成本，且由于国有控股企业高管职位较民营控股企业而言更加具有稀缺性，因此在相同的薪酬激励下，国有控股企业高管会更有动力努力工作以保住现有工作，从而会更加注重有利于企业长远发展的技术创新等投资项目。此外，根据前文统计分析，国有控股企业更多采用高管薪酬

激励的激励机制，因此相较于民营控股企业，国有控股企业高管薪酬激励的影响效应可能会更加显著。由此我们提出以下假设：

H3a：高管薪酬激励对国有控股企业与民营控股企业技术创新均有积极的正向影响，且相较而言，高管薪酬激励对国有控股企业技术创新的正向影响效应更加显著。

在企业技术创新效率方面，同上文分析，在以上假设基础上继续提出以下矛盾假设：

H3b：相较于非实质性技术创新，高管薪酬激励对国有控股企业实质性技术创新有着更加显著的正向影响效应。

H3c：相较于实质性技术创新，高管薪酬激励对国有控股企业非实质性技术创新有着更加显著的正向影响效应。

在高管股权激励影响效应方面，对于国有控股企业而言，由于实际控股股东为政府，为了防止控制权被稀释，给予高管的股权激励管控原则更为严苛。而在市场外部环境不明朗的情况下，国有控股企业股权激励的严格限制会增加股权价值的不确定性。相对而言，金额和兑付期限确定的薪酬激励比股权激励更能调动高管投资于技术创新等有利于企业可持续发展的项目。而对于民营控股企业而言，高管股权的派发以及套现等相关制度规定均相对较为宽松。对于高管股权激励的管控，民营控股企业具有较大的自主权和灵活性。因此，对于民营控股企业高管而言，股权激励能够通过转换其身份的途径，促进其投资于技术创新等有利于企业长远发展的战略性项目。据此提出以下假设：

H3d：相较于国有控股企业，高管股权激励对民营控股企业技术创新有着更加显著的促进作用。

在企业技术创新效率方面，虽然高管股权激励有利于促进我国民营控股企业的技术创新绩效，但是由于我国资本市场发展尚未成熟，股票二级交易市场股价波动较大，民营控股上市企业股票价值受多重因素影响，因此民营控股上市企业股权价值具有较大的不确定性。且一般高管持有股权又会被设置禁售期等规则，这又进一步增加了股权激励的不确定性。据此关于高管股权激励对企业技术创新效率的影响效用，我们在上文假设的基础上继续提出以下矛盾假设：

H3e：相较于非实质性技术创新，高管股权激励对民营控股企业实质性技术创新有着更加显著的正向影响效应。

H3f：相较于实质性技术创新，高管股权激励对民营控股企业非实质性技术创新有着更加显著的正向影响效应。

4.2 样本、变量与模型

4.2.1 样本选择

本书的研究样本为我国沪深两市战略性新兴产业上市企业2010—2015年的面板数据。战略性新兴产业是以重大技术创新为基础的专利密集型产业，其股权性质、高管激励与技术创新等方面的特征具有较高的代表性，以战略性新兴企业为研究样本能够较全面地反映股权性质、高管激励与企业创新绩效的关系。此外，鉴于上市企业数据的规范性和可得性，本书选取我国沪深两市战略性上市企业为样本进行实证分析，并根据研究需要剔除ST、*ST、样本期间暂停上市或退市以及数据缺失的上市企业样本，得到1117家企业的有效样本观测值。原始数据主要来源于CSMAR数据库。为消除极端值影响，本书对连续变量数据进行了1%分位和99%分位的Winsorize缩尾处理。本书采用Matlab和Stata 12.0对原始数据进行处理和模型回归。

4.2.2 变量设置

被解释变量、主要解释变量以及控制变量的设置与具体定义如表4-1所示。其中，被解释变量为企业技术创新绩效、实质性技术创新和非实质性技术创新绩效，分别以总专利申请数（*Patent*）、发明专利申请数（*InvPat*）和非发明专利申请数（*UnPat*）来衡量。主要解释变量为股权性质、高管激励，分别以控股股东性质（*Nsoe*）、高管薪酬激励（*SE*）以及高管股权激励（*HE*）来反映。具体指标选择与解释说明如下所示：

1. 被解释变量

借鉴Hall和Harhoff（2012）[166]、温军和冯根福（2012）[46]的研究，

本书以企业专利申请数衡量企业技术创新绩效。专利申请数可以较好地反映企业的技术水平和创新产出绩效，且相对于企业专利授予数量，专利申请数据更加可靠和及时（黎文靖和郑曼妮，2016）[96]。我国专利分为发明专利、实用新型专利和外观设计专利，其中发明专利是创新水平和技术升级程度最高的专利，如果企业的发明专利申请数量较多，表明企业进行了较高水平的实质性创新。我国有些企业存在通过申请低水平的非发明专利而获取政府补贴的寻租行为，为了更好地测量和反映我国战略性新兴企业的创新水平和质量，本书借鉴黎文靖和郑曼妮（2016）[96]的研究，以企业发明专利申请数量来反映企业的实质性技术创新水平，以实用新型专利和外观设计专利反映企业的非实质性技术创新水平。如果企业的发明专利申请数量较高，表明企业进行了实质性创新，其技术创新水平和效率较高。此外，参考较多学者对于专利变量的处理，在模型回归过程中，将企业专利申请总数、发明专利与非发明专利申请总数加 1 取对数作为因变量分别进行回归分析。

2. 主要解释变量

借鉴李丹蒙和夏立军（2008）[56]的研究，本书依据 CSMAR 数据库关于企业实际控制人性质划分标准来划分股权性质，并据此设置股权性质的虚拟变量。如果企业为国有控股企业，则股权性质取值为 0，如果企业为民营控股企业，那么股权性质取值为 1。本章借鉴王燕妮（2011）[8]、徐宁和徐向艺（2013）[80]等对高管薪酬激励与股权激励的测量，用企业董事、监事及高管前三名薪酬总额来测量企业中高管薪酬激励（*SE*）情况①。董事、监事及高管前三名薪酬总额越高，表明高管薪酬激励程度越高。对于高管股权激励（*HE*）的测量，用企业董事、监事及高管持股数量与企业总股数比值作为高管股权激励的衡量指标。

3. 控制变量

借鉴 He 和 Tian（2013）[167]、袁建国等（2015）[168]对企业技术创新的相关研究，本书在检验股权性质、高管激励对企业技术创新的影响时，首

① 参照以往相关研究，在实证回归中对企业董事、监事及高管前三名薪酬总额取对数处理。

先控制了反映企业基本特征的企业规模和企业年龄。其中，企业规模对技术创新行为和绩效的影响效应已经得到很多学者的认可，因此本书通过年末总资产取自然对数来测量企业规模对其所产生的影响效应进行控制。企业年龄主要反映企业的生命周期，由于处于不同生命周期的企业对技术创新活动的投资及其绩效也会存在较大差异，因此本书基于企业年龄并对其取自然对数来控制企业所处生命周期对创新绩效的影响。其次控制了反映企业财务状况的企业成长性、负债比率和现金流量指标变量。企业成长性主要反映企业的盈利情况，企业营业收入会影响到企业对技术创新的投资行为，因此采用营业收入增长率对企业成长性影响因素进行控制。又因为技术创新具有资金消耗大的特点，因此技术研发投入和产出与企业资金状况密切相关，企业的负债率与可支配现金流都会对企业技术创新投资产生重要影响，因此本书对企业财务方面的相关指标影响进行了控制。最后对反映企业高管权力和股权集中度的总经理兼任董事情况以及企业第一大股东持股情况指标进行了控制。总经理兼任董事表明企业高管拥有较大的权力，高管的权力大小也会影响到高管对企业技术创新的投资行为。而第一大股东持股情况反映了企业股权集中程度，第一大股东持股比例越高表明企业股权越集中，股权集中度情况影响到股东决策效率等，进而会对企业技术创新等重要决策产生影响。因此本书对上述两方面指标进行控制。相关主要变量如表 4－1 所示。

表 4－1　主要变量说明

变　　量	定　　义
企业技术创新（*Patent*）	当年专利申请总数
实质性技术创新（*InvPat*）	当年发明专利申请总数
非实质性技术创新（*UnPat*）	当年非发明专利申请总数
股权性质（*Nsoe*）	虚拟变量，国有控股企业取“0”，民营控股企业取“1”
高管薪酬激励（ln*SE*）	董事、监事及高管前三名薪酬总额取对数

续 表

变　　量	定　　义
高管股权激励（*HE*）	企业董事、监事及高管持股数量/总股数
企业规模（*Size*）	年末总资产的自然对数
企业年龄（*Age*）	成立年数的自然对数
企业成长性（*Growth*）	营业收入增长率
负债比率（*Dts*）	年末总负债/年末总资产×100%
现金流量（*Cash*）	经营活动产生现金净流量/总资产
总经理兼任董事情况（*Ceodir*）	虚拟变量，总经理兼任董事取“1”，否则取“0”
股权集中度（*Sh*1）	企业第一大股东持股比例

4.2.3　基本模型

基于理论分析与研究假设，我们首先构建股权性质与企业技术创新、实质性技术创新和非实质性技术创新的回归模型以检验假设 H1a、假设 H1b 与假设 H1c。其次构建高管激励与企业技术创新、实质性技术创新和非实质性技术创新的回归模型以检验假设 H2a～假设 H2f。最后综合考虑股权性质与高管激励影响，构建股权性质、高管激励与企业技术创新、实质性技术创新和非实质性技术创新的回归模型以检验假设 H3a～假设 H3f。具体模型构建如下所示。

1. 股权性质与企业技术创新关系回归模型

为检验不同股权性质的企业技术创新水平和绩效的差异性，构建股权性质与企业技术创新的关系模型，以检验不同股权性质的企业技术创新水平和绩效情况，即检验假设 H1a、假设 H1b 与假设 H1c。

首先，为验证假设 H1a，以企业整体技术创新绩效为被解释变量构建股权性质与企业技术创新总产出的多元回归模型，具体模型如下所示：

$$\ln Patent_{it} = \alpha_0 + \alpha_1 \times Nsoe_{it} + \alpha_2 \times Size_{it} + \alpha_3 \times Age_{it} + \alpha_4 \times Growth_{it} + \alpha_5 \times Dts_{it} + \alpha_6 \times Cash_{it} + \alpha_7 \times Ceodir_{it} + \alpha_8 \times Sh1_{it} + \alpha_i + \alpha_j + \varepsilon_{it} \tag{4-1}$$

其中，$\ln Patent_{it}$ 表示第 i 个企业第 t 年的专利申请总数加 1 取自然对数，$Nsoe_{it}$ 表示第 i 个企业第 t 年的股权性质，α_0 表示截距项，$\alpha_1 \sim \alpha_8$ 表示待估系数，α_i 与 α_j 分别表示行业固定效应与年度固定效应①，ε_{it} 表示随机误差项。其余变量含义参见表 4－1。

其次，为验证假设 H1b 与假设 H1c，即进一步检验不同股权性质下企业技术创新水平和效率的差异性，将上述公式中被解释变量 $\ln Patent_{it}$ 分别替换成 $\ln InvPat_{it}$ 和 $\ln UnPat_{it}$。据此得到以下模型：

$$\ln InvPat_{it} = \alpha_0 + \alpha_1 \times Nsoe_{it} + \alpha_2 \times Size_{it} + \alpha_3 \times Age_{it} + \alpha_4 \times Growth_{it} + \alpha_5 \times Dts_{it} + \alpha_6 \times Cash_{it} + \alpha_7 \times Ceodir_{it} + \alpha_8 \times Sh1_{it} + \alpha_i + \alpha_j + \varepsilon_{it} \tag{4-2}$$

$$\ln UnPat_{it} = \alpha_0 + \alpha_1 \times Nsoe_{it} + \alpha_2 \times Size_{it} + \alpha_3 \times Age_{it} + \alpha_4 \times Growth_{it} + \alpha_5 \times Dts_{it} + \alpha_6 \times Cash_{it} + \alpha_7 \times Ceodir_{it} + \alpha_8 \times Sh1_{it} + \alpha_i + \alpha_j + \varepsilon_{it} \tag{4-3}$$

其中，$\ln InvPat_{it}$ 表示第 i 个企业第 t 年的发明专利申请总数加 1 取自然对数，$\ln UnPat_{it}$ 表示第 i 个企业第 t 年的非发明专利申请总数加 1 取自然对数。其他参数及变量含义参见前文和表 4－1。

2. 高管激励与企业技术创新关系回归模型

为检验不同高管激励机制对企业整体技术创新绩效及技术创新效率的影响，分别基于高管薪酬激励与高管股权激励两种激励机制，检验高管激励机制对企业技术创新整体绩效及企业实质性技术创新与非实质性技术创新绩效的影响效应。

首先，构建高管薪酬激励对企业技术创新、实质性技术创新与非实质性技术创新的关系回归模型，并基于全样本进行回归，以检验假设 H2a、假设 H2b 与假设 H2c。具体模型如下所示：

① 鉴于本书回归模型较多，因此回归模型中待估系数仅用 α 表示，不同模型中系数含义不同，特此说明。

$$\ln Patent_{it} = \alpha_0 + \alpha_1 \times \ln SE_{it} + \alpha_2 \times Size_{it} + \alpha_3 \times Age_{it} + \alpha_4 \times Growth_{it} + \alpha_5 \times Dts_{it} + \alpha_6 \times Cash_{it} + \alpha_7 \times Ceodir_{it} + \alpha_8 \times Sh1_{it} + \alpha_i + \alpha_j + \varepsilon_{it} \quad (4-4)$$

$$\ln InvPat_{it} = \alpha_0 + \alpha_1 \times \ln SE_{it} + \alpha_2 \times Size_{it} + \alpha_3 \times Age_{it} + \alpha_4 \times Growth_{it} + \alpha_5 \times Dts_{it} + \alpha_6 \times Cash_{it} + \alpha_7 \times Ceodir_{it} + \alpha_8 \times Sh1_{it} + \alpha_i + \alpha_j + \varepsilon_{it} \quad (4-5)$$

$$\ln UnPat_{it} = \alpha_0 + \alpha_1 \times \ln SE_{it} + \alpha_2 \times Size_{it} + \alpha_3 \times Age_{it} + \alpha_4 \times Growth_{it} + \alpha_5 \times Dts_{it} + \alpha_6 \times Cash_{it} + \alpha_7 \times Ceodir_{it} + \alpha_8 \times Sh1_{it} + \alpha_i + \alpha_j + \varepsilon_{it} \quad (4-6)$$

其中，$\ln SE_{it}$ 表示第 i 个企业第 t 年的董事、监事及高管前三名薪酬总额取自然对数，α_0 表示截距项，$\alpha_1 \sim \alpha_8$ 表示待估系数，α_i 与 α_j 分别表示行业固定效应与年度固定效应，ε_{it} 表示随机误差项。其余变量含义参见前文与表 4-1。

其次，构建高管股权激励对企业技术创新、实质性技术创新与非实质性技术创新的关系回归模型，并基于全样本进行回归，以检验假设 H2d、假设 H2e 与假设 H2f。具体模型如下所示：

$$\ln Patent_{it} = \alpha_0 + \alpha_1 \times HE_{it} + \alpha_2 \times Size_{it} + \alpha_3 \times Age_{it} + \alpha_4 \times Growth_{it} + \alpha_5 \times Dts_{it} + \alpha_6 \times Cash_{it} + \alpha_7 \times Ceodir_{it} + \alpha_8 \times Sh1_{it} + \alpha_i + \alpha_j + \varepsilon_{it} \quad (4-7)$$

$$\ln InvPat_{it} = \alpha_0 + \alpha_1 \times HE_{it} + \alpha_2 \times Size_{it} + \alpha_3 \times Age_{it} + \alpha_4 \times Growth_{it} + \alpha_5 \times Dts_{it} + \alpha_6 \times Cash_{it} + \alpha_7 \times Ceodir_{it} + \alpha_8 \times Sh1_{it} + \alpha_i + \alpha_j + \varepsilon_{it} \quad (4-8)$$

$$\ln UnPat_{it} = \alpha_0 + \alpha_1 \times HE_{it} + \alpha_2 \times Size_{it} + \alpha_3 \times Age_{it} + \alpha_4 \times Growth_{it} + \alpha_5 \times Dts_{it} + \alpha_6 \times Cash_{it} + \alpha_7 \times Ceodir_{it} + \alpha_8 \times Sh1_{it} + \alpha_i + \alpha_j + \varepsilon_{it} \quad (4-9)$$

其中，HE_{it} 表示第 i 个企业第 t 年董事、监事及高管持股数量与总股数的比值。其余参数及变量含义参见前文和表 4-1。

3. 股权性质、高管激励与企业技术创新关系回归模型

在检验高管激励、股权性质与企业创新关系时，我们基于股权性质（*Nsoe*）将全样本分为国有控股企业样本与民营控股企业样本，并沿用上

文模型（4－4）至模型（4－9）进行分组回归。根据回归结果中关键变量的显著性水平和绝对值来进行相关分析，以检验假设 H3a 至假设 H3f。

假设 H3a、假设 H3b 与假设 H3c 主要为了检验不同股权性质下，高管薪酬激励对企业整体技术创新绩效、实质性技术创新与非实质性技术创新绩效的激励效应。在此沿用模型（4－4）至模型（4－6）。假设国有控股企业样本数据对模型（4－4）进行回归后的系数 α_1 为 G（α_1），民营控股企业样本数据对模型（4－4）进行回归后的系数 α_1 为 P（α_1），且两个系数均大于 0。如果系数 $G(\alpha_1)$ 的显著性水平大于系数 $P(\alpha_1)$ 的显著性水平，或在显著性水平相同的情况下，$G(\alpha_1)$ 的绝对值大于 $P(\alpha_1)$ 的绝对值①，则表明相较于民营控股企业，高管薪酬激励对国有控股企业技术创新有更加显著的正向影响。即假设 H3a 得到验证。假设 H3b 与假设 H3c 是进一步检验高管薪酬激励对国有控股企业技术创新效率的影响效应。同理，假设国有控股企业样本数据对模型（4－5）与模型（4－6）进行回归后的系数 α_1 分别为 $G_I(\alpha_1)$ 与 G_{UI}（α_1），且两个回归系数均大于 0。如果系数 $G_I(\alpha_1)$ 的显著性水平高于系数 $G_{UI}(\alpha_1)$ 的显著性水平，或在显著性水平相同的情况下 $G_I(\alpha_1)$ 的绝对值大于 $G_{UI}(\alpha_1)$ 的绝对值，则表明相较于非实质性技术创新，高管薪酬激励对国有企业实质性技术创新有着更加显著的正向影响。此时接受假设 H3b，否则接受假设 H3c。

假设 H3d、假设 H3e 与假设 H3f 主要为了检验不同股权性质下，高管股权激励对企业整体技术创新绩效、实质性技术创新与非实质性技术创新绩效的激励效应。在此沿用模型（4－7）至模型（4－9）。假设国有控股企业样本数据对模型（4－7）进行回归后的系数 α_1 为 G（α_1），民营控股企业样本数据对模型（4－7）进行回归后的系数 α_1 为 P（α_1），且两个系数均大于 0。如果系数 $G(\alpha_1)$ 的显著性水平小于系数 $P(\alpha_1)$ 的显著性水平，或在显著性水平相同的情况下 $G(\alpha_1)$ 的绝对值小于 $P(\alpha_1)$ 的绝对值，则表明相较于国有控股企业，高管薪酬激励对民营控股企业技术创新有更加显著的正向影响。即假设 H3d 得到验证。假设 H3e 与假设 H3f 是进一步检验高管股权激励对民营控股企业技术创新效率的影响效应。同理，假

① 对于两个模型系数差异性检验采用 SUR 检验来判定，下同。

设民营控股企业样本数据对模型（4－8）与模型（4－9）进行回归后的系数 α_1 分别为 $P_I(\alpha_1)$ 与 P_{UI}（α_1），且两个回归系数均大于 0。如果系数 $P_I(\alpha_1)$ 的显著性水平高于系数 $P_{UI}(\alpha_1)$ 的显著性水平，或在显著性水平相同的情况下 $P_I(\alpha_1)$ 的绝对值大于 $P_{UI}(\alpha_1)$ 的绝对值，则表明相较于非实质性技术创新，高管薪酬激励对国有企业实质性技术创新有着更加显著的正向影响。此时接受假设 H3e，否则接受假设 H3f。

4.3 实证结果分析

4.3.1 描述性统计与 Pearson 相关系数

表 4－2 给出了主要变量的描述性统计的相关结果。据表 4－2 所示，我国战略性新兴产业上市企业的技术创新绩效，即企业专利申请数的年度均值为 37.71，最小值为 0.00，最大值为 249.00，中位数为 18.00，标准差为 49.15，表明战略性新兴产业上市企业的专利申请数存在较大差异，技术创新绩效和水平良莠不齐。主要解释变量董事、监事及高管前三名薪酬总额取自然对数后，标准差为 0.47。可以看出战略性新兴产业上市企业高级管理人员薪酬不存在较大差异性。战略性新兴产业上市企业董事、监事及高管持股比例平均值为 0.21，中位数为 0.06，且最小值为 0.00。表明样本企业中高级管理人员持股比例可能存在较大的差异性，持股比例分布情况不均。控制变量方面，企业规模和企业成长性的标准差相对较大，而其他控制变量，比如企业年龄、负债比率、现金流量以及总经理兼任董事情况和第一大股东持股比例，标准差均小于 1。由此可见各个企业间控制变量的差异性不是很大。

表 4－2 描述性统计

变量名称	*N*	平均值	标准差	最小值	中位数	最大值
Patent	3 126	37.71	49.15	0.00	18.00	249.00
Nsoe	3 126	0.67	0.47	0.00	1.00	1.00

续 表

变量名称	N	平均值	标准差	最小值	中位数	最大值
ln*SE*	2 498	14.15	0.73	0.00	14.14	17.17
HE	2 664	0.21	0.38	0.00	0.06	0.94
Size	3 126	21.70	1.06	19.43	21.59	26.97
Age	3 126	2.52	0.46	0.69	2.56	3.56
Growth	3 126	0.37	0.65	-3.25	0.19	4.67
Dts	3 126	0.36	0.20	0.01	0.36	0.99
Cash	3 126	0.04	0.07	-0.35	0.03	0.45
Ceodir	3 126	0.33	0.47	0.00	0.00	1.00
*Sh*1	3 126	0.33	0.14	0.04	0.31	0.81

表4-3给出了主要变量的Pearson相关系数。根据表4-3的Pearson相关系数结果，可以看出股权性质对企业技术创新产出的相关系数在1%水平上显著为负，但是由于Pearson相关系数绝对值较小，因此要通过进一步的研究才能判断股权性质与企业技术创新的关系。高管薪酬激励对我国战略性新兴产业上市企业技术创新产出的Pearson相关系数为0.22，且在1%水平上显著，而高管股权激励对战略性新兴产业上市企业技术创新产出的Pearson相关系数绝对值低于0.1。由此可以初步看出高管薪酬激励对企业技术创新有着较显著的影响效应，但是股权激励对企业技术创新的影响程度却较低。关于高管薪酬激励与股权激励对企业技术创新的影响效应需要进一步的检验。此外，各个变量间Pearson相关系数绝对值均低于0.6，由此可以初步判断各变量之间不存在多重共线性。

4.3.2 股权性质与企业技术创新回归结果

关于股权性质与企业技术业创新的关系模型（4-1）、模型（4-2）

表 4 - 3　主要变量 Pearson 相关系数

变量名称	*Patent*	*Nsoe*	ln*SE*	*HE*	*Size*	*Age*	*Growth*	*Dts*	*Cash*	*Ceodir*	*Sh*1
Patent	1										
Nsoe	-0.07^{***}	1									
ln*SE*	0.22^{***}	-0.04^{**}	1								
HE	-0.07^{***}	0.52^{***}	-0.08^{***}	1							
Size	0.38^{***}	-0.38^{***}	0.29^{***}	-0.40^{**}	1						
Age	0.04^{***}	-0.24^{***}	0.03^{***}	-0.30^{***}	0.20^{***}	1					
Growth	0.00	-0.01	0.02	0.01	-0.03^{*}	0.022^{***}	1				
Dts	0.18^{***}	-0.39^{***}	0.02	-0.44^{***}	0.54^{***}	0.30^{***}	0.00	1			
Cash	0.03^{*}	0.01	0.16^{***}	-0.04^{**}	0.05^{***}	0.03^{*}	-0.10^{***}	-0.10^{***}	1		
Ceodir	-0.01	0.36^{***}	-0.07^{***}	0.42^{***}	-0.22^{***}	-0.11^{***}	-0.03^{*}	-0.18^{***}	-0.02	1	
*Sh*1	0.05^{***}	-0.15^{***}	0.01	-0.05^{***}	0.20^{***}	-0.06^{***}	-0.03^{**}	0.12^{***}	-0.02^{*}	0.01	1

注：*、**、*** 分别表示回归结果在 10%、5%和 1%的水平上显著。

与模型（4-3）的回归结果如表 4-4 所示。从模型（4-1）回归结果可以看出，股权性质对企业技术创新绩效回归系数为 0.149 6，且在 5%的水平上显著，表明民营控股企业技术创新绩效显著高于国有控股企业。因此假设 H1a 通过验证。根据模型（4-2）与模型（4-3）回归结果，可以看出股权性质对企业实质性技术创新回归系数为不显著的负值。但是股权性质对企业非实质性技术创新回归系数为 0.229 5，且在 1%的水平上显著。由此可以看出，相较于实质性技术创新，民营控股企业的非实质性技术创新绩效更高。表明民营控股企业较高水平的实质性技术创新绩效还有待提高。据此我们接受假设 H1c，拒绝 H1b。

表 4-4　股权性质与企业技术创新关系模型回归结果

模型	（4-1）	（4-2）	（4-3）
变量	ln*Patent*	ln*InvPat*	ln*UnPat*
Nsoe	0.149 6** (2.63)	-0.005 5 (-0.10)	0.229 5*** (4.15)
Size	0.526 8*** (19.25)	0.541 8*** (20.23)	0.434 9*** (16.38)
Age	-0.095 7* (-1.78)	-0.052 2 (-0.99)	-0.128 8** (-2.47)
Growth	0.077 9** (2.19)	0.129 1*** (3.70)	0.004 7 (0.14)
Dts	-0.239 9* (-1.72)	-0.577 5*** (-4.22)	0.261 4* (1.93)
Cash	0.707 3** (2.09)	0.747 5** (2.26)	0.178 0 (0.54)
Ceodir	0.082 4 (1.61)	0.067 8 (1.36)	0.108 7** (2.19)
*Sh*1	-0.579 1*** (-3.52)	-0.519 7*** (-3.22)	-0.402 3** (-2.52)

续 表

模型	(4-1)	(4-2)	(4-3)
变量	ln*Patent*	ln*InvPat*	ln*UnPat*
Constant	-9.4701^{***} (-14.81)	-10.5058^{***} (-16.80)	-7.8731^{***} (-12.69)
Industry	control	control	control
Year	control	control	control
N	3 126	3 126	3 126
$\bar{R}^2$	0.255 6	0.186 7	0.327 3
F	57.46	38.75	81.04

注：*、**、***分别表示回归结果在10%、5%和1%的水平上显著。

控制变量方面，企业规模对企业技术创新、实质性技术创新与非实质性技术创新的回归系数均在1%的水平上显著为正，表明规模较大的企业具有更高的技术创新绩效和水平，这也与大多数相关研究结论和现实状况相符，越是大企业其研发实力会相对越高。而企业成立年龄与技术创新、实质性技术创新与非实质性技术创新的回归系数均为负值，表明企业成立越久可能会后劲不足，疏于对技术研发的重视和投资。企业营业收入增长率、现金流量与技术创新、实质性技术创新与非实质性技术创新的回归系数均为正值，表明成长性较好且经营活动所产生现金流较高的企业，拥有较高的技术创新绩效和水平。资产负债率对企业技术创新、实质性技术创新与非实质性技术创新的回归系数均为负值，表明负债较高的企业不利于技术创新研发的投资。而总经理兼任董事情况对企业技术创新、实质性技术创新与非实质性技术创新的回归系数均为正值，表明管理层权力越大，越有利于企业技术创新研发。而第一大股东持股比例越高却对企业技术创新、实质性技术创新与非实质性技术创新的回归系数均为负值，表明股权集中度越高，不利于企业技术创新。由于股权集中度越高越有可能导致小股东利益被侵占，因此可能会不利于企业技术研发的开展。

4.3.3 高管激励与企业技术创新回归结果

高管薪酬激励与企业技术创新的关系模型回归结果如表 4-5 所示。高管薪酬激励与企业技术创新的关系模型（4-4)、模型（4-5）与模型（4-6)的回归结果如表 4-5 所示。从模型（4-4）回归结果可以看出，高管薪酬激励对企业技术创新总产出的回归系数为 0.242 7，且在 1%的水平上显著。表明高管薪酬激励对企业技术创新存在显著的正向影响。假设 H2a 得到检验。我们进一步看高管薪酬激励对企业实质性技术创新与非实质性技术创新的回归结果。根据模型（4-5）与模型（4-6）回归结果，可以看出高管薪酬激励对企业实质性技术创新与非实质性技术创新的回归系数分别为 0.279 2 和 0.128 6，且均在 1%的水平上显著。表明高管薪酬激励对企业实质性技术创新与非实质性技术创新均有着较显著的促进作用。此外，我们通过 SUR 检验发现高管薪酬激励对企业实质性技术创新与非实质性技术创新的回归系数是具有显著差异性的，又因为前者系数绝对值大于后者。所以可以看出，相较于非实质性技术创新，高管薪酬激励对企业高水平的实质性技术创新的正向影响更加显著。据此我们接受假设 H2b。控制变量的符号和显著性水平无明显变化，其相关解释说明同上文，在此不再赘述。

表 4-5　高管薪酬激励与企业技术创新关系模型回归结果

模　型	(4-4)	(4-5)	(4-6)
变　量	ln*Patent*	ln*InvPat*	ln*UnPat*
ln*SE*	0.242 7*** (6.60)	0.279 2*** (7.82)	0.128 6*** (3.58)
Size	0.453 1*** (14.18)	0.471 9*** (15.21)	0.380 7*** (12.20)
Age	-0.129 6** (-2.30)	-0.058 9 (-1.07)	-0.175 4*** (-3.18)

续 表

模 型	(4-4)	(4-5)	(4-6)
变 量	ln*Patent*	ln*InvPat*	ln*UnPat*
Growth	0. 017 7** (2. 43)	0. 071 2* (1. 76)	-0. 048 4 (-1. 19)
Dts	-0. 151 5* (-1. 98)	-0. 397 7*** (-2. 65)	0. 288 9* (1. 91)
Cash	0. 134 2 (0. 36)	0. 326 2 (0. 89)	-0. 328 3 (-0. 89)
Ceodir	0. 118 7** (2. 18)	0. 067 1 (1. 27)	0. 161 0*** (3. 02)
*Sh*1	-0. 754 2*** (-4. 17)	-0. 597 6*** (-3. 40)	-0. 611 1*** (-3. 46)
Constant	-11. 170 6*** (-14. 96)	-12. 914 8*** (-17. 81)	-8. 332 2*** (-11. 42)
Industry	control	control	control
Year	control	control	control
N	2 498	2 498	2 498
$\bar{R}^2$	0. 267 2	0. 204 8	0. 328 4
F	51. 58	36. 73	68. 84

注：*、**、***分别表示回归结果在 10%、5%和 1%的水平上显著。

关于高管股权激励与企业技术创新的关系模型（4-7）、模型(4-8)与模型（4-9）的回归结果如表 4-6 所示。从模型（4-7）回归结果可以看出，高管股权激励对企业技术创新总产出回归系数为 0. 194 3，且在5%的水平上显著。表明高管股权激励对企业技术创新有着显著的正向影响。假设 H2d 通过检验。根据模型（4-8）与模型（4-9）的回归结果，高管股权激励对企业实质性技术创新的回归系数为不显著的正值，对企业非实质性技术创新的回归系数为 0. 186 7，且在 5%的水平上显著。由此可见，高管股权激励虽然对企业技术创新有着显著的促进作用，但其激励效率较低，仅对企业较低水平的非实质性技术创新有较显著的正向影响。即相较于实质性技术创新，高管股权激励对企业非实质性技术创新有着更加显著的促进作用。据此我们接受假设 H2f，拒绝假设 H2e。

表 4-6　高管股权激励与企业技术创新关系模型回归结果

模　型	(4-7)	(4-8)	(4-9)
变　量	ln*Patent*	ln*InvPat*	ln*UnPat*
HE	0.194 3** (2.28)	0.070 6 (0.85)	0.186 7** (2.25)
Size	0.728 9*** (27.31)	0.737 6*** (28.30)	0.637 1*** (24.49)
Age	-0.137 8** (-2.36)	-0.118 9** (-2.09)	-0.141 2** (-2.48)
Growth	0 .0 007 (0.09)	0.006 4 (0.87)	-0.013 9* (-1.88)
Dts	-0.249 2** (-2.07)	-0.347 4*** (-2.95)	0.018 5 (0.16)
Cash	0.561 9 (1.55)	0.550 4 (1.55)	0.180 9 (0.51)
Ceodir	0.112 6* (1.89)	0.089 8 (1.54)	0.155 1*** (2.67)
*Sh*1	-0.826 8*** (-4.51)	-0.751 1*** (-4.20)	-0.605 2*** (-3.39)
Constant	-13.917 0*** (-22.00)	-14.773 0*** (-23.91)	-12.346 1*** (-20.02)
Industry	control	control	control
Year	control	control	control
N	2 664	2 664	2 664
$\bar{R}^2$	0.362 2	0.314 7	0.406 8
F	85.02	68.93	102.47

注：*、**、*** 分别表示回归结果在 10%、5%和 1%的水平上显著。

4.3.4 股权性质、高管激励与企业技术创新回归结果

为进一步分析异质股权性质对高管激励机制与企业技术创新关系的影响，我们将全样本分为国有控股企业样本与民营控股企业样本，对模型（4-4）至模型（4-9）再次进行回归，从而得到相关回归结果。其中，股权性质、高管薪酬激励与企业技术创新的分组回归结果由表4-7给出，股权性质、高管股权激励与企业技术创新的分组回归结果由表4-8给出。

根据表4-7中模型（4-4）的分组回归结果，可以看出高管薪酬激励对国有控股企业与民营控股企业的技术创新总产出的回归系数分别为0.290 4与0.161 3，且均在1%的水平上显著。表明高管薪酬激励对国有控股企业与民营控股企业的技术创新均有着较显著的促进作用。此外，根据SUR检验结果发现两个回归系数并无显著差异性。据此假设H3a没有通过检验。进一步看模型（4-5）与模型（4-6）的分组回归结果，高管薪酬激励对国有控股企业的实质性技术创新与非实质性技术创新产出的回归系数分别为0.303 1和0.155 4，且均在1%的水平上显著。此外，通过SUR检验发现两者系数有着显著的差异性。据此可以发现相较于非实质性技术创新，高管薪酬激励对国有控股企业的实质性技术创新有着更加显著的促进作用。由此我们接受假设H3b，拒绝假设H3c。根据民营控股企业样本回归结果，也可以发现同样的规律。即高管薪酬激励对民营控股企业实质性技术创新产出的回归系数在1%水平上显著为正，但对非实质性技术创新产出的回归系数为不显著的正值。表明在民营控股企业中，高管薪酬激励更有利于促进企业高水平的实质性技术创新的绩效。

表4-7 股权性质、高管薪酬激励与企业技术创新的分组回归结果

样本	Soe			Nsoe		
模型	(4-4)	(4-5)	(4-6)	(4-4)	(4-5)	(4-6)
变量	ln*Patent*	ln*InvPat*	ln*UnPat*	ln*Patent*	ln*InvPat*	ln*UnPat*
ln*SE*	0.290 4*** (4.88)	0.303 1*** (5.16)	0.155 4*** (2.78)	0.161 3*** (3.48)	0.238 5*** (5.31)	0.049 1 (1.06)

续　表

样本	Soe			Nsoe		
模型	(4－4)	(4－5)	(4－6)	(4－4)	(4－5)	(4－6)
变量	ln*Patent*	ln*InvPat*	ln*UnPat*	ln*Patent*	ln*InvPat*	ln*UnPat*
Size	0. 426 5*** (9. 19)	0. 420 4*** (9. 17)	0. 409 6*** (9. 38)	0. 497 8*** (10. 68)	0. 508 1*** (11. 26)	0. 393 4*** (8. 46)
Age	−0. 428 1*** (−3. 52)	−0. 416 2*** (−3. 46)	−0. 264 1** (−2. 31)	−0. 072 5** (−2. 13)	−0. 014 5** (−2. 23)	−0. 161 3** (−2. 52)
Growth	0. 119 9* (1. 84)	0. 178 2*** (2. 77)	0. 073 4 (1. 20)	−0. 081 4* (−1. 53)	−0. 041 6 (−0. 81)	−0. 151 6*** (−2. 85)
Dts	−0. 891 6*** (−3. 54)	−1. 044 9*** (−4. 20)	−0. 611 6** (−2. 58)	−0. 487 9** (−2. 39)	−0. 024 4 (−0. 12)	−1. 107 4*** (−5. 45)
Cash	0. 367 0 (0. 54)	0. 431 2 (0. 64)	−0. 131 4 (−0. 21)	0. 409 6 (0. 92)	0. 551 3 (1. 28)	−0. 071 3 (−0. 16)
Ceodir	0. 093 1 (0. 61)	0. 227 5 (1. 52)	0. 018 6 (0. 13)	0. 110 3* (1. 85)	0. 080 7 (1. 40)	0. 134 8** (2. 26)
*Sh*1	−1. 816 1*** (−5. 43)	−1. 378 6*** (−4. 17)	−1. 652 8*** (−5. 26)	−0. 163 3** (−2. 75)	−0. 163 5** (−3. 77)	0. 021 4** (2. 10)
Constant	−10. 696 3*** (−9. 14)	−11. 491 2*** (−9. 93)	−9. 150 5*** (−8. 31)	−10. 111 5*** (−9. 77)	−12. 254*** (−12. 22)	−6. 712 5*** (−6. 50)
Industry	control	control	control	control	control	control
Year	control	control	control	control	control	control
N	860	860	860	1 638	1 638	1 638
$\bar{R}^2$	0. 322 2	0. 267 5	0. 350 9	0. 280 0	0. 205 5	0. 359 1
F	23. 69	18. 43	26. 80	36. 36	23. 26	51. 96

注：*、**、*** 分别表示回归结果在 10%、5%和 1%的水平上显著。

根据表 4－8 中模型（4－7）的分组回归结果，可以看出高管股权激励对国有控股企业技术创新总产出的回归系数为不显著的负值，对民营控股企业技术创新总产出的回归系数为 0. 225 6，且在 5%的水平上显著。表明相较于国有控股企业技术创新，高管股权激励对民营控股企业技术创新有着更加显著的促进作用。假设 H3d 通过检验。进一步看模型（4-8）与模型（4-9）的回归结果，可以看出高管股权激励对国有控股企业的实质性技术创新与非实质性技术创新产出的回归系数均不显著，而高管股权激励对民营控股企业非实质性技术创新的回归系数在 10%的水平上显著为正。表明高管股权激励对国有控股企业实质性技术创新与非实质性技术创新均没有显著的影响效应，但是对民营控股企业的非实质性技术创新有着促进作用。因此假设 H3f 通过检验。由此我们也可以看出高管薪酬激励对企业技术创新的激励效应要高于股权激励。

表 4-8　股权性质、高管股权激励与企业技术创新的分组回归结果

样本	Soe			Nsoe		
模型	(4-7)	(4-8)	(4-9)	(4-7)	(4-8)	(4-9)
变量	ln*Patent*	ln*InvPat*	ln*UnPat*	ln*Patent*	ln*InvPat*	ln*UnPat*
HE	-0.049 1 (-0.05)	0.470 2 (0.45)	-0.339 7 (-0.33)	0.225 6** (2.58)	0.165 6 (1.93)	0.159 0* (1.83)
Size	0.736 5*** (17.57)	0.724 6*** (17.76)	0.692 8*** (17.36)	0.777 2*** (21.00)	0.790 1*** (21.76)	0.642 8*** (17.45)
Age	-0.233 9** (-2.79)	-0.235 6* (-1.85)	-0.107 8** (-2.86)	-0.102 8* (-1.57)	-0.088 3* (-1.78)	-0.145 6** (-2.23)
Growth	0.032 0* (1.89)	0.039 0* (1.87)	0.027 0 (1.32)	-0.005 2* (-1.68)	0.001 4 (0.19)	-0.019 4** (-2.52)
Dts	-1.165 5*** (-4.40)	-1.325 1*** (-5.14)	-0.752 5*** (-2.98)	0.056 3 (0.43)	-0.031 2 (-0.24)	0.281 4** (2.14)
Cash	0.372 3 (0.53)	0.437 2 (0.63)	-0.032 1 (-0.05)	0.979 4** (2.37)	0.921 2** (2.27)	0.563 5 (1.37)
Ceodir	0.139 1 (0.91)	0.227 5 (1.53)	0.126 2 (0.87)	0.094 6 (1.49)	0.070 0 (1.12)	0.129 5** (2.05)
*Sh*1	-1.543 1*** (-4.45)	-1.255 9*** (-3.72)	-1.308 8*** (-3.96)	-0.362 9* (-1.62)	-0.378 8* (-1.73)	-0.116 6 (-0.52)

续　表

样本	Soe			Nsoe		
模型	(4-7)	(4-8)	(4-9)	(4-7)	(4-8)	(4-9)
变量	ln*Patent*	ln*InvPat*	ln*UnPat*	ln*Patent*	ln*InvPat*	ln*UnPat*
Constant	-14.096 1*** (-13.35)	-14.425 7*** (-14.04)	-13.908 0*** (-13.83)	-13.795 2*** (-15.84)	-14.920 4*** (-17.47)	-11.303 2*** (-13.04)
Industry	control	control	control	control	control	control
Year	control	control	control	control	control	control
N	962	962	962	1 702	1 702	1 702
$\bar{R}^2$	0.391 3	0.354 5	0.426 5	0.360 2	0.293 4	0.407 3
F	35.33	30.32	40.70	54.20	40.24	65.95

注：*、**、*** 分别表示回归结果在 10%、5%和 1%的水平上显著。

4.4 稳健性检验

鉴于以往实证回归模型可能存在的多重共线性、逆向因果关系以及样本选择偏误等内生性问题，我们在此对本章的回归模型基于上述几个常见问题，进行进一步的稳健性检验，以确保本章实证结论的稳健性与可靠性。本章实证结果的稳健性检验主要包括以下几个方面：

首先，对主要解释变量，包括股权性质、高管薪酬激励和股权激励，以及控制变量进行多重共线性检验。对于多重共线性影响分析，在 Pearson 相关系数结果中初步证明各变量间不存在多重共线性。为保证结论的可靠性，我们通过计算各个变量之间的异方差来进一步检验回归模型是否存在多重共线性问题。

其次，通过构建 PVAR 模型，并进行 Granger 因果检验，来检验股权性质、高管薪酬激励和股权激励与企业技术创新之间是否存在由逆向因果关系所引发的内生性问题。Granger 因果检验往往用来检验变量之间的因果关系，由此可以用来检验解释变量与被解释变量之间是否存在逆向因果关系，所以我们可以通过 Granger 因果检验结果来判定模型自变量与因变量之间是否存在不可逆的因果关系，从而判定模型是否存在内生性问题。

最后，为检验模型是否存在样本选择偏误，我们选用 CSMAR 数据库中不包括董事和监事的高管人员前三名薪酬总额[①]以及持股百分比作为高管薪酬激励与股权激励下衡量指标，对模型（4－4）至模型（4－9）基于异质股权性质进行重新回归，从而进一步检验模型回归结果的稳健性。

表 4－9 给出了股权性质、高管薪酬激励和股权激励以及各个控制变量的异方差检验结果。由异方差检验结果可以看出，主要解释变量的 *VIF* 值均低于 1.75，各控制变量的 *VIF* 值均低于 1.8，各解释变量的平均 *VIF* 值为 1.35，都远远低于异方差检验的临界值 10。表明回归模型中的各个变量不存在多重共线性。

表 4－9　主要解释变量与控制变量的异方差检验

变　量	*VIF*	1/*VIF*
Nsoe	1.58	0.632 2
ln*SE*	1.23	0.815 4
HE	1.71	0.585 6
Size	1.75	0.571 7
Age	1.18	0.847 9
Growth	1.00	0.997 2
Dts	1.53	0.653 2
Cash	1.14	0.875 3
Ceodir	1.27	0.789 2
*Sh*1	1.09	0.915 2
Mean *VIF*	1.35	

① 参照以往相关文献，对高管人员前三名薪酬总额取对数处理。

根据我国战略性新兴产业上市企业的面板数据样本，我们通过构建PVAR模型对股权性质、高管激励与企业技术创新关系进行回归，并基于PVAR模型的Granger因果检验对可能存在的因逆向因果关系所导致的模型内生性问题进行检验。表4－10给出了主要解释变量与被解释变量，以及各主要解释变量之间的Granger因果检验。由检验结果可以看出，Prob>chi2列的值均大于0.05，表明企业技术创新并非股权性质、高管薪酬激励与股权激励的因，由此我们可以判定模型不存在逆向因果关系。此外，我们还可以从Granger因果关系结果中看出，主要解释变量股权性质、高管薪酬激励与高管股权激励之间不存在因果关系，据此进一步证明模型的合理性与稳健性。

表 4－10　主要解释变量与被解释变量的 Granger 因果检验

Panel VAR-Granger causality Wald test
Ho：Excluded variable does not Granger-cause Equation variable
Ha：Excluded variable Granger-causes Equation variable

Equation \ Excluded	*chi2*	*df*	*Prob>chi2*
Nsoe			
ln*Patent*	2.491	1	0.115
ln*SE*	3.489	1	0.062
HE	0.081	1	0.776
All	4.710	3	0.194
ln*SE*			
ln*Patent*	0.506	1	0.477
Nsoe	1.754	1	0.185
HE	2.245	1	0.134
All	3.117	3	0.374

续　表

Equation \ Excluded	*chi2*	*df*	*Prob>chi2*
HE			
ln*Patent*	0.004	1	0.950
Nsoe	0.506	1	0.477
ln*SE*	0.092	1	0.762
All	1.094	3	0.779

表 4－11 与表 4－12 给出了以不包含董事和监事的高管人员前三名薪酬总额以及持股百分比作为高管薪酬激励与高管股权激励的衡量指标，对模型（4－4）至模型（4－9）基于异质股权性质进行回归后的结果。根据表4－11 的回归结果，可以看出高管薪酬激励对国有控股企业与民营控股企业技术创新均存在较显著的促进作用。且根据 SUR 检验，我们发现高管薪酬激励对国有控股企业和民营控股企业技术创新总产出的回归系数不存在显著差异。此外，根据 SUR 检验，我们发现国有控股企业与民营控股企业样本中，相较于非实质性技术创新，高管薪酬激励对企业实质性技术创新均有着更加显著的正向影响效应。回归结果与前文相关回归结果具有一致性，表明模型具有较好的稳健性。

表 4－11　股权性质、高管薪酬激励与企业技术创新稳健性回归结果

样本	Soe			Nsoe		
模型	(4－4)	(4－5)	(4－6)	(4－4)	(4－5)	(4－6)
变量	ln*Patent*	ln*InvPat*	ln*UnPat*	ln*Patent*	ln*InvPat*	ln*UnPat*
ln*SE*	0.279 2*** (4.68)	0.302 9*** (5.15)	0.136 4** (2.43)	0.200 9*** (3.59)	0.323 1*** (5.97)	0.040 2 (0.72)
Size	0.427 0*** (9.15)	0.417 4*** (9.06)	0.413 0*** (9.40)	0.483 3*** (10.06)	0.476 6*** (10.26)	0.396 8*** (8.27)

续　表

样本	Soe			Nsoe		
模型	(4-4)	(4-5)	(4-6)	(4-4)	(4-5)	(4-6)
变量	ln*Patent*	ln*InvPat*	ln*UnPat*	ln*Patent*	ln*InvPat*	ln*UnPat*
Age	-0.422 1*** (-3.46)	-0.409 8*** (-3.40)	-0.258 0** (-2.25)	-0.067 3* (-1.05)	-0.004 6* (-1.08)	-0.161 5** (-2.52)
Growth	0.117 5* (1.80)	0.175 3*** (2.72)	0.073 0 (1.19)	-0.083 2* (-1.56)	-0.043 2 (-0.84)	-0.152 8*** (-2.87)
Dts	-0.891 1*** (-3.53)	-1.035 1*** (-4.15)	-0.622 3*** (-2.6)	-0.518 2** (-2.54)	-0.080 6** (-2.41)	-1.107 4*** (-5.42)
Cash	0.410 8 (0.60)	0.473 7 (0.70)	-0.092 9 (-0.14)	0.340 9 (0.76)	0.389 3 (0.90)	-0.046 1 (-0.10)
Ceodir	0.079 3 (0.52)	0.212 5 (1.42)	0.012 1 (0.08)	0.089 1 (1.49)	0.048 8 (0.84)	0.129 0** (2.16)
*Sh*1	-1.831 3*** (-5.47)	-1.390 0*** (-4.21)	-1.668 9*** (-5.30)	-0.174 1** (-3.80)	-0.182 4** (-4.86)	0.020 4** (2.09)
Constant	-10.530 3*** (-9.02)	-11.406 3*** (-9.90)	-8.950 2*** (-8.15)	-10.344*** (-9.85)	-12.750 2*** (-12.56)	-6.712 5*** (-6.50)
Industry	control	control	control	control	control	control
Year	control	control	control	control	control	control
N	860	860	860	1 638	1 638	1 638
$\bar{R}^2$	0.319 6	0.266 1	0.348 4	0.279 9	0.200 2	0.358 7
F	23.39	18.28	26.49	36.33	23.75	51.83

注：*、**、*** 分别表示回归结果在 10%、5%和 1%的水平上显著。

根据表 4-12 的回归结果，可以看出相较于国有控股企业技术创新，高管股权激励对民营控股企业技术创新存在较显著的促进作用，且高管股权激励对民营控股企业非实质性技术创新总产出的回归系数更加显著。由此我们可以看出，主要结论与前文中回归结果一致，表明模型回归结果具有较好的稳健性。

表 4-12 股权性质、高管股权激励与企业技术创新稳健性回归结果

样本	Soe			Nsoe		
模型	(4-7)	(4-8)	(4-9)	(4-7)	(4-8)	(4-9)
变量	ln*Patent*	ln*InvPat*	ln*UnPat*	ln*Patent*	ln*InvPat*	ln*UnPat*
HE	-0.878 0 (-0.76)	2.960 2 (1.23)	0.140 0 (0.06)	0.448 7** (2.40)	0.408 5 (1.23)	0.211 9* (2.14)
Size	0.748 5*** (17.98)	0.732 5*** (18.09)	0.706 2*** (17.85)	0.775 3*** (21.26)	0.791 5*** (22.12)	0.639 2*** (17.62)
Age	-0.173 4** (-2.95)	-0.192 5** (-2.54)	-0.060 1** (-2.49)	-0.114 3* (-1.76)	-0.094 4* (-1.89)	-0.157 8** (-2.45)
Growth	0.031 0 (1.44)	0.038 2* (1.83)	0.025 6 (1.25)	-0.004 8 (-0.63)	0.001 9 (0.25)	-0.019 1** (-2.49)
Dts	-1.131 1*** (-4.27)	-1.277 1*** (-4.95)	-0.739 8*** (-2.94)	0.058 3 (0.45)	-0.029 8 (-0.23)	0.283 3** (2.17)
Cash	0.086 5 (0.12)	0.130 5 (0.19)	-0.268 5 (-0.40)	0.973 1** (2.36)	0.898 4** (2.22)	0.570 9 (1.39)
Ceodir	0.154 4 (1.02)	0.240 9 (1.63)	0.140 5 (0.97)	0.066 5 (0.98)	0.036 4 (0.55)	0.128 9* (1.90)
*Sh*1	-1.446 5*** (-4.21)	-1.149 4*** (-3.44)	-1.287 5*** (-3.94)	-0.342 (-1.54)	-0.380 4* (-1.74)	-0.076 7 (-0.35)
Constant	-14.574*** (-13.93)	-14.773 8*** (-14.52)	-14.338*** (-14.42)	-13.713 2*** (-16.06)	-14.915 8*** (-17.80)	-11.195 9*** (-13.18)
Industry	control	control	control	control	control	control
Year	control	control	control	control	control	control
N	962	962	962	1 702	1 702	1 702
$\bar{R}^2$	0.392 7	0.356 2	0.428 0	0.359 2	0.293 8	0.405 7
F	36.16	31.09	41.69	54.65	40.82	66.34

注：*、**、*** 分别表示回归结果在 10%、5%和 1%的水平上显著。

4.5　本章小结

本章基于委托代理理论、激励理论，聚焦于企业内部驱动对技术创新的影响机制，主要检验和分析了股权性质、高管激励对企业技术创新的影响路径。我们将控股股东对高管技术创新决策的约束具体化为高管激励机制，通过实证研究发现不同股权性质的企业会通过不同的高管激励机制，对企业技术创新绩效和效率产生异质性影响。企业中具体的高管激励机制直接关系到高管技术创新决策的预期报酬收益，从而会影响到高管技术创新决策，并最终对企业技术创新绩效和效率产生影响。具体结论如下所示。

（1）我国战略性新兴产业上市企业中的民营控股企业总体技术创新水平和绩效高于国有控股企业，理论模型所推导出的推论 1 以及本章假设 H1a 得到验证。在技术创新效率方面，相较于实质性技术创新，民营控股企业非实质性技术创新水平显著高于国有控股企业。据此假设 H1c 通过检验。由此可见，国有控股企业技术创新水平有待提高。虽然我国战略性新兴产业民营控股企业的技术创新实力较高，但是其技术创新效率还有待提高，民营控股企业应该进一步提高其高水平的技术研发实力和绩效。

（2）高管薪酬激励与股权激励均能够有效地提高我国战略性新兴产业上市企业技术创新绩效，本章假设 H2a 通过检验。在技术创新效率方面，高管薪酬激励对企业实质性技术创新具有更加显著的促进作用，而高管股权激励则对企业非实质性技术创新具有更加显著的促进作用。据此假设 H2b 与 H2f 得到验证。由此可见高管薪酬激励比股权激励对企业技术创新的激励效率更高，这可能是因为我国高管股权具有禁售期，流通性较差，不能如薪酬那样即时兑付，因此相对而言，薪酬激励更能调动高管投资于高水平技术创新的积极性，进而提高企业技术创新水平和绩效。

（3）高管薪酬激励对战略性新兴产业上市国有控股企业与民营控股企业技术创新均有着较显著的促进作用。且相较于非实质性技术创新而言，高管薪酬激励对国有控股与民营控股较高水平的实质性技术创新均有着更加显著的促进作用，表明高管薪酬激励能够较充分地调动高管投资于企业技术创新的积极性，进而提高企业技术创新水平和绩效。据此假设 H3b 通过检验。由此可见，高管薪酬激励对企业技术创新的正向影响效应比较稳健，在不同股权性质的企业中，均能够较有效地激励高管投资于技术创新，从而提高企业技术创新的绩效。

（4）相较于国有控股企业技术创新，高管股权激励对战略性新兴产业上市民营控股企业技术创新有着更加显著的促进作用。据此假设 H3d 通过检验。在民营控股企业技术创新效率方面，高管股权激励对非实质性技术创新有更加显著的正向影响，据此假设 H3f 得到验证。由于国有控股企业控股股东为政府，因此对高管股权激励有着较严格的管控。相较而言，民营控股企业高管股权激励机制更加具有灵活性，因此更加有利于高管股权配置激励效应的发挥，进而更加有利于调动高管技术创新的积极性，从而促进企业技术创新绩效的提高。此外，根据前文样本分析发现，国有控股企业中高管股权激励较少，据此也会导致高管股权激励对国有控股企业技术创新影响效应减弱，对比之下，高管股权激励对民营控股企业技术创新的促进作用则会更加显著。

第 5 章　机构持股、高管激励与企业技术创新实证研究

机构持股者与控股股东的利益博弈是公司治理的重要内容，其中涉及搭便车问题以及控股股东侵害中小股东利益问题。与个人投资者所不同的是，机构投资者拥有较大的影响力，因此不可避免会对企业技术创新等重大经营决策产生重要影响。随着我国资本金融市场的发展，机构投资者队伍不断壮大，逐渐成为资本市场上的重要持股主体和上市企业中的重要股东。相应地，机构股东的影响效应成为我国上市企业股权结构的重要研究视角。机构股东在公司治理中的重要影响效应已经得到很多学者的认可（薄仙慧和吴联生，2009[169]；温军和冯根福，2012[46]）。然而，机构股东是否能够进一步地对企业技术创新决策与绩效产生影响的相关研究却较少，尤其是结合企业内部高管激励机制进行的研究更是匮乏。

机构投资者基于自身投资收益诉求对企业预期收益会形成外部约束，从而对高管技术创新决策产生重要影响。以往相关文献较多基于西方发达资本市场进行研究，将机构投资者视为具有优势资源和专业技术的机构，而较少考虑中国资本市场的现实情况，基于机构投资者对企业产生的外部约束视角进行研究分析。因此本章将综合考虑机构投资者持股、高管激励对于企业技术创新的影响效应。

本章根据理论模型所提出的推论 2，对机构持股、高管激励与企业技术创新三者的关系进行理论分析并提出相关假设，以我国沪深两市 2010—2015 年战略性新兴产业上市企业为研究样本，通过构建多元回归模型进行实证分析。首先，不考虑机构投资者异质性影响，对机构投资者与企业技术创新关系进行分析；其次，考虑机构投资者异质性影响，选取具有显著差异性的基金持股、券商持股以及 QFII① 持股对异质机构持股与企业技术创新关系进行分析，以拓展理论模型研究内容；再次，结合高管薪酬激励、股权激励两种激励机制影响效应，对机构持股与企业技术创新关系进行进一步的实证分析；最后，基于基金持股、券商持股与 QFII 持股三种机构持股，对异质机构持股、高管激励与企业技术创新关系进行实证分析，以进一步丰富理论模型相关研究内容与结论。

此外，对于企业技术创新效率测量方面，我们继续沿用上文的测量方法，即将企业技术创新按照创新效率分为实质性技术创新与非实质性技术创新，以发明专利申请数测量企业的实质性技术创新水平，以非发明专利申请数测量企业的非实质性技术创新水平。机构持股、高管激励与企业技术创新的关系模型如图 5－1 所示。

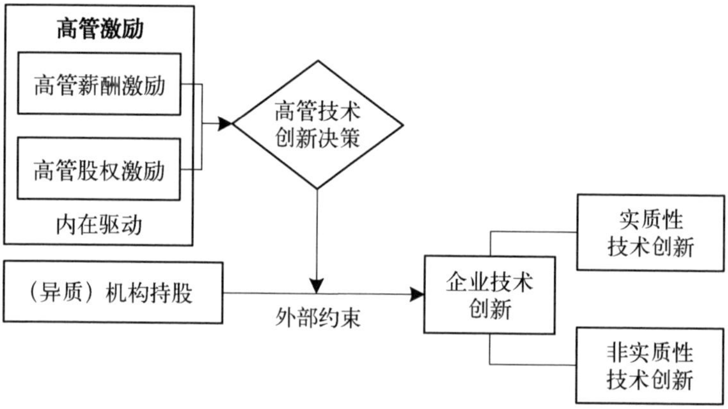

图 5－1　机构持股、高管激励与企业技术创新的关系模型

5.1　理论分析与研究假设

5.1.1　机构持股与企业技术创新

关于机构股东对企业技术创新的影响，西方学者的相关研究较成熟，且较多学者得出机构持股有利于促进企业技术创新的结论（Jensen，1993[170]；

① QFII 为境外合格投资者英文缩写，下同。

Wahal 和 McConnell，2000[68]；Aghion 等，2013[7]）。但是在我国发展尚未成熟的资本市场和上市企业复杂度较高的股权结构的环境形势下，机构持股对企业技术创新的影响效应存在很大的不确定性。我国部分学者经过研究指出机构持股对企业 R&D 投入有显著的正向影响（冯根福和温军，2008[47]；范海峰和胡玉明，2012[70]），但也有部分学者持不同意见，认为机构持股对企业技术创新并没有显著影响，甚至某些机构股东对企业技术创新产生了消极负面的影响（Porter，1992[171]；赵洪江和夏晖，2009[71]）。相较于西方机构股东，我国机构股东在专业背景和经验积累方面均较弱，因此在很多情况下我国机构股东交易行为和投资目标仍存在一定的短视性。并且，相对于上市企业控股股东或大股东持股份额，机构股东持股份额较低，也会导致机构股东话语权降低，从而抑制机构股东对公司治理和重大决策的参与和干预程度。因此我们认为基于我国资本市场和上市企业较复杂的现实情况，机构持股对企业技术创新的直接影响效应可能会与较完美假设下的理论模型所推导的结论存在出入。据此，我们提出以下矛盾假设：

H1a：机构持股对企业技术创新、实质性技术创新与非实质性技术创新均存在显著的正向影响。

H1b：机构持股对企业技术创新、实质性技术创新与非实质性技术创新均存在显著的负向影响。

5.1.2　异质机构持股与企业技术创新

以往相关研究表明不同的机构持股者会对企业行为和绩效产生不同的影响（Bushee，1997[120]；温军和冯根福，2012[46]），鉴于我国机构投资者的复杂性和数据可得性，较多相关文献仅围绕我国上市企业中较具代表性和差异性的部分机构投资者展开研究。因此我们在实证部分对异质机构影响效应进行分析，以进一步丰富理论模型研究内容和相关推论。据 CSMAR 数据库统计结果显示，基金、券商和 QFII 三类机构投资者在我国战略性新兴上市企业中持股比例较高，且具备较多的样本观测值，而其他机构投资者样本缺失量较大。所以我们在此仅基于基金、券商和 QFII 三类机构投资者，对异质机构与企业技术创新关系进行理论分析并提出相关假设。

1. 基金持股与企业技术创新

我国基金运营需定期对其经营绩效进行披露，相较于其他类型的机构持股，为吸引更多客户，基金持股可能会更注重短期业绩。而企业的技术创新前期需要大量的 R&D 资本投入，会导致企业收益暂时性下跌，影响到持股基金的绩效和排名。因此，基金持股可能不会热衷于对企业技术创新活动的投资，甚至会阻碍企业开展研发活动或在企业进行研发活动导致收益下跌时抛售股票。基于以上讨论，我们提出以下假设：

H2：基金持股对企业技术创新、实质性技术创新与非实质性技术创新有着显著的负向影响。

2. 券商持股与企业技术创新

相对于基金而言，券商直接持有上市企业股权，没有定期披露投资绩效的压力，券商持股更有可能会倾向于支持企业的技术研发活动。我国企业上市时需要证券公司承办股票发行事宜，有很多证券公司在协助企业上市时会直接购入上市公司股票成为其股东。券商直接持股更看重企业可持续发展所带来的长期收益而非短线买卖的投机盈利。但是由于我国券商持股也比较注重资本市场收益，在我国不成熟的资本市场中，券商呈现出一定的短视性投资行为，据此也有学者研究得出券商持股无法对企业技术创新产生积极影响效应的结论。基于以上讨论，我们提出券商持股与企业技术创新的矛盾假设：

H3a：券商持股对企业技术创新、实质性技术创新与非实质性技术创新有着显著的正向影响效应。

H3b：券商持股对企业技术创新、实质性技术创新与非实质性技术创新有着显著的负向影响效应。

3. QFII 持股与企业技术创新

相对于基金持股和券商持股，QFII 持有我国上市企业股权往往需要通过更严格的政府审查，QFII 入股中国上市企业会更偏好技术创新等有利于企业获取长期可持续收益的项目投资。并且，QFII 具有较先进的技术和管理体系，能够为我国上市企业的研发活动提供资本和技术支持，从而有利于降低企业技术创新的研发周期和成本（Klepper，1996[91]）。QFII 持股的上市企业可以从 QFII 获取技术和资本等支持，因此我们认为 QFII 持股对企业技术创新尤其是能为企业带来较大技术进步的实质性技术创新有着显著的积极影响。基于以上讨论，我们提出以下假设：

H4a：QFII 持股对企业技术创新有着显著的正向影响效应。

H4b：相对于企业非实质性技术创新，QFII 持股对企业实质性技术创新有着更加显著的正向影响。

5.1.3　机构持股、高管激励与企业技术创新

薪酬激励与股权激励是两种比较常见且具有显著差异性的企业高管激励机制，薪酬激励具有较高的即时兑付性，而股权激励却存在较大不确定性。在我国资本市场尚未发展成熟的形势下，上市企业股权价值具有较大的波动性和投资风险，因此相较于股权激励，薪酬激励更大概率会对高管技术创新产生较显著且有效的激励效应。而我们在前文也通过实证检验得出了高管薪酬激励更有利于促进企业技术创新的结论。

机构投资者作为资本市场上的重要主体和上市企业的重要股东，对企业技术创新等重大经营决策会产生影响。相较于资本市场中的个人小额投资而言，机构投资者对上市企业投资一般具有投资规模较大和持有期间较长的特征，机构投资者更倾向于获取长期可持续收益，因此机构股东更有动力推动企业技术创新等有利于企业长远可持续发展的投资项目。但是由于机构股东也会因为绩效排名和披露等压力产生短视性，所以机构股东不一定会对企业技术创新产生直接的促进作用。然而如果企业内部现行高管激励机制有利于促进企业技术创新，那么也会调动机构股东对企业技术创新的投资积极性。也就是说，在企业内部有利于企业技术创新的高管激励机制下，机构持股会对企业技术创新产生促进作用。基于以上讨论，我们认为高管薪酬激励更有利于促进机构持股对企业技术创新项目的投资与支持。由此提出以下假设：

H5a：相较于高管股权激励，高管薪酬激励对机构持股与企业技术创

新间的关系产生更显著的促进作用。

高管薪酬激励能够对企业技术创新起到促进作用，而机构投资者具备较强的资本号召力，机构投资者对企业技术创新的支持也会向市场传递技术创新利好信号，从而有利于企业筹集到更多的资金投资于技术创新等重大项目。因此，我们认为在高管薪酬激励与机构投资者双重积极影响下，能够对企业高水平的实质性技术创新产生更加显著的正向影响。由此我们提出以下假设：

H5b：相较于非实质性技术创新，高管薪酬激励对机构持股与企业实质性技术创新间的关系产生更显著的促进作用。

5.1.4 异质机构、高管激励与企业技术创新

异质机构投资者对企业技术创新会产生不同的影响效应，这个结论也得到以往相关研究的肯定（Bushee，1997[120]；温军和冯根福，2012[46]）。在高管激励机制影响下，不同机构持股对企业技术创新的影响也会存在较大的差异性。据此我们仍基于基金、券商和 QFII 三种机构投资者对异质机构影响效应进行理论分析，以进一步丰富理论模型的研究内容和相关推论，并提出相关研究假设。

1. 基金持股、高管激励与企业技术创新

基金投资者需定期披露经营绩效，为吸引更多投资者，基金机构会更加重视短期收益。而企业高水平的技术创新需要大量的资金投入，且研发周期较长，较大概率会导致企业产生收益暂时性下跌的情况。相较于其他机构投资者，具有排名压力的基金机构对此类投资项目更加排斥。而企业内部高管激励机制的主要效用在于缓解股东与管理层之间的矛盾，从而激励高管投资并落实对技术创新等有利于企业长远发展，但会增加高管职业风险的项目。虽然对整体机构投资者而言，高管激励能够通过营造企业内部青睐于技术创新并致力于企业长远发展的氛围，促进机构投资者支持企业对技术创新的投资与发展，但是对于个别较具短视性的机构投资者而言，比如更加注重短期收益的基金机构，高管激励的这种正向调节效应会大打折扣。因此我们认为高管薪酬激励与股权激励无法对基金持股与企业

技术创新之间的关系产生正向促进效应。据此提出以下假设：

H6a：高管薪酬激励与股权激励对基金持股与企业技术创新之间的关系无法产生显著的正向调节效应。

H6b：高管薪酬激励与股权激励对基金持股与企业实质性技术创新、非实质性技术创新之间的关系均无法产生较显著的正向调节效应。

2. 券商持股、高管激励与企业技术创新

根据前文分析，虽然券商持股没有定期披露投资绩效的压力，但是券商持股也具有一定的短视投资性特征。由于持股比例较低，券商投资者较难对企业重大决策产生决定性影响，这也与我国发展尚未成熟的资本市场有关。上市企业股权掌握在一个或几个大股东手中，从而降低了小股东发言权。这会导致二级市场中持股比例较低的投资者更倾向于短线投机收益，从而对技术创新等投资回报周期长的项目投资关注度较低。因此，仅基于企业内部有利于企业技术创新的高管激励机制，可能无法扭转券商投资者的投资动机。据此我们提出以下假设：

H7a：高管薪酬激励与股权激励对券商持股与企业技术创新之间的关系无法产生显著的正向调节效应。

H7b：高管薪酬激励与股权激励对券商持股与企业实质性技术创新、非实质性技术创新之间的关系均无法产生较显著的正向调节效应。

3. QFII 持股、高管激励与企业技术创新

相较于基金与券商机构，QFII 往往具有较高的资金与技术储备，且又因为 QFII 入股我国上市企业需要支付较高的投资成本，因此 QFII 会更加注重技术创新等有利于企业长远发展的战略投资，从而获取可持续的投资回报。如果企业内部现行高管激励机制有利于促进企业技术创新，那么此时企业内部治理机制和经营策略与 QFII 投资者的投资动机具有一致性，则会更有利于促进企业技术创新，尤其是较高水平的技术创新项目的投资。基于以上分析，我们提出以下假设：

H8a：相较于股权激励，高管薪酬激励对 QFII 持股与企业技术创新之间的关系产生更加显著的正向调节效应。

H8b：相较于非实质性创新，高管薪酬激励对 QFII 持股与企业实质性

技术创新之间的关系产生更加显著的正向调节效应。

5.2 样本、变量与模型

5.2.1 样本选择

同样，本节以我国沪深两市战略性新兴产业上市企业 2010—2015 年的面板数据为研究样本，根据研究需要剔除 ST、*ST、样本期间暂停上市或退市以及数据缺失的上市企业样本，得到 1 117 家企业的有效样本观测值。主要原始数据来源于 CSMAR 数据库。为消除极端值影响，本书对连续变量数据进行了 1%分位和 99%分位的 Winsorize 缩尾处理。本书采用 Matlab 和 Stata 12.0 对原始数据进行处理和模型回归。

5.2.2 变量设置

被解释变量、主要解释变量以及控制变量的设置与定义如表 5－1 所示。其中，被解释变量设置依然选用企业技术创新（*Patent*）、实质性技术创新（*InvPat*）和非实质性技术创新（*UnPat*）作为被解释变量。主要解释变量为机构持股（*InsPro*）、高管薪酬激励（*SE*）、高管股权激励（*HE*）。具体指标选择与解释说明如下所示。

1. 被解释变量

依据第 4 章被解释变量的解释说明，本章仍然将战略性新兴产业上市企业专利申请数（*Patent*）、发明专利申请数（*InvPat*）与非发明专利申请数（*UnPat*）作为衡量企业整体技术创新、实质性技术创新与非实质性技术创新水平的指标。实质性技术创新与非实质性技术创新可以反映企业的创新质量和效率，如果企业发明专利申请数量较多，即企业实质性技术创新水平较高，表明企业具有较高的创新质量和效率。

2. 主要解释变量

本章采用机构在企业中的持股比例衡量机构持股（*InsPro*）情况，持股比例越大说明机构对企业影响越大。为了研究不同持股机构的影响，本章设置基金持股（*FHPro*）、券商持股（*BHPro*）和合格境外投资者持股（*QFIIPro*）三种机构的持股比例进行分组回归，以反映持股机构的异质性对企业技术创新的影响。高管激励仍然基于高管薪酬激励（*SE*）与股权激励（*HE*）两种激励制度视角来反映和测量。其中，高管薪酬激励用企业董事、监事及高管前三名薪酬总额①来测量，高管股权激励用企业董事、监事及高管持股数量与企业总股数比值衡量。

3. 控制变量

同第4章控制变量设置，本章仍选用企业规模（*Size*）、企业年龄（*Age*）、企业成长性（*Growth*）、负债比率（*Dts*）、现金流量（*Cash*）、总经理兼任董事情况（*Ceodir*）和第一大股东持股比例（*Sh*1）作为控制变量。其中，企业规模和年龄主要反映企业资产规模、所处生命周期等基本特征。企业成长性、负债比率和现金流量主要反映企业资金储备等财务和经营状况。总经理兼任董事情况和第一大股东持股比例主要反映企业高管的权力及股权集中度情况。

表5-1　主要变量说明

变　　量	定　　义
企业技术创新（*Patent*）	当年专利申请总数
实质性技术创新（*InvPat*）	当年发明专利申请总数
非实质性技术创新（*UnPat*）	当年非发明专利申请总数
机构持股（*InsPro*）	当年机构持股比例
基金持股（*FHPro*）	当年基金持股比例
券商持股（*BHPro*）	当年券商持股比例
合格境外投资者持股（*QFIIPro*）	当年合格境外投资者持股比例
高管薪酬激励（*SE*）	董事、监事及高管前三名薪酬总额
高管股权激励（*HE*）	企业董事、监事及高管持股数量/总股数

① 参考相关研究，对其取对数处理。

续 表

变　　量	定　　义
企业规模（*Size*）	年末总资产的自然对数
企业年龄（*Age*）	成立年数的自然对数
企业成长性（*Growth*）	营业收入增长率
负债比率（*Dts*）	年末总负债/年末总资产×100%
现金流量（*Cash*）	经营活动产生现金净流量/总资产
总经理兼任董事情况（*Ceodir*）	虚拟变量，总经理兼任董事取“1”，否则取“0”
股权集中度（*Sh*1）	企业第一大股东持股比例

5.2.3　基本模型

基于以上理论分析与研究假设，本章首先将机构持股视为整体，构建机构持股与企业技术创新的关系回归模型；其次考虑机构投资者异质性，分别构建基金持股、券商持股和QFII持股与企业技术创新的关系模型；最后在以上关系模型基础上考虑高管激励影响效应，构建包含高管薪酬激励、股权激励影响效应的回归模型。

1. 机构持股与企业技术创新关系回归模型

为检验机构持股对企业技术创新的影响，首先将机构投资者视为整体，构建机构持股与企业技术创新、实质性技术创新和非实质性技术创新的关系回归模型。即验证假设H1a与假设H1b。具体模型如下所示：

$$\ln Patent_{it} = \alpha_0 + \alpha_1 \times InsPro_{it} + \alpha_2 \times Size_{it} + \alpha_3 \times Age_{it} + \alpha_4 \times Growth_{it} + \alpha_5 \times Dts_{it} + \alpha_6 \times Cash_{it} + \alpha_7 \times Ceodir_{it} + \alpha_8 \times Sh1_{it} + \alpha_i + \alpha_j + \varepsilon_{it} \quad (5-1)$$

$$\ln InvPat_{it} = \alpha_0 + \alpha_1 \times InsPro_{it} + \alpha_2 \times Size_{it} + \alpha_3 \times Age_{it} + \alpha_4 \times Growth_{it}$$

$$+\alpha_5\times Dts_{it}+\alpha_6\times Cash_{it}+\alpha_7\times Ceodir_{it}+\alpha_8\times Sh1_{it}+\alpha_i+\alpha_j+\varepsilon_{it} \quad (5-2)$$

$$\ln UnPat_{it}=\alpha_0+\alpha_1\times InsPro_{it}+\alpha_2\times Size_{it}+\alpha_3\times Age_{it}+\alpha_4\times Growth_{it}$$
$$+\alpha_5\times Dts_{it}+\alpha_6\times Cash_{it}+\alpha_7\times Ceodir_{it}+\alpha_8\times Sh1_{it}+\alpha_i+\alpha_j+\varepsilon_{it} \quad (5-3)$$

其中，$\ln Patent_{it}$ 表示第 i 个企业第 t 年的专利申请总数加 1 取自然对数；$\ln InvPat_{it}$ 表示第 i 个企业第 t 年的发明专利申请总数加 1 取自然对数；$\ln UnPat_{it}$ 表示第 i 个企业第 t 年的非发明专利申请总数加 1 取自然对数；$InsPro_{it}$ 表示第 i 个企业第 t 年的机构持股比例；α_0 表示截距项；α_1 ~ α_8 表示待估系数；α_i 与 α_j 分别表示行业固定效应与年度固定效应；ε_{it} 表示随机误差项。其余变量含义参见前文与表 5-1。

2. 异质机构与企业技术创新关系回归模型

首先，为检验假设 H2，构建基金持股与企业技术创新、实质性技术创新和非实质性技术创新的关系回归模型，以分析在基金持股对企业技术创新绩效的影响效应。具体回归模型如下所示：

$$\ln Patent_{it}=\alpha_0+\alpha_1\times FHPro_{it}+\alpha_2\times Size_{it}+\alpha_3\times Age_{it}$$
$$+\alpha_4\times Growth_{it}+\alpha_5\times Dts_{it}+\alpha_6\times Cash_{it}+\alpha_7\times Ceodir_{it}$$
$$+\alpha_8\times Sh1_{it}+\alpha_i+\alpha_j+\varepsilon_{it} \quad (5-4)$$

$$\ln InvPat_{it}=\alpha_0+\alpha_1\times FHPro_{it}+\alpha_2\times Size_{it}+\alpha_3\times Age_{it}$$
$$+\alpha_4\times Growth_{it}+\alpha_5\times Dts_{it}+\alpha_6\times Cash_{it}+\alpha_7\times Ceodir_{it}$$
$$+\alpha_8\times Sh1_{it}+\alpha_i+\alpha_j+\varepsilon_{it} \quad (5-5)$$

$$\ln UnPat_{it}=\alpha_0+\alpha_1\times FHPro_{it}+\alpha_2\times Size_{it}+\alpha_3\times Age_{it}$$
$$+\alpha_4\times Growth_{it}+\alpha_5\times Dts_{it}+\alpha_6\times Cash_{it}+\alpha_7\times Ceodir_{it}$$
$$+\alpha_8\times Sh1_{it}+\alpha_i+\alpha_j+\varepsilon_{it} \quad (5-6)$$

其中，$FHPro_{it}$ 表示第 i 个企业第 t 年的基金持股比例。其余变量含义参见前文与表 5-1。

其次，为了检验假设 H3a 与假设 H3b，构建券商持股与企业技术创新、实质性技术创新和非实质性技术创新的关系回归模型，以分析券商持股对企业技术创新绩效的影响效应。具体回归模型如下所示：

$$\ln Patent_{it} = \alpha_0 + \alpha_1 \times BHPro_{it} + \alpha_2 \times Size_{it} + \alpha_3 \times Age_{it} + \alpha_4 \times Growth_{it} + \alpha_5 \times Dts_{it} + \alpha_6 \times Cash_{it} + \alpha_7 \times Ceodir_{it} + \alpha_8 \times Sh1_{it} + \alpha_i + \alpha_j + \varepsilon_{it} \quad (5-7)$$

$$\ln InvPat_{it} = \alpha_0 + \alpha_1 \times BHPro_{it} + \alpha_2 \times Size_{it} + \alpha_3 \times Age_{it} + \alpha_4 \times Growth_{it} + \alpha_5 \times Dts_{it} + \alpha_6 \times Cash_{it} + \alpha_7 \times Ceodir_{it} + \alpha_8 \times Sh1_{it} + \alpha_i + \alpha_j + \varepsilon_{it} \quad (5-8)$$

$$\ln UnPat_{it} = \alpha_0 + \alpha_1 \times BHPro_{it} + \alpha_2 \times Size_{it} + \alpha_3 \times Age_{it} + \alpha_4 \times Growth_{it} + \alpha_5 \times Dts_{it} + \alpha_6 \times Cash_{it} + \alpha_7 \times Ceodir_{it} + \alpha_8 \times Sh1_{it} + \alpha_i + \alpha_j + \varepsilon_{it} \quad (5-9)$$

其中，$BHPro_{it}$ 表示第 i 个企业第 t 年的券商持股比例。其余参数和变量含义参见前文与表 5-1。

最后，为检验假设 H4a 与假设 H4b，构建 QFII 持股与企业技术创新、实质性技术创新和非实质性技术创新的关系回归模型，以分析 QFII 持股对企业创新绩效的影响效应。具体回归模型如下所示：

$$\ln Patent_{it} = \alpha_0 + \alpha_1 \times QFIIPro_{it} + \alpha_2 \times Size_{it} + \alpha_3 \times Age_{it} + \alpha_4 \times Growth_{it} + \alpha_5 \times Dts_{it} + \alpha_6 \times Cash_{it} + \alpha_7 \times Ceodir_{it} + \alpha_8 \times Sh1_{it} + \alpha_i + \alpha_j + \varepsilon_{it} \quad (5-10)$$

$$\ln InvPat_{it} = \alpha_0 + \alpha_1 \times QFIIPro_{it} + \alpha_2 \times Size_{it} + \alpha_3 \times Age_{it} + \alpha_4 \times Growth_{it} + \alpha_5 \times Dts_{it} + \alpha_6 \times Cash_{it} + \alpha_7 \times Ceodir_{it} + \alpha_8 \times Sh1_{it} + \alpha_i + \alpha_j + \varepsilon_{it} \quad (5-11)$$

$$\ln UnPat_{it} = \alpha_0 + \alpha_1 \times QFIIPro_{it} + \alpha_2 \times Size_{it} + \alpha_3 \times Age_{it} + \alpha_4 \times Growth_{it} + \alpha_5 \times Dts_{it} + \alpha_6 \times Cash_{it} + \alpha_7 \times Ceodir_{it} + \alpha_8 \times Sh1_{it} + \alpha_i + \alpha_j + \varepsilon_{it} \quad (5-12)$$

其中，$QFIIPro_{it}$ 表示第 i 个企业第 t 年的 QFII 持股比例。其余参数和变量含义参见前文与表 5-1。

3. 机构持股、高管激励与企业技术创新关系回归模型

为检验高管激励机制调节效应下，机构持股对企业技术创新的影响，

首先将机构投资者视为整体，分别构建包含高管薪酬激励、股权激励与机构持股交互项的关系回归模型，并将模型进行标准化处理，以分析高管激励与机构持股对企业创新的交互影响效应，即验证假设 H5a。具体模型如下所示：

$$
\begin{aligned}
\ln Patent_{it} = {} & \alpha_0 + \alpha_1 \times InsPro_{it} + \alpha_2 \times \ln SE_{it} \\
& + \alpha_3 \times (InsPro_{it} - \overline{InsPro_{it}}) \times (\ln SE_{it} - \overline{\ln SE_{it}}) + \alpha_4 \times Size_{it} \\
& + \alpha_5 \times Age_{it} + \alpha_6 \times Growth_{it} + \alpha_7 \times Dts_{it} + \alpha_8 \times Cash_{it} \\
& + \alpha_9 \times Ceodir_{it} + \alpha_{10} \times Sh1_{it} + \alpha_i + \alpha_j + \varepsilon_{it} \qquad (5-13)
\end{aligned}
$$

$$
\begin{aligned}
\ln Patent_{it} = {} & \alpha_0 + \alpha_1 \times InsPro_{it} + \alpha_2 \times HE_{it} \\
& + \alpha_3 \times (InsPro_{it} - \overline{InsPro_{it}}) \times (HE_{it} - \overline{HE_{it}}) + \alpha_4 \times Size_{it} \\
& + \alpha_5 \times Age_{it} + \alpha_6 \times Growth_{it} + \alpha_7 \times Dts_{it} + \alpha_8 \times Cash_{it} \\
& + \alpha_9 \times Ceodir_{it} + \alpha_{10} \times Sh1_{it} + \alpha_i + \alpha_j + \varepsilon_{it} \qquad (5-14)
\end{aligned}
$$

其中，$\ln Patent_{it}$ 表示第 i 个企业第 t 年的专利申请总数加 1 取自然对数；$InsPro_{it}$ 表示第 i 个企业第 t 年的机构持股比例；$\ln SE_{it}$ 表示第 i 个企业第 t 年的董事、监事及高管前三名薪酬总额取自然对数；HE_{it} 表示第 i 个企业第 t 年董事、监事及高管持股数量与总股数比值的百分比；α_0 表示截距项；α_1 ~ α_{10} 表示待估系数；α_i 与 α_j 分别表示行业固定效应与年度固定效应；ε_{it} 表示随机误差项。其余变量含义参见前文与表 5－1。

其次，为验证假设 H5b，即进一步检验机构持股、高管薪酬激励对企业技术创新水平和效率影响的差异性，将模型（5－13）中被解释变量 $\ln Patent_{it}$ 分别替换成 $\ln InvPat_{it}$ 和 $\ln UnPat_{it}$，同样将模型进行标准化处理。进而得到以下模型：

$$
\begin{aligned}
\ln InvPat_{it} = {} & \alpha_0 + \alpha_1 \times InsPro_{it} + \alpha_2 \times \ln SE_{it} \\
& + \alpha_3 \times (InsPro_{it} - \overline{InsPro_{it}}) \times (\ln SE_{it} - \overline{\ln SE_{it}}) + \alpha_4 \times Size_{it} \\
& + \alpha_5 \times Age_{it} + \alpha_6 \times Growth_{it} + \alpha_7 \times Dts_{it} + \alpha_8 \times Cash_{it} \\
& + \alpha_9 \times Ceodir_{it} + \alpha_{10} \times Sh1_{it} + \alpha_i + \alpha_j + \varepsilon_{it} \qquad (5-15)
\end{aligned}
$$

$$\begin{aligned} \ln UnPat_{it} = {} & \alpha_0 + \alpha_1 \times InsPro_{it} + \alpha_2 \times \ln SE_{it} \\ & + \alpha_3 \times (InsPro_{it} - \overline{InsPro_{it}}) \times (\ln SE_{it} - \overline{\ln SE_{it}}) + \alpha_4 \times Size_{it} \\ & + \alpha_5 \times Age_{it} + \alpha_6 \times Growth_{it} + \alpha_7 \times Dts_{it} + \alpha_8 \times Cash_{it} \\ & + \alpha_9 \times Ceodir_{it} + \alpha_{10} \times Sh1_{it} + \alpha_i + \alpha_j + \varepsilon_{it} \end{aligned} \tag{5-16}$$

其中，$\ln InvPat_{it}$ 表示第 i 个企业第 t 年的发明专利申请总数加 1 取自然对数；$\ln UnPat_{it}$ 表示第 i 个企业第 t 年的非发明专利申请总数加 1 取自然对数。其他参数和变量含义参见前文和表 5－1。

最后，为检验机构持股、高管股权激励对企业技术创新水平和效率影响的差异性，将模型（5－14）中被解释变量 $\ln Patent_{it}$ 分别替换成 $\ln InvPat_{it}$ 和 $\ln UnPat_{it}$，同样将模型进行标准化处理。进而得到以下模型：

$$\begin{aligned} \ln InvPat_{it} = {} & \alpha_0 + \alpha_1 \times InsPro_{it} + \alpha_2 \times HE_{it} \\ & + \alpha_3 \times (InsPro_{it} - \overline{InsPro_{it}}) \times (HE_{it} - \overline{HE_{it}}) + \alpha_4 \times Size_{it} \\ & + \alpha_5 \times Age_{it} + \alpha_6 \times Growth_{it} + \alpha_7 \times Dts_{it} + \alpha_8 \times Cash_{it} \\ & + \alpha_9 \times Ceodir_{it} + \alpha_{10} \times Sh1_{it} + \alpha_i + \alpha_j + \varepsilon_{it} \end{aligned} \tag{5-17}$$

$$\begin{aligned} \ln UnPat_{it} = {} & \alpha_0 + \alpha_1 \times InsPro_{it} + \alpha_2 \times HE_{it} \\ & + \alpha_3 \times (InsPro_{it} - \overline{InsPro_{it}}) \times (HE_{it} - \overline{HE_{it}}) + \alpha_4 \times Size_{it} \\ & + \alpha_5 \times Age_{it} + \alpha_6 \times Growth_{it} + \alpha_7 \times Dts_{it} + \alpha_8 \times Cash_{it} \\ & + \alpha_9 \times Ceodir_{it} + \alpha_{10} \times Sh1_{it} + \alpha_i + \alpha_j + \varepsilon_{it} \end{aligned} \tag{5-18}$$

4. 异质机构、高管激励与企业技术创新关系回归模型

为检验在高管激励影响下，不同机构投资者对企业技术创新绩效的影响情况，基于基金持股、券商持股与 QFII 持股情况构建异质机构、高管激励与企业技术创新的关系回归模型，以检验假设 H6a～假设 H8b。

首先，为检验假设 H6a，构建基金持股、高管薪酬激励和股权激励与企业技术创新的关系回归模型，并进行标准化处理，以分析在两种高管激励机制影响下，基金持股对企业技术创新绩效的影响效应。具体回归模型如下所示：

$$
\begin{aligned}
\ln Patent_{it} = {} & \alpha_0 + \alpha_1 \times FHPro_{it} + \alpha_2 \times \ln SE_{it} \\
& + \alpha_3 \times (FHPro_{it} - \overline{FHPro_{it}}) \times (\ln SE_{it} - \overline{\ln SE_{it}}) + \alpha_4 \times Size_{it} \\
& + \alpha_5 \times Age_{it} + \alpha_6 \times Growth_{it} + \alpha_7 \times Dts_{it} + \alpha_8 \times Cash_{it} \\
& + \alpha_9 \times Ceodir_{it} + \alpha_{10} \times Sh1_{it} + \alpha_i + \alpha_j + \varepsilon_{it} \qquad (5-4a)
\end{aligned}
$$

$$
\begin{aligned}
\ln Patent_{it} = {} & \alpha_0 + \alpha_1 \times FHPro_{it} + \alpha_2 \times HE_{it} \\
& + \alpha_3 \times (FHPro_{it} - \overline{FHPro_{it}}) \times (HE_{it} - \overline{HE_{it}}) + \alpha_4 \times Size_{it} \\
& + \alpha_5 \times Age_{it} + \alpha_6 \times Growth_{it} + \alpha_7 \times Dts_{it} + \alpha_8 \times Cash_{it} \\
& + \alpha_9 \times Ceodir_{it} + \alpha_{10} \times Sh1_{it} + \alpha_i + \alpha_j + \varepsilon_{it} \qquad (5-4b)
\end{aligned}
$$

其中，$\ln Patent_{it}$ 表示第 i 个企业第 t 年的专利申请总数加 1 取自然对数；$FHPro_{it}$ 表示第 i 个企业第 t 年的基金持股比例。其他参数和变量含义参见前文和表 5-1。

为了进一步检验假设 H6b，将模型（5-4a）与模型（5-4b）的被解释变量 $\ln Patent_{it}$ 分别替换成 $\ln InvPat_{it}$ 和 $\ln UnPat_{it}$，并将模型进行标准化处理，从而得到高管薪酬激励和股权激励影响下，基金持股与企业实质性技术和非实质性技术创新的关系模型。具体模型如下所示：

$$
\begin{aligned}
\ln InvPat_{it} = {} & \alpha_0 + \alpha_1 \times FHPro_{it} + \alpha_2 \times \ln SE_{it} \\
& + \alpha_3 \times (FHPro_{it} - \overline{FHPro_{it}}) \times (\ln SE_{it} - \overline{\ln SE_{it}}) + \alpha_4 \times Size_{it} \\
& + \alpha_5 \times Age_{it} + \alpha_6 \times Growth_{it} + \alpha_7 \times Dts_{it} + \alpha_8 \times Cash_{it} \\
& + \alpha_9 \times Ceodir_{it} + \alpha_{10} \times Sh1_{it} + \alpha_i + \alpha_j + \varepsilon_{it} \qquad (5-5a)
\end{aligned}
$$

$$
\begin{aligned}
\ln UnPat_{it} = {} & \alpha_0 + \alpha_1 \times FHPro_{it} + \alpha_2 \times \ln SE_{it} \\
& + \alpha_3 \times (FHPro_{it} - \overline{FHPro_{it}}) \times (\ln SE_{it} - \overline{\ln SE_{it}}) + \alpha_4 \times Size_{it} \\
& + \alpha_5 \times Age_{it} + \alpha_6 \times Growth_{it} + \alpha_7 \times Dts_{it} + \alpha_8 \times Cash_{it} \\
& + \alpha_9 \times Ceodir_{it} + \alpha_{10} \times Sh1_{it} + \alpha_i + \alpha_j + \varepsilon_{it} \qquad (5-6a)
\end{aligned}
$$

$$
\begin{aligned}
\ln InvPat_{it} = {} & \alpha_0 + \alpha_1 \times FHPro_{it} + \alpha_2 \times HE_{it} \\
& + \alpha_3 \times (FHPro_{it} - \overline{FHPro_{it}}) \times (HE_{it} - \overline{HE_{it}}) + \alpha_4 \times Size_{it} \\
& + \alpha_5 \times Age_{it} + \alpha_6 \times Growth_{it} + \alpha_7 \times Dts_{it} + \alpha_8 \times Cash_{it} \\
& + \alpha_9 \times Ceodir_{it} + \alpha_{10} \times Sh1_{it} + \alpha_i + \alpha_j + \varepsilon_{it} \qquad (5-5b)
\end{aligned}
$$

$$\ln UnPat_{it} = \alpha_0 + \alpha_1 \times FHPro_{it} + \alpha_2 \times HE_{it} + \alpha_3 \times (FHPro_{it} - \overline{FHPro_{it}}) \times (HE_{it} - \overline{HE_{it}}) + \alpha_4 \times Size_{it} + \alpha_5 \times Age_{it} + \alpha_6 \times Growth_{it} + \alpha_7 \times Dts_{it} + \alpha_8 \times Cash_{it} + \alpha_9 \times Ceodir_{it} + \alpha_{10} \times Sh1_{it} + \alpha_i + \alpha_j + \varepsilon_{it} \quad (5-6b)$$

其中，$\ln InvPat_{it}$ 表示第 i 个企业第 t 年的发明专利申请总数加 1 取自然对数；$\ln UnPat_{it}$ 表示第 i 个企业第 t 年的非发明专利申请总数加 1 取自然对数。其他参数和变量含义参见前文和表 5-1。

其次，为检验假设 H7a，构建券商持股、高管薪酬激励和股权激励与企业技术创新的关系回归模型，并进行标准化处理，以分析在高管薪酬激励和股权激励影响下，券商持股对企业技术创新绩效的影响效应。具体回归模型如下所示：

$$\ln Patent_{it} = \alpha_0 + \alpha_1 \times BHPro_{it} + \alpha_2 \times \ln SE_{it} + \alpha_3 \times (BHPro_{it} - \overline{BHPro_{it}}) \times (\ln SE_{it} - \overline{\ln SE_{it}}) + \alpha_4 \times Size_{it} + \alpha_5 \times Age_{it} + \alpha_6 \times Growth_{it} + \alpha_7 \times Dts_{it} + \alpha_8 \times Cash_{it} + \alpha_9 \times Ceodir_{it} + \alpha_{10} \times Sh1_{it} + \alpha_i + \alpha_j + \varepsilon_{it} \quad (5-7a)$$

$$\ln Patent_{it} = \alpha_0 + \alpha_1 \times BHPro_{it} + \alpha_2 \times HE_{it} + \alpha_3 \times (BHPro_{it} - \overline{BHPro_{it}}) \times (HE_{it} - \overline{HE_{it}}) + \alpha_4 \times Size_{it} + \alpha_5 \times Age_{it} + \alpha_6 \times Growth_{it} + \alpha_7 \times Dts_{it} + \alpha_8 \times Cash_{it} + \alpha_9 \times Ceodir_{it} + \alpha_{10} \times Sh1_{it} + \alpha_i + \alpha_j + \varepsilon_{it} \quad (5-7b)$$

其中，$\ln Patent_{it}$ 表示第 i 个企业第 t 年的专利申请总数加 1 取自然对数；$BHPro_{it}$ 表示第 i 个企业第 t 年的券商持股比例。其他参数和变量含义参见前文和表 5-1。

为进一步验证假设 H7b，将模型（5-7a）与模型（5-7b）的被解释变量 $\ln Patent_{it}$ 分别替换成 $\ln InvPat_{it}$ 和 $\ln UnPat_{it}$，并将模型进行标准化处理，从而得到高管薪酬激励和股权激励影响下，券商持股与企业实质性技术与非实质性技术创新的关系模型。具体模型如下所示：

$$
\begin{aligned}
\ln InvPat_{it} = & \alpha_0 + \alpha_1 \times BHPro_{it} + \alpha_2 \times \ln SE_{it} \\
& + \alpha_3 \times (BHPro_{it} - \overline{BHPro_{it}}) \times (\ln SE_{it} - \overline{\ln SE_{it}}) + \alpha_4 \times Size_{it} \\
& + \alpha_5 \times Age_{it} + \alpha_6 \times Growth_{it} + \alpha_7 \times Dts_{it} + \alpha_8 \times Cash_{it} \\
& + \alpha_9 \times Ceodir_{it} + \alpha_{10} \times Sh1_{it} + \alpha_i + \alpha_j + \varepsilon_{it}
\end{aligned} \tag{5-8a}
$$

$$
\begin{aligned}
\ln UnPat_{it} = & \alpha_0 + \alpha_1 \times BHPro_{it} + \alpha_2 \times \ln SE_{it} \\
& + \alpha_3 \times (BHPro_{it} - \overline{BHPro_{it}}) \times (\ln SE_{it} - \overline{\ln SE_{it}}) + \alpha_4 \times Size_{it} \\
& + \alpha_5 \times Age_{it} + \alpha_6 \times Growth_{it} + \alpha_7 \times Dts_{it} + \alpha_8 \times Cash_{it} \\
& + \alpha_9 \times Ceodir_{it} + \alpha_{10} \times Sh1_{it} + \alpha_i + \alpha_j + \varepsilon_{it}
\end{aligned} \tag{5-9a}
$$

$$
\begin{aligned}
\ln InvPat_{it} = & \alpha_0 + \alpha_1 \times BHPro_{it} + \alpha_2 \times HE_{it} \\
& + \alpha_3 \times (BHPro_{it} - \overline{BHPro_{it}}) \times (HE_{it} - \overline{HE_{it}}) + \alpha_4 \times Size_{it} \\
& + \alpha_5 \times Age_{it} + \alpha_6 \times Growth_{it} + \alpha_7 \times Dts_{it} + \alpha_8 \times Cash_{it} \\
& + \alpha_9 \times Ceodir_{it} + \alpha_{10} \times Sh1_{it} + \alpha_i + \alpha_j + \varepsilon_{it}
\end{aligned} \tag{5-8b}
$$

$$
\begin{aligned}
\ln UnPat_{it} = & \alpha_0 + \alpha_1 \times BHPro_{it} + \alpha_2 \times HE_{it} \\
& + \alpha_3 \times (BHPro_{it} - \overline{BHPro_{it}}) \times (HE_{it} - \overline{HE_{it}}) + \alpha_4 \times Size_{it} \\
& + \alpha_5 \times Age_{it} + \alpha_6 \times Growth_{it} + \alpha_7 \times Dts_{it} + \alpha_8 \times Cash_{it} \\
& + \alpha_9 \times Ceodir_{it} + \alpha_{10} \times Sh1_{it} + \alpha_i + \alpha_j + \varepsilon_{it}
\end{aligned} \tag{5-9b}
$$

其中，$\ln InvPat_{it}$ 表示第 i 个企业第 t 年的发明专利申请总数加 1 取自然对数；$\ln UnPat_{it}$ 表示第 i 个企业第 t 年的非发明专利申请总数加 1 取自然对数。其他参数和变量含义参见前文和表 5 - 1。

最后，为检验假设 H8a，构建 QFII 持股、高管薪酬激励和股权激励与企业技术创新的关系回归模型，并进行标准化处理，以分析在高管激励影响下，QFII 持股对企业技术创新绩效的影响效应。具体回归模型如下所示：

$$
\begin{aligned}
\ln Patent_{it} = & \alpha_0 + \alpha_1 \times QFIIPro_{it} + \alpha_2 \times \ln SE_{it} \\
& + \alpha_3 \times (QFIIPro_{it} - \overline{QFIIPro_{it}}) \times (\ln SE_{it} - \overline{\ln SE_{it}}) + \alpha_4 \times Size_{it} \\
& + \alpha_5 \times Age_{it} + \alpha_6 \times Growth_{it} + \alpha_7 \times Dts_{it} + \alpha_8 \times Cash_{it} \\
& + \alpha_9 \times Ceodir_{it} + \alpha_{10} \times Sh1_{it} + \alpha_i + \alpha_j + \varepsilon_{it}
\end{aligned} \tag{5-10a}
$$

$$
\begin{aligned}
\ln Patent_{it} = {} & \alpha_0 + \alpha_1 \times QFIIPro_{it} + \alpha_2 \times HE_{it} \\
& + \alpha_3 \times (QFIIPro_{it} - \overline{QFIIPro_{it}}) \times (HE_{it} - \overline{HE_{it}}) + \alpha_4 \times Size_{it} \\
& + \alpha_5 \times Age_{it} + \alpha_6 \times Growth_{it} + \alpha_7 \times Dts_{it} + \alpha_8 \times Cash_{it} \\
& + \alpha_9 \times Ceodir_{it} + \alpha_{10} \times Sh1_{it} + \alpha_i + \alpha_j + \varepsilon_{it} \qquad (5-10b)
\end{aligned}
$$

其中，$\ln Patent_{it}$ 表示第 i 个企业第 t 年的专利申请总数加 1 取自然对数；$QFIIPro_{it}$ 表示第 i 个企业第 t 年的 QFII 持股比例。其余参数和变量含义参见前文和表 5－1。

为进一步验证假设 H8b，将模型（5－10a）与模型（5－10b）的被解释变量 $\ln Patent_{it}$ 分别替换成 $\ln InvPat_{it}$ 和 $\ln UnPat_{it}$，并将模型进行标准化处理，从而得到高管薪酬激励和股权激励影响下，QFII 持股与企业实质性技术和非实质性技术创新的关系模型。具体模型如下所示：

$$
\begin{aligned}
\ln InvPat_{it} = {} & \alpha_0 + \alpha_1 \times QFIIPro_{it} + \alpha_2 \times \ln SE_{it} \\
& + \alpha_3 \times (QFIIPro_{it} - \overline{QFIIPro_{it}}) \times (\ln SE_{it} - \overline{\ln SE_{it}}) \\
& + \alpha_4 \times Size_{it} + \alpha_5 \times Age_{it} + \alpha_6 \times Growth_{it} + \alpha_7 \times Dts_{it} + \alpha_8 \times Cash_{it} \\
& + \alpha_9 \times Ceodir_{it} + \alpha_{10} \times Sh1_{it} + \alpha_i + \alpha_j + \varepsilon_{it} \qquad (5-11a)
\end{aligned}
$$

$$
\begin{aligned}
\ln UnPat_{it} = {} & \alpha_0 + \alpha_1 \times QFIIPro_{it} + \alpha_2 \times \ln SE_{it} \\
& + \alpha_3 \times (QFIIPro_{it} - \overline{QFIIPro_{it}}) \times (\ln SE_{it} - \overline{\ln SE_{it}}) + \alpha_4 \times Size_{it} \\
& + \alpha_5 \times Age_{it} + \alpha_6 \times Growth_{it} + \alpha_7 \times Dts_{it} + \alpha_8 \times Cash_{it} \\
& + \alpha_9 \times Ceodir_{it} + \alpha_{10} \times Sh1_{it} + \alpha_i + \alpha_j + \varepsilon_{it} \qquad (5-12a)
\end{aligned}
$$

$$
\begin{aligned}
\ln InvPat_{it} = {} & \alpha_0 + \alpha_1 \times QFIIPro_{it} + \alpha_2 \times HE_{it} \\
& + \alpha_3 \times (QFIIPro_{it} - \overline{QFIIPro_{it}}) \times (HE_{it} - \overline{HE_{it}}) + \alpha_4 \times Size_{it} \\
& + \alpha_5 \times Age_{it} + \alpha_6 \times Growth_{it} + \alpha_7 \times Dts_{it} + \alpha_8 \times Cash_{it} \\
& + \alpha_9 \times Ceodir_{it} + \alpha_{10} \times Sh1_{it} + \alpha_i + \alpha_j + \varepsilon_{it} \qquad (5-11b)
\end{aligned}
$$

$$
\begin{aligned}
\ln UnPat_{it} = {} & \alpha_0 + \alpha_1 \times QFIIPro_{it} + \alpha_2 \times HE_{it} \\
& + \alpha_3 \times (QFIIPro_{it} - \overline{QFIIPro_{it}}) \times (HE_{it} - \overline{HE_{it}}) \\
& + \alpha_4 \times Size_{it} + \alpha_5 \times Age_{it} + \alpha_6 \times Growth_{it} + \alpha_7 \times Dts_{it} + \alpha_8 \times Cash_{it} \\
& + \alpha_9 \times Ceodir_{it} + \alpha_{10} \times Sh1_{it} + \alpha_i + \alpha_j + \varepsilon_{it} \qquad (5-12b)
\end{aligned}
$$

其中，$\ln InvPat_{it}$ 表示第 i 个企业第 t 年的发明专利申请总数加 1 取自然对数；$\ln UnPat_{it}$ 表示第 i 个企业第 t 年的非发明专利申请总数加 1 取自然对数。其他参数和变量含义参见前文和表 5－1。

5.3　实证结果分析

5.3.1　描述性统计与 Pearson 相关系数

主要变量的描述性统计结果如表 5－2 所示。从表 5－2 可以看出，各变量描述性统计结果与前文相应变量结果大致相同。可以看出我国战略性新兴企业的专利申请数存在较大的差异，企业技术创新水平良莠不齐。企业机构持股比例最小值与最大值差距较大，平均值和中位数与最大值差距也很大，表明企业间机构持股比例存在较大的差异性。企业高级管理人员薪酬和持股比例方面不存在较大差异性。具体解释及控制变量描述性统计结果见前文分析，在此不再赘述。

表 5－2　主要变量的描述性统计结果

变量名称	N	平均值	标准差	最小值	中位数	最大值
Patent	3 126	37.71	49.15	0.00	18.00	249.00
InsPro	3 126	0.05	0.05	0.00	0.04	0.30
ln*SE*	2 498	14.15	0.73	0.00	14.14	17.17
HE	2 664	0.21	0.38	0.00	0.06	0.94
Size	3 126	21.70	1.06	19.43	21.59	26.97
Age	3 126	2.52	0.46	0.69	2.56	3.56
Growth	3 126	0.37	0.65	-3.25	0.19	4.67
Dts	3 126	0.37	0.20	0.01	0.36	0.99
Cash	3 126	0.04	0.07	-0.35	0.03	0.45

续　表

变量名称	N	平均值	标准差	最小值	中位数	最大值
Ceodir	3 126	0. 33	0. 47	0. 00	0. 00	1. 00
*Sh*1	3 126	0. 33	0. 14	0. 04	0. 31	0. 81

表 5 - 3 给出了机构持股、高管激励与企业技术创新以及控制变量的 Pearson 相关系数。根据表 5 - 3 的 Pearson 相关系数结果，可以看出机构持股对企业技术创新产出的 Pearson 相关系数虽然为显著的正值，但是相关系数绝对值仅为 0. 04。初步表明机构持股与企业技术创新相关性较弱，机构持股对企业技术创新可能不存在直接影响效应。高管薪酬激励对企业技术创新的 Pearson 相关系数为较显著的正值，而高管股权激励对企业技术创新的 Pearson 相关系数绝对值较小。由此可以初步判断相较于高管股权激励，高管薪酬激励对企业技术创新可能存在更显著的正向影响效应。其他控制变量的 Pearson 相关系数结果与前文对应变量的系数结果大致相同，具体解释可参见前文，在此不再赘述。此外，各个变量间 Pearson 相关系数绝对值均低于 0. 6，由此可以初步判断各变量之间不存在多重共线性。

5. 3. 2　机构持股与企业技术创新回归结果

关于机构持股与企业技术创新关系的模型（5 - 1）、模型（5 - 2）与模型（5 - 3）回归结果如表 5 - 4 所示。从模型（5 - 1）回归结果可以看出，机构持股对企业技术创新产出的回归系数为 0. 695 8，但是却不显著。表明机构持股对企业技术创新整体绩效不存在显著的直接正向影响，机构持股在高管激励与政府补贴刺激下，是否能够对企业技术创新产生积极影响需要进一步的检验。关于机构持股对企业技术创新效率方面的影响，根据模型（5 - 2）与模型（5 - 3）的回归结果，可以看出机构持股对企业实质性技术创新与非实质性技术创新的回归系数分别为 0. 520 9 与 0. 435 4，但是均不显著。表明机构持股对企业实质性技术创新与非实质性存在不显著的正向影响。据此假设 H1a 与假设 H1b 均没有通过检验。

表 5 - 3　主要变量的 Pearson 相关系数

变量名称	*Patent*	*InsPro*	ln*SE*	*HE*	*Size*	*Age*	*Growth*	*Dts*	*Cash*	*Ceodir*	*Sh*1
Patent	1										
InsPro	0.04^{**}	1									
ln*SE*	0.20^{***}	0.11^{***}	1								
HE	-0.06^{***}	-0.08^{***}	-0.08^{*}	1							
Size	0.28^{***}	0.12^{***}	0.29^{***}	-0.40^{***}	1						
Age	0.03^{**}	0.01	0.03^{*}	-0.30^{***}	0.20^{***}	1					
Growth	-0.01	0.04^{**}	0.02	0.01	-0.03^{**}	0.02	1				
Dts	0.13^{***}	0.05^{***}	0.02	-0.44^{***}	0.54^{***}	0.30^{***}	0.001	1			
Cash	0.01	0.09^{***}	0.16^{***}	-0.04^{**}	0.05^{***}	0.03^{*}	-0.10^{***}	-0.10^{***}	1		
Ceodir	-0.01	-0.04^{***}	-0.07^{***}	0.42^{***}	-0.22^{***}	-0.11^{***}	-0.03^{*}	-0.18^{***}	-0.02	1	
*Sh*1	0.01	-0.10^{***}	0.01	-0.05^{***}	0.20^{***}	-0.06^{***}	-0.03^{**}	0.12^{***}	-0.02^{*}	0.01	1

注：*、**、*** 分别表示回归结果在 10%、5%和 1%的水平上显著。

表 5-4 机构持股与企业技术创新关系模型回归结果

模　型	(5-1)	(5-2)	(5-3)
变　量	ln*Patent*	ln*InvPat*	ln*UnPat*
InsPro	0.695 8 (1.57)	0.520 9 (1.21)	0.435 4 (1.01)
Size	0.507 7*** (18.69)	0.538 0*** (20.26)	0.410 8*** (15.56)
Age	-0.123 0** (-2.33)	-0.050 7 (-0.99)	-0.171 1*** (-3.34)
Growth	0.073 9** (2.07)	0.127 2*** (3.64)	0.000 9 (0.03)
Dts	-0.300 1** (-2.18)	-0.575 8*** (-4.27)	0.169 6 (1.27)
Cash	0.667 2* (1.96)	0.717 5** (2.16)	0.152 8 (0.46)
Ceodir	0.121 6** (2.49)	0.066 4 (1.39)	0.168 8*** (3.55)
*Sh*1	-0.596 5*** (-3.61)	-0.494 2*** (-3.06)	-0.457 7*** (-2.85)
Constant	-8.940 3*** (-14.48)	-10.468 2*** (-17.35)	-7.126 7*** (-11.88)
Industry	control	control	control
Year	control	control	control
N	3 126	3 126	3 126
$\bar{R}^2$	0.254 5	0.187 1	0.323 8
F	57.15	38.84	79.77

注：*、**、*** 分别表示回归结果在 10%、5%和 1%的水平上显著。

5.3.3 异质机构与企业技术创新回归结果

异质机构与企业技术创新的回归结果主要是基于基金持股、券商持股与 QFII 持股三类机构持股的差异性得出的。其中，基金持股与企业技术创新的关系回归结果，是基于模型（5－4）、模型（5－5）与模型(5－6)得出的；券商持股、政府补贴与企业创新的关系回归结果，是基于模型（5－7）、模型（5－8）与模型（5－9）得出的；QFII 持股、政府补贴与企业创新的关系回归结果，是基于模型（5－10）、模型（5－11）与模型（5－12）得出的。具体回归结果分别在表 5－5、表 5－6 和表 5－7 中列示，关于回归结果的详细分析如下文所示。

1. 基金持股与企业技术创新关系模型回归结果

关于基金持股与企业技术创新关系的回归结果如表 5－5 所示。由模型（5－4）回归结果可以看出，基金持股对企业技术创新总产出的回归系数为-1.059 4，且在 5%的水平上显著。表明基金持股对企业技术创新总体绩效存在显著的负向影响。进一步看基金持股对企业实质性技术创新与非实质性技术创新的影响效应。根据模型（5－5）与模型（5－5）回归结果，可以看出基金持股对实质性技术创新与非实质性技术创新的回归系数分别为-1.081 0 与-1.439 0，且分别在 5%和 1%的水平上显著。表明虽然基金持股对非实质性技术创新有着更加显著的负向影响效应，但是对实质性技术创新也存在着较显著的负向影响效应。据此假设 H2 得到检验。这可能与基金因排名压力而比较重视短期收益有关。

表 5－5　基金持股与企业技术创新关系模型回归结果

模　型	(5－4)	(5－5)	(5－6)
变　量	ln*Patent*	ln*InvPat*	ln*UnPat*
FHPro	-1.059 4** (-2.13)	-1.081 0** (-2.28)	-1.439 0*** (-2.85)
Size	0.481 2*** (10.07)	0.465 7*** (10.22)	0.407 8*** (8.41)
Age	0.226 5 (1.38)	0.212 7 (1.36)	0.314 7* (1.89)
Growth	-0.001 9** (-2.08)	-0.001 6* (-1.93)	-0.001 6* (-1.72)

续 表

模 型	(5-4)	(5-5)	(5-6)
变 量	ln*Patent*	ln*InvPat*	ln*UnPat*
Dts	-0.2147* (-1.81)	-0.2739** (-2.42)	-0.0673 (-0.56)
Cash	-0.1325 (-0.52)	-0.1343 (-0.55)	-0.2306 (-0.89)
Ceodir	0.0850 (1.42)	0.0518 (0.91)	0.0440 (0.72)
*Sh*1	-0.6039* (-1.71)	-0.0575 (-0.17)	-0.7655** (-2.13)
Constant	-7.5641*** (-6.27)	-9.1656*** (-7.96)	-6.1050*** (-4.99)
Industry	control	control	control
Year	control	control	control
N	3 496	3 496	3 496
$\bar{R}^2$	0.2366	0.2457	0.2125
F	33.8	37.07	23.46

注：*、**、***分别表示回归结果在10%、5%和1%的水平上显著。

2. 券商持股与企业技术创新关系模型回归结果

关于券商持股与企业技术创新关系的模型（5-7）、模型（5-8）与模型（5-9）回归结果如表5-6所示。由模型（5-7）回归结果可以看出，券商持股对企业技术创新总产出的回归系数为不显著的负值。表明券商持股对企业技术创新存在不显著的负向影响，但是相较于基金持股对企业技术创新较为显著的负向影响，如果存在外部利好信号的刺激，券商机构可能会比基金持股更有意愿投资于企业技术创新项目。在企业技术创新效率方面，根据模型（5-8）与模型（5-9）的回归结果，我们可以看出券商持股对企业实质性技术创新与非实质性技术创新的回归系数均为不显著的负值。由此可见，券商持股对企业整体技术创新以及实质性技术创新和非实质性技术创新均不存在显著的影响效应。据此假设 H3a 与 H3b 没有通过检验。

表 5-6　券商持股与企业技术创新关系模型回归结果

模　型	(5-7)	(5-8)	(5-9)
变　量	ln*Patent*	ln*InvPat*	ln*UnPat*
BHPro	-1.232 0 (-0.67)	-1.042 9 (-0.58)	-2.003 9 (-1.12)
Size	0.515 0*** (19.06)	0.543 6*** (20.59)	0.416 9*** (15.88)
Age	-0.121 9** (-2.31)	-0.049 8 (-0.97)	-0.168 8*** (-3.29)
Growth	0.076 1** (2.13)	0.128 8*** (3.69)	0.001 9 (0.06)
Dts	-0.300 4** (-2.18)	-0.576 1*** (-4.27)	0.168 5 (1.26)
Cash	0.699 9** (2.06)	0.741 3** (2.24)	0.165 9 (0.50)
Ceodir	0.121 2** (2.48)	0.066 1 (1.38)	0.168 3*** (3.54)
*Sh*1	-0.630 2*** (-3.85)	-0.519 6*** (-3.24)	-0.480 8*** (-3.02)
Constant	-9.040 7*** (-14.65)	-10.546 1*** (-17.48)	-7.217 2*** (-12.04)
Industry	control	control	control
Year	control	control	control
N	3 126	3 126	3 126
$\bar{R}^2$	0.254 0	0.186 8	0.323 9
F	57.00	38.77	79.79

注：*、**、*** 分别表示回归结果在 10%、5%和 1%的水平上显著。

3. QFII 持股与企业技术创新关系模型回归结果

关于 QFII 持股与企业技术创新关系的模型（5－10）、模型（5－11）与模型（5－12）回归结果如表 5－7 所示。由模型（5－10）回归结果可以看出，QFII 持股对企业技术创新总产出的回归系数为 20.199 5，且在 1%的水平上显著。表明 QFII 持股对企业技术创新存在较显著的正向影响，QFII 持股比较注重企业的技术创新绩效和长远发展。这与基金持股与券商持股对企业创新总产出的回归结果存在较大差异，由于境外合格投资者入股我国战略性新兴产业上市企业需要经过严格的审查，因此境外合格投资者可能会更加重视企业技术创新等有利于企业可持续发展的项目投资。据此假设 H4a 通过检验。

表 5－7　QFII 持股与企业技术创新关系模型回归结果

模　型	(5－10)	(5－11)	(5－12)
变　量	ln*Patent*	ln*InvPat*	ln*UnPat*
QFIIPro	20.199 5*** (3.34)	13.495 7** (2.28)	10.710 8* (1.82)
Size	0.508 1*** (18.87)	0.538 7*** (20.45)	0.411 5*** (15.71)
Age	−0.130 2** (−2.47)	−0.055 6 (−1.08)	−0.174 9*** (−3.41)
Growth	0.074 0** (2.08)	0.127 5*** (3.66)	0.001 2 (0.04)
Dts	−0.290 0** (−2.10)	−0.569 0*** (−4.22)	0.175 0 (1.31)
Cash	0.666 4** (1.97)	0.720 2** (2.17)	0.156 3 (0.47)
Ceodir	0.123 0** (2.52)	0.067 3 (1.41)	0.169 5*** (3.57)
*Sh*1	−0.613 9*** (−3.75)	−0.508 4*** (−3.18)	−0.470 0*** (−2.95)

续　表

模　型	(5-10)	(5-11)	(5-12)
变　量	ln*Patent*	ln*InvPat*	ln*UnPat*
Constant	-8.936 3*** (-14.52)	-10.471 4*** (-17.40)	-7.131 5*** (-11.92)
Industry	control	control	control
Year	control	control	control
N	3 126	3 126	3 126
$\bar{R}^2$	0.256 6	0.188 0	0.324 3
F	57.76	39.09	79.95

注：*、**、*** 分别表示回归结果在 10%、5%和 1%的水平上显著。

在企业技术创新效率方面，根据模型（5-11）与模型（5-12）回归结果，QFII 持股对企业实质性技术创新的回归系数为 13.495 7，且在 5%的水平上显著。QFII 持股对企业非实质性技术创新的回归系数为 10.710 8，且在 10%的水平上显著。表明 QFII 持股对企业较高水平的技术创新有着更加显著的正向影响。一般而言，境外合格投资者本身具备较强的技术水平，一定程度上可以为企业进行较高水平的技术研发提供技术支持等。因此，即使没有政府补贴，境外合格投资者对企业技术创新也有着显著的正向影响。据此假设 H4b 得到验证。

5.3.4　机构持股、高管激励与企业技术创新回归结果

关于机构持股、高管薪酬激励与企业技术创新的关系模型（5-13）、模型（5-15）与模型（5-16）的回归结果如表 5-8 所示。从模型(5-13)回归结果可以看出，机构持股对企业技术创新回归系数依然为不显著的正值，而高管薪酬激励对企业技术创新回归系数在 1%的水平上显著为正。回归结果与前文相应回归结果具有一致性，再次证明上述回归模型的稳健性。机构持股与高管薪酬激励交互项对企业技术创新回归系数为

1.515 2，且在1%的水平上显著。表明机构持股与高管薪酬激励对企业技术创新有着较显著的正向交互效应。高管薪酬激励有利于调动高管投资于技术创新等有利于企业长远发展的项目，最终促进企业技术创新水平的提高。当企业内部高管本身比较热衷于技术研发与投资时，机构投资者也会对技术创新给予支持，从而进一步促进企业技术创新绩效的提高，即高管薪酬激励对机构持股与企业技术创新关系具有显著的正向调节效应。

表5-8　机构持股、高管薪酬激励与企业技术创新关系模型回归结果

模　型	(5-13)	(5-15)	(5-16)
变　量	ln*Patent*	ln*InvPat*	ln*UnPat*
InsPro	0.456 0 (1.54)	0.331 8 (1.16)	0.601 9 (1.08)
ln*SE*	0.345 4*** (9.10)	0.382 1*** (10.36)	0.216 1*** (5.82)
InsPro×ln*SE*	1.515 2*** (3.08)	1.597 7*** (3.35)	1.012 8** (2.11)
Size	0.601 6*** (21.71)	0.607 8*** (22.60)	0.549 3*** (20.27)
Age	-0.173 8*** (-3.11)	-0.133 1** (-2.45)	-0.177 1*** (-3.24)
Growth	0.000 6 (0.09)	0.008 2 (1.12)	-0.013 2* (-1.79)
Dts	-0.253 0** (-2.16)	-0.319 3*** (-2.81)	-0.003 9 (-0.03)
Cash	0.024 9 (0.07)	0.000 2 (0.00)	0.225 0 (0.64)
Ceodir	0.171 0*** (3.12)	0.115 3** (2.17)	0.213 6*** (3.99)
*Sh*1	-0.791 8*** (-4.41)	-0.708 5*** (-4.07)	-0.602 0*** (-3.43)

续　表

模　型	(5 - 13)	(5 - 15)	(5 - 16)
变　量	ln*Patent*	ln*InvPat*	ln*UnPat*
Constant	-15.879 4*** (-23.67)	-17.265 4*** (-26.51)	-13.350 6*** (-20.35)
Industry	control	control	control
Year	control	control	control
N	2 771	2 771	2 771
$\bar{R}^2$	0.374 5	0.334 6	0.409 4
F	83.92	70.66	97.02

注：*、**、*** 分别表示回归结果在 10%、5%和 1%的水平上显著。

在企业技术创新效率方面，根据模型（5 - 15）与模型（5 - 16）的回归结果，机构持股对企业实质性技术创新与非实质性技术创新的回归系数均为不显著的正值，而高管薪酬激励对企业实质性技术创新与非实质性技术创新的回归系数均在 1%的水平上显著为正。这个回归结果也与前文相应回归结果具有一致性，表明机构持股的确对企业技术创新不存在直接影响效应，而高管薪酬激励的确可以对企业技术创新起到积极的促进作用。机构持股与高管薪酬激励交互项对企业实质性技术创新的回归系数在 1%的水平上显著为正，而对企业非实质性技术创新的回归系数在 5%的水平上显著为正。表明相较于非实质性技术创新，机构持股与高管薪酬交互项对企业较高水平的实质性技术创新有着更加显著的正向影响效应，即高管薪酬激励更有利于促进机构持股对企业高水平的实质性技术创新产生正向影响。据此假设 H5b 通过检验。

关于机构持股、高管股权激励与企业技术创新的关系模型（5 - 14）、模型（5 - 17）与模型（5 - 18）的回归结果如表 5 - 9 所示。从模型（5 - 14）回归结果可以看出，机构持股对企业技术创新回归系数依然为不显著的正值，而高管股权激励对企业技术创新回归系数在 5%的水平上显著为正。回归结果与前文相应回归结果具有一致性，证明上述回归模型具有较好的稳健性。机构持股与高管股权激励交互项对企业技术创新回归系数为不显著的负值，表明高管股权激励无法对机构持股与企业技术创新间的关系产生显著的正向调节效应。由此可以看出，相较于高管股权激励，高管薪酬激励对机构持股与企业技术创新间的关系存在显著的正向调节效应。假设 H5a 通过检验。

表 5－9　机构持股、高管股权激励与企业技术创新关系模型回归结果

模　型	(5－14)	(5－17)	(5－18)
变　量	ln*Patent*	ln*InvPat*	ln*UnPat*
InsPro	0.458 8 (1.18)	0.428 3 (1.13)	0.455 8 (1.20)
HE	0.175 4** (2.00)	0.059 8 (0.70)	0.162 4* (1.90)
InsPro×*HE*	−1.861 7 (−1.46)	−1.250 3 (−1.01)	−2.248 4 (−1.82)
Size	0.720 1*** (26.84)	0.730 5*** (27.86)	0.627 6*** (24.01)
Age	−0.151 5** (−2.59)	−0.128 9** (−2.25)	−0.157 0*** (−2.75)
Growth	−0.001 3 (−0.18)	0.005 9 (0.80)	−0.014 6** (−1.98)
Dts	−0.239 9** (−1.99)	−0.341 0*** (−2.89)	0.029 8 (0.25)
Cash	0.511 6 (1.41)	0.507 5 (1.43)	0.127 6 (0.36)
Ceodir	0.118 2** (1.98)	0.094 0 (1.62)	0.161 5*** (2.78)
*Sh*1	−0.857 6*** (−4.68)	−0.774 4*** (−4.32)	−0.640 4*** (−3.59)

续　表

模　型	(5-13)	(5-15)	(5-16)
变　量	ln*Patent*	ln*InvPat*	ln*UnPat*
Constant	-13.704 6*** (-21.58)	-14.606 1*** (-23.54)	-12.109 5*** (-19.57)
Industry	control	control	control
Year	control	control	control
N	2 664	2 664	2 664
$\bar{R}^2$	0.364 2	0.315 9	0.409 4
F	77.28	62.48	93.31

注：*、**、*** 分别表示回归结果在 10%、5%和 1%的水平上显著。

在企业技术创新效率方面，根据模型（5-17）与模型（5-18）的回归结果，机构持股对企业实质性技术创新的回归系数依然为不显著的正值，高管股权激励对企业非实质性技术创新的回归系数均在 10%的水平上显著为正。表明机构持股对企业技术创新的确不存在直接影响效应，高管股权激励对企业整体技术创新绩效以及较低水平的技术创新绩效有着显著的促进作用。这也与前文相应回归结果具有一致性。但是机构持股与高管股权激励交互项对企业实质性技术创新与非实质性技术创新的回归系数均为不显著的负值，再次证明高管股权激励无法对机构持股与企业技术创新间的关系产生显著的正向调节效应。

5.3.5　异质机构、高管激励与企业技术创新回归结果

异质机构、高管激励与企业技术创新的回归结果主要基于基金持股、券商持股与 QFII 持股三类机构持股的差异性得出的。其中，基金持股、高管薪酬激励与企业技术创新的关系回归结果，是基于模型（5-4a）、模型（5-5a）与模型（5-6a）得出的，而基金持股、高管股权激励与企业技术创新的关系回归结果，是基于模型（5-4b）、模型（5-5b）与模型（5-6b）得出的；券商持股、高管薪酬激励与企业技术创新的关系回归结

果，是基于模型（5－7a）、模型（5－8a）与模型（5－9a）得出的，而券商持股、高管股权激励与企业技术创新的回归结果，是基于模型（5－7b）、模型（5－8b）与模型（5－9b）得出的；QFII持股、高管薪酬激励与企业技术创新的关系回归结果，是基于模型（5－9a）、模型（5－10a）与模型（5－11a）得出的，而QFII持股、高管股权激励与企业技术创新的关系回归结果，是基于模型（5－9b）、模型（5－10b）与模型（5－11b）得出的。具体回归结果在表5－10、表5－11以及表5－12中列示，关于回归结果的详细分析如下文所示。

1. 基金持股、高管激励与企业技术创新关系模型回归结果

表5－10给出的是分别基于高管薪酬激励与股权激励，对基金持股、高管激励与企业技术创新关系模型进行回归的结果。根据模型（5－4a）、模型（5－5a）与模型（5－6a）回归结果，可以看出基金持股对企业技术创新以及实质性技术创新和非实质性技术创新的回归系数均在较高的水平上显著为负。而高管薪酬激励对企业技术创新、实质性技术创新与非实质性技术创新的回归系数均为较显著的正值。表明基金持股对企业技术创新存在显著的负向影响效应，而高管薪酬激励对企业技术创新存在较显著的正向影响效应，这也与前文相应回归结果具有一致性。基金持股与高管薪酬激励交互项对企业技术创新、实质性技术创新与非实质性技术创新的回归系数均不显著，表明高管薪酬激励虽然可以激励高管对企业技术创新的投资，从而提高企业技术创新绩效，但无法对基金持股与企业技术创新间的关系产生显著的正向调节效应。

表5－10 基金持股、高管激励与企业技术创新关系模型回归结果

模型	（5－4a）	（5－5a）	（5－6a）	（5－4b）	（5－5b）	（5－6b）
变量	ln*Patent*	ln*InvPat*	ln*UnPat*	ln*Patent*	ln*InvPat*	ln*UnPat*
FHPro	-1.2757^{**} （−2.24）	-1.5171^{***} （−2.82）	-1.4159^{**} （−2.47）	-1.1799^{**} （−2.02）	-1.4391^{**} （−2.57）	-1.4083^{**} （−2.39）
ln*SE*	0.3184^{***} （8.49）	0.3534^{***} （9.71）	0.1953^{**} （5.33）			

续 表

模型	(5-4a)	(5-5a)	(5-6a)	(5-4b)	(5-5b)	(5-6b)
变量	ln*Patent*	ln*InvPat*	ln*UnPat*	ln*Patent*	ln*InvPat*	ln*UnPat*
HE				0.191 8** (2.25)	0.067 9 (0.82)	0.185 9** (2.24)
FHPro×ln*SE*	0.157 4 (0.15)	-0.173 0 (-0.17)	-0.865 8 (-0.86)			
FHPro×*HE*				-3.015 9 (-1.63)	-2.151 1 (-1.19)	-2.427 1 (-1.34)
Size	0.608 5*** (22.01)	0.613 4*** (22.85)	0.555 9*** (20.57)	0.725 1*** (27.15)	0.734 4*** (28.15)	0.634 6*** (24.36)
Age	-0.161 6*** (-2.88)	-0.122 4** (-2.25)	-0.165 0*** (-3.01)	-0.139 1** (-2.38)	-0.119 3** (-2.09)	-0.142 8** (-2.51)
Growth	0.000 2 (0.03)	0.007 7 (1.05)	0.018 5 (0.16)	0 .0 007 (0.10)	0.006 4 (0.87)	-0.013 9* (-1.88)
Dts	-0.231 2** (-1.97)	-0.294 4** (-2.58)	-0.013 4* (-1.82)	-0.240 3** (-1.99)	-0.341 4*** (-2.89)	0.026 2 (0.22)
Cash	-0.047 8 (0.13)	0.037 6 (0.11)	-0.169 8 (-0.48)	0.470 2 (1.29)	0.473 5 (1.33)	0.119 5 (0.34)
Ceodir	0.164 0*** (2.99)	0.110 4** (2.07)	0.207 4*** (3.86)	0.110 6* (1.86)	0.088 2 (1.52)	0.153 8*** (2.65)
*Sh*1	-0.742 6*** (-4.13)	-0.665 9*** (-3.81)	-0.564 6*** (-3.21)	-0.791 9*** (-4.31)	-0.722 8*** (-4.03)	-0.580 8*** (-3.24)
Constant	-15.746 9*** (-23.70)	-17.072 4*** (-26.46)	-13.274 0*** (-20.43)	-13.912 1*** (-22.01)	-14.770 4*** (-23.92)	-12.341 2*** (-20.02)
Industry	control	control	control	control	control	control
Year	control	control	control	control	control	control
N	2 498	2 498	2 498	2 664	2 664	2 664
$\bar{R}^2$	0.371 7	0.331 3	0.407 4	0.363 4	0.315 4	0.407 2
F	82.92	69.61	96.20	77.02	62.35	92.48

注：*、**、*** 分别表示回归结果在 10%、5%和 1%的水平上显著。

根据模型（5－4b）、模型（5－5b）与模型（5－6b）回归结果，可以看出基金持股对企业技术创新、实质性技术创新与非实质性技术创新的回归系数依然为显著负值，高管股权激励对企业技术创新以及非实质性技术创新的回归系数均在5%的水平上显著为正，回归结果与前文一致。但是基金持股与高管股权激励交互项对企业技术创新、实质性技术创新与非实质性技术创新的回归系数均为不显著的负值，表明高管股权激励同样无法对基金持股与企业技术创新间的关系产生显著的正向调节效应。据此假设H6a与假设H6b得到验证。

2. 券商持股、高管激励与企业技术创新关系模型回归结果

表5－11给出的是分别基于高管薪酬激励与股权激励，对券商持股、高管激励与企业技术创新关系模型进行回归的结果。根据模型（5－7a）、模型（5－8a）与模型（5－9a）回归结果，可以看出券商持股对企业技术创新以及实质性技术创新和非实质性技术创新的回归系数均为不显著的负值。而高管薪酬激励对企业技术创新、实质性技术创新与非实质性技术创新的回归系数均在1%的水平上显著为正。表明券商持股对企业技术创新不存在显著的直接影响效应，而高管薪酬激励对企业技术创新存在较显著的正向影响效应，这也与前文回归结果一致。券商持股与高管薪酬激励交互项对企业技术创新、实质性技术创新与非实质性技术创新的回归系数均不显著，表明高管薪酬激励同样无法对券商持股与企业技术创新间的关系产生显著的正向调节效应。

表5－11　券商持股、高管激励与企业技术创新关系模型回归结果

模型	（5－7a）	（5－8a）	（5－9a）	（5－7b）	（5－8b）	（5－9b）
变量	ln*Patent*	ln*InvPat*	ln*UnPat*	ln*Patent*	ln*InvPat*	ln*UnPat*
BHPro	−0.2709 （−0.13）	−0.9261 （−0.45）	−1.6754 （−0.80）	−2.3982 （−1.01）	−2.9751 （−1.28）	−2.4188 （−1.04）
ln*SE*	0.2369*** （6.30）	0.2845*** （7.79）	0.1206*** （3.28）			
HE				0.1778** （2.06）	0.0481 （0.57）	0.1752** （2.08）

续　表

模型	(5-7a)	(5-8a)	(5-9a)	(5-7b)	(5-8b)	(5-9b)
变量	ln*Patent*	ln*InvPat*	ln*UnPat*	ln*Patent*	ln*InvPat*	ln*UnPat*
BHPro×ln*SE*	-2.414 4 (-0.75)	-2.086 6 (-0.67)	-3.119 (-0.99)			
BHPro×*HE*				-7.370 0 (-1.00)	-10.999 5 (-1.54)	-3.090 8 (-0.43)
Size	0.455 0*** (14.19)	0.470 0*** (15.09)	0.383 6*** (12.25)	0.729 0*** (27.31)	0.737 8*** (28.31)	0.636 9*** (24.47)
Age	-0.130 5** (-2.31)	-0.058 8** (-1.87)	-0.175 2*** (-3.17)	-0.139 6** (-2.39)	-0.121 9** (-2.14)	-0.141 1** (-2.48)
Growth	0.016 5 (0.40)	0.072 5* (1.79)	0.050 5 (1.24)	0 . 0 008 (0.11)	0.006 3 (0.86)	-0.014 0* (-1.89)
Dts	-0.154 7** (-2.87)	-0.395 9*** (-2.64)	-0.286 5* (-1.90)	-0.251 4** (-2.08)	-0.350 2*** (-2.97)	0.016 5 (0.14)
Cash	0.131 0 (0.35)	0.333 9 (0.91)	0.341 8 (0.93)	0.550 0 (1.51)	0.535 8 (1.51)	0.168 5 (0.48)
Ceodir	0.120 0** (2.20)	0.066 1** (2.25)	0.162 3*** (3.04)	0.113 0* (1.89)	0.090 3 (1.55)	0.155 7*** (2.68)
*Sh*1	-0.755 6*** (-4.17)	-0.595 4*** (-3.39)	-0.614 8*** (-3.48)	-0.827 9*** (-4.52)	-0.752 6*** (-4.21)	-0.606 3*** (-3.39)
Constant	-11.123 4*** (-14.84)	-12.956 3*** (-17.80)	-8.269 8*** (-11.30)	-13.900 2*** (-21.96)	-14.753 5*** (-23.87)	-12.326 1*** (-19.97)
Industry	control	control	control	control	control	control
Year	control	control	control	control	control	control
N	2 498	2 498	2 498	2 664	2 664	2 664
$\bar{R}^2$	0.266 8	0.204 4	0.328 3	0.362 1	0.314 9	0.406
F	46.43	33.07	62.01	76.57	62.20	92.25

注：*、**、*** 分别表示回归结果在10%、5%和1%的水平上显著。

根据模型（5-7b）、模型（5-8b）与模型（5-9b）回归结果，可以看出券商持股对企业技术创新、实质性技术创新与非实质性技术创新的回归系数依然为不显著的负值，高管股权激励对企业技术创新及非实质性技术创新的回归系数均在5%的水平上显著为正，对企业实质性技术创新的回归系数为不显著的正值，回归结果与前文一致。但是券商持股与高管股权激励交互项对企业技术创新、实质性技术创新与非实质性技术创新的回归系数均为不显著的负值，表明高管股权激励同样无法对券商持股与企业技术创新间的关系产生显著的正向调节效应。据此假设 H7a 与假设 H7b 通过检验。

3. QFII 持股、高管激励与企业技术创新关系模型回归结果

表 5－12 给出的是分别基于高管薪酬激励与股权激励，对 QFII 持股、高管激励与企业技术创新关系模型进行回归的结果。根据模型（5－10a）、模型（5－11a）与模型（5－12a）回归结果，可以看出 QFII 持股对企业技术创新以及实质性技术创新的回归系数均在1%的水平上显著为正。而高管薪酬激励对企业技术创新、实质性技术创新与非实质性技术创新的回归系数均在1%的水平上显著为正。表明 QFII 持股对企业技术创新，尤其是高水平的实质性技术创新，有着较显著的直接影响效应。高管薪酬激励对企业技术创新存在较显著的正向影响效应，这也与前文回归结果一致。QFII 持股与高管薪酬激励交互项对企业技术创新的回归系数在10%的水平上显著为正，对实质性技术创新的回归系数在1%的水平上显著为正，但对非实质性技术创新的回归系数为不显著的正值。表明高管薪酬激励能够进一步促进 QFII 持股对企业较高水平的实质性技术创新的积极影响效应。由此假设 H8b 通过检验。

表 5－12　QFII 持股、高管激励与企业技术创新关系模型回归结果

模型	（5－10a）	（5－11a）	（5－12a）	（5－10b）	（5－11b）	（5－12b）
变量	ln*Patent*	ln*InvPat*	ln*UnPat*	ln*Patent*	ln*InvPat*	ln*UnPat*
QFIIPro	21.693 2*** (2.99)	21.375 8*** (3.01)	8.024 9 (1.14)	20.421 3*** (3.02)	22.510 1*** (3.41)	10.246 0 (1.55)
ln*SE*	0.237 7*** (6.48)	0.278 2*** (7.80)	0.122 7*** (3.42)			

续　表

模型	(5-10a)	(5-11a)	(5-12a)	(5-10b)	(5-11b)	(5-12b)
变量	ln*Patent*	ln*InvPat*	ln*UnPat*	ln*Patent*	ln*InvPat*	ln*UnPat*
HE				0.198 3** (2.32)	0.062 2 (0.75)	0.197 4** (2.37)
QFIIPro×ln*SE*	12.657 0* (1.65)	20.514 8*** (2.75)	9.018 1 (1.20)			
QFIIPro×*HE*				10.194 2 (0.45)	33.944 1 (1.52)	5.866 (0.26)
Size	0.450 2*** (14.13)	0.469 8*** (15.17)	0.379 1*** (12.16)	0.714 6*** (26.69)	0.725 4*** (27.70)	0.624 3*** (23.91)
Age	-0.138 2** (-2.45)	-0.063 1 (-1.15)	-0.182 6*** (-3.31)	-0.149 2** (-2.57)	-0.129 2** (-2.27)	-0.151 0*** (-2.66)
Growth	0.012 1 (0.29)	0.066 5 (1.65)	0.050 6 (1.25)	-0.000 4 (-0.06)	0.006 6 (0.90)	-0.013 7* (-1.85)
Dts	-0.168 6* (-2.09)	-0.419 7*** (-2.80)	-0.291 8* (-1.93)	-0.255 0** (-2.12)	-0.350 7*** (-2.98)	0.012 6 (0.11)
Cash	0.071 6 (0.19)	0.281 6 (0.77)	0.363 1 (0.98)	0.470 5 (1.30)	0.485 8 (1.37)	0.091 4 (0.26)
Ceodir	0.113 4** (2.08)	0.057 2 (1.08)	0.165 8*** (3.11)	0.097 5 (1.64)	0.078 8 (1.35)	0.140 5** (2.42)
*Sh*1	-0.746 3*** (-4.14)	-0.591 6*** (-3.37)	-0.607 1** (-3.44)	-0.779 0*** (-4.26)	-0.710*** (-3.97)	-0.563 0*** (-3.16)
Constant	-11.063 9*** (-14.85)	-12.851 6*** (-17.75)	-8.257 0*** (-11.33)	-13.632 6*** (-21.51)	-14.521 7*** (-23.44)	-12.097 1*** (-19.58)
Industry	control	control	control	control	control	control
Year	control	control	control	control	control	control
N	2 498	2 498	2 498	2 664	2 664	2 664
$\bar{R}^2$	0.271 3	0.208 1	0.330 3	0.366 9	0.318 1	0.410 9
F	47.49	33.81	62.59	78.16	63.11	93.87

注：*、**、***分别表示回归结果在 10%、5%和 1%的水平上显著。

根据模型（5－10b）、模型（5－11b）与模型（5－12b）回归结果，可以看出 QFII 持股对企业技术创新和实质性技术创新的回归系数依然为较显著的正值，高管股权激励对企业技术创新和非实质性技术创新也有着较显著的正向影响效应，回归结果与前文一致。但是 QFII 持股与高管股权激励交互项对企业技术创新、实质性技术创新与非实质性技术创新的回归系数均为不显著的正值，表明高管股权激励无法对 QFII 持股与企业技术创新间关系产生显著的正向调节效应。因此，相较于高管股权激励，高管薪酬激励对 QFII 持股与企业技术创新间的关系产生更加显著的正向调节效应。据此假设 H8a 通过检验。

5.4 稳健性检验

我们继续沿用前文稳健性检验方式，主要基于模型可能存在的多重共线性、逆向因果关系以及样本选择偏误问题进行稳健性检验。本章的稳健性检验主要包括以下几个方面：

首先，对模型的主要解释变量，包括机构持股、高管薪酬激励、高管股权激励以及控制变量进行多重共线性检验。由于本章各变量间 Pearson 相关系数结果均低于 0.6，可以初步判断模型各变量间不存在多重共线性问题。为进一步检验模型是否存在多重共线性问题从而保证模型的稳健性，我们基于各主要变量间的异方差计算结果来进一步检验模型是否存在多重共线性问题。

其次，构建包含机构持股、高管薪酬激励、高管股权激励以及企业技术创新的 PVAR 模型进行回归分析，并进行 Granger 因果检验，以此来检验机构持股、高管薪酬激励和股权激励与企业技术创新之间是否存在由逆向因果关系所引发的内生性问题。由于机构持股与高管激励机制对企业技术创新均有可能存在逆向因果关系问题，两者对企业技术创新的影响效应会变得不稳健。而 Granger 因果检验可以对变量之间的因果关系进行检验分析，因此我们可以通过 Granger 因果检验来检验模型是否存在被解释变量对解释变量的逆向因果关系。

最后，为检验模型是否存在样本选择偏误，我们选用 CSMAR 数据库中不包括董事和监事的高管人员前三名薪酬总额①以及持股百分比作为高管薪酬激励与股权激励衡量指标，对模型（5－13）～模型（5－18）进行重新回归，即通过对机构持股、高管激励对企业技术创新的关系模型进行回归，以进一步检验模型回归结果的稳健性。

表5－13给出了机构持股、高管薪酬激励、高管股权激励以及各个控制变量的异方差检验结果。根据各个变量 *VIF* 值的计算结果，可以看出主要解释变量的 *VIF* 值均低于1.6，各控制变量的 *VIF* 值均低于1.39，各解释变量的平均 *VIF* 值为1.29，都远低于异方差检验的临界值10。由此可以看出回归模型中的各个变量不存在多重共线性。

表5－13 主要解释变量与控制变量的异方差检验

变　量	*VIF*	1/*VIF*
InsPro	1.05	0.955 1
ln*SE*	1.16	0.859 5
HE	1.55	0.644 5
Size	1.80	0.556 3
Age	1.17	0.852 1
Growth	1.02	0.976 3
Dts	1.72	0.580 2
Cash	1.08	0.927 1
Ceodir	1.23	0.813 0
*Sh*1	1.10	0.912 0
Mean *VIF*	1.29	

与此同时，我们通过构建PVAR模型来对机构持股、高管薪酬激励和

① 对其进行取对数处理。

高管股权激励与企业技术创新关系进行回归，并基于 PVAR 模型的 Granger 因果检验对可能存在的由于逆向因果关系所导致的模型内生性问题进行检验。表 5 - 14 给出了主要解释变量（机构持股、高管薪酬激励、高管股权激励）与被解释变量（企业技术创新），以及各上述几个主要解释变量之间的 Granger 因果检验。由检验结果可以看出，*Prob>chi2* 列的值均远大于 0.05，表明企业专利总产出（企业技术创新绩效）并非机构持股与高管薪酬激励、高管股权激励的因。由此我们可以判定模型不存在逆向因果关系。此外，我们还可以从 Granger 因果关系结果中看出，机构持股与高管薪酬激励、高管股权激励之间也不存在因果关系，据此进一步证明模型的合理性与稳健性。

表 5 - 14　主要解释变量与被解释变量的 Granger 因果检验

Panel VAR-Granger causality Wald test
Ho: Excluded variable does not Granger-cause Equation variable
Ha: Excluded variable Granger-causes Equation variable

Equation \ Excluded	*chi2*	*df*	*Prob>chi2*
InsPro			
ln*Patent*	0.216	1	0.642
ln*SE*	0.442	1	0.506
HE	0.008	1	0.930
All	1.250	3	0.741
ln*SE*			
ln*Patent*	0.159	1	0.690
InsPro	0.354	1	0.552
HE	1.612	1	0.204
All	2.315	3	0.510

续　表

Equation \ Excluded	*chi2*	*df*	*Prob>chi2*
HE			
ln*Patent*	0.000	1	0.992
InsPro	0.044	1	0.834
ln*SE*	0.076	1	0.783
All	0.197	3	0.978

表 5 - 15 与表 5 - 16 给出了以不包含董事和监事的高管人员前三名薪酬总额以及持股百分比作为高管薪酬激励与股权激励衡量指标，对模型（5 - 13）~模型（5 - 18）进行回归后的结果。根据回归结果，可以看出机构持股对企业技术创新、实质性技术创新与非实质性技术创新的回归系数均为不显著的正值，而高管薪酬激励对企业技术创新、实质性技术创新与非实质性技术创新的回归系数均为较显著的正值，高管股权激励对企业技术创新与非实质性技术创新的回归系数为显著的正值。并且，机构持股与高管薪酬激励交互项对企业技术创新的回归系数均为较显著的正值，但是机构持股与高管股权激励交互项对企业技术创新的回归系数均不显著。由此可见，相较于高管股权激励，高管薪酬激励能够对机构持股与企业技术创新间的关系产生较显著的正向调节效应。因此主要结论得到验证，表明模型具有较好的稳健性。

表 5 - 15　机构持股、高管薪酬激励与企业技术创新稳健性回归结果

模　型	（5 - 13）	（5 - 15）	（5 - 16）
变　量	ln*Patent*	ln*InvPat*	ln*UnPat*
InsPro	0.435 3 （1.45）	0.283 5 （0.98）	0.602 2 （1.05）
ln*SE*	0.376 9*** （9.16）	0.440 2*** （11.04）	0.219 5*** （5.45）

续 表

模　型	(5－13)	(5－15)	(5－16)
变　量	ln*Patent*	ln*InvPat*	ln*UnPat*
InsPro×ln*SE*	1.202 1** (2.44)	1.364 0*** (2.86)	0.762 4* (2.58)
Size	0.587 1*** (20.7)	0.585 2*** (21.34)	0.545 0*** (19.66)
Age	−0.175 8*** (−3.14)	−0.134 7** (−2.49)	−0.178 8*** (−3.26)
Growth	0.000 5 (0.08)	0.008 3 (1.13)	−0.013 4* (−1.81)
Dts	−0.236 6** (−2.02)	−0.298 0*** (−2.63)	0.003 6 (0.03)
Cash	0.024 9 (0.07)	0.063 2 (0.18)	0.225 5 (0.64)
Ceodir	0.143 1*** (2.61)	0.082 9 (1.56)	0.197 3*** (3.67)
*Sh*1	−0.794 6*** (−4.43)	−0.708 1*** (−4.07)	−0.606 4*** (−3.45)
Constant	−15.965 1*** (−23.67)	−17.537 2*** (−26.84)	−13.282 0*** (−20.10)
Industry	control	control	control
Year	control	control	control
N	2 771	2 771	2 771
$\bar{R}^2$	0.374 3	0.337 5	0.408 2
F	83.81	71.51	96.47

注：*、**、*** 分别表示回归结果在10%、5%和1%的水平上显著。

表 5 - 16　机构持股、高管股权激励与企业技术创新稳健性回归结果

模　型	(5 - 14)	(5 - 17)	(5 - 18)
变　量	ln*Patent*	ln*InvPat*	ln*UnPat*
InsPro	0. 405 1 (1. 13)	0. 412 0 (1. 17)	0. 381 5 (1. 09)
HE	0. 383 3** (1. 99)	0. 235 9 (1. 25)	0. 228 3** (2. 22)
InsPro×*HE*	-4. 106 0 (-1. 45)	-2. 209 5 (-0. 80)	5. 673 8 (2. 05)
Size	0. 724 4*** (27. 45)	0. 737 9*** (28. 61)	0. 630 2*** (24. 53)
Age	-0. 153 9*** (-2. 68)	-0. 122 9** (-2. 19)	-0. 163 0*** (-2. 92)
Growth	-0. 001 2 (-0. 17)	0. 006 2 (0. 84)	-0. 014 7** (-1. 98)
Dts	-0. 247 6** (-2. 07)	-0. 339 4*** (-2. 90)	0. 015 5 (0. 13)
Cash	0. 434 4 (1. 20)	0. 409 2 (1. 16)	0. 071 5 (0. 20)
Ceodir	0. 106 6 (1. 61)	0. 071 8 (1. 16)	0. 168 5*** (2. 74)
*Sh*1	-0. 851 0*** (-4. 67)	-0. 756 5*** (-4. 25)	-0. 648*** (-3. 65)
Constant	-13. 783 3*** (-22. 25)	-14. 785 1*** (-24. 42)	-12. 137*** (-20. 13)
Industry	control	control	control
Year	control	control	control
N	2 664	2 664	2 664
$\bar{R}^2$	0. 364 3	0. 317 0	0. 408 8
F	78. 44	63. 74	94. 45

注：*、**、*** 分别表示回归结果在 10%、5%和 1%的水平上显著。

5.5 本章小结

本章基于公司治理理论、利益相关者理论，聚焦资本市场对战略性新兴产业上市企业收益的外部约束，主要检验和分析了机构持股、高管激励对企业技术创新的影响路径。沿用前文测量指标体系，继续将高管激励机制细分为高管薪酬激励和股权激励，在此基础上通过实证分析验证理论模型推论并进行拓展分析。本章一方面分析了机构持股对企业技术创新的直接影响，并考虑机构投资者异质性影响效应进行分析；另一方面结合在企业内部高管技术创新决策的情况下，分析机构持股对企业技术创新的影响效应又是如何变化的。经过实证分析发现，机构持股不仅基于上市企业投资收益对企业技术创新产生影响，而且还会受到企业内部技术创新情况的影响。具体结论如下所示：

首先，机构持股对我国战略性新兴产业上市企业技术创新、实质性技术创新与非实质性技术创新均无法产生显著的影响效应。假设 H1b 得到验证。考虑机构投资者异质性影响，我们基于基金持股、券商持股与 QFII 持股检验了异质机构持股对企业技术创新的影响，发现基金持股对企业技术创新、实质性技术创新与非实质性技术创新均有着显著的负向影响效应，券商持股则对企业技术创新和实质性技术创新、非实质性技术创新有着不显著的负向影响效应。假设 H2 与假设 H3b 得到检验。而 QFII 持股则对企业技术创新有着显著的正向影响效应，且相较于非实质性技术创新，QFII 持股对企业较高水平的实质性技术创新有着更加显著的正向影响效应。假设 H4a 与假设 H4b 均得到验证。由此可以看出，虽然机构投资者总体上对企业技术创新不存在显著的直接影响效应，但是基金持股和券商持股对企业技术创新分别存在显著、不显著的负向影响效应，这在一定程度上表明机构投资者的确对企业技术创新存在负向影响效应。

其次，虽然机构持股无法对我国战略性新兴产业上市企业技术创新产生显著的直接影响效应，但是在高管薪酬激励调节效应下，能够促进机构持股对企业技术创新产生显著的正向影响效应。高管薪酬激励一方面可以缓解机构投资者对企业预期收益的外部约束，从而对高管投资于技术创新等有利于企业长远发展的项目产生正向激励；另一方面可以在促进企业内部技术创新绩效提高的基础上，调动机构投资者对企业技术创新的投资积极性。相较而言，高管股权激励无法对机构持股与企业技术创新之间的关系产生显著正向调节效应。假设 H5a 通过检验。在企业技术创新效率方面，相较于非实质性技术创新，高管薪酬激励对机构持股与企业较高水平的实质性技术创新有着更加显著的正向影响效应。据此假设 H5b 得到验证。表明有利于促进企业技术创新的内部高管激励机制，可以激发机构持股对企业技术创新产生正向影响效应，从而对机构持股与企业技术创新之间的关系产生显著的正向调节效应。

最后，关于异质机构持股的影响效应，我们经过研究发现，高管薪酬激励与股权激励对基金持股、券商持股与我国战略性新兴产业上市企业创新之间的关系均无法产生显著的正向调节效应。假设 H6a、假设 H6b 以及假设 H7a、假设 H7b 均通过检验。但是高管薪酬激励可以对 QFII 持股与战略性新兴产业上市企业技术创新之间的关系产生较显著的正向调节效应。假设 H8a 得到验证。在创新效率方面，相较于非实质性技术创新，高管薪酬激励对 QFII 持股与企业实质性技术创新产生更加显著的正向调节效应。假设 H8b 通过检验。由此可见，对于不同的机构投资者，企业内部高管激励机制的调节效应存在较大的差异性，如果要调动不同的机构投资者对企业技术创新投资的积极性，仅靠完善企业内部治理机制是不够的，可能还要借助企业外部的政府补贴等政策性支持的力量。

第 6 章　股权性质、高管激励与企业技术创新实证研究——政府补贴调节效应

因为技术创新具有投资回报周期长和沉没成本较高的高风险投资特征，所以政府补贴等政策性扶持对激励企业创新十分必要。我国政府从2010年开始相继颁布各项政策公文支持战略性新兴产业的技术创新与发展。政府一方面通过给予战略性新兴产业直接补贴等方式，为其技术创新与发展提供良好的政策环境；另一方面通过向市场传递战略性新兴产业发展的利好信号，为战略性新兴产业企业的技术创新与发展提供良好的融资环境。据统计，2014—2018年，我国战略性新兴产业的政策环境指数①处于持续增长趋势（图6－1），

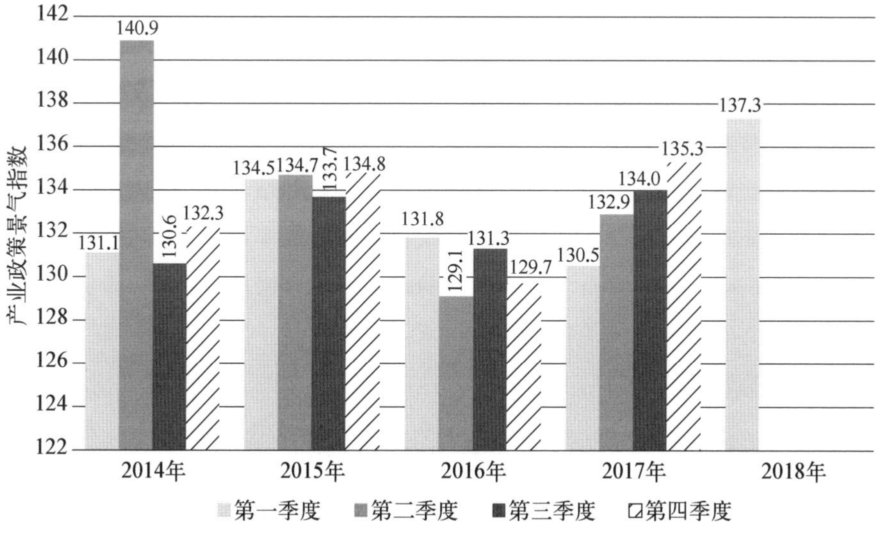

图6－1　2014—2018年我国战略性新兴产业政策环境指数

---

① 产业政策景气区间划分标准：110～120为“相对景气区间”，120～150为“较为景气区间”。

2010—2015 年研发投入强度①也处于持续增长状态（图 6－2）。政府补贴对企业技术创新的促进作用得到了研究者的普遍认可，而股权性质与高管激励对企业技术创新的影响效应也会受到政府补贴的影响。

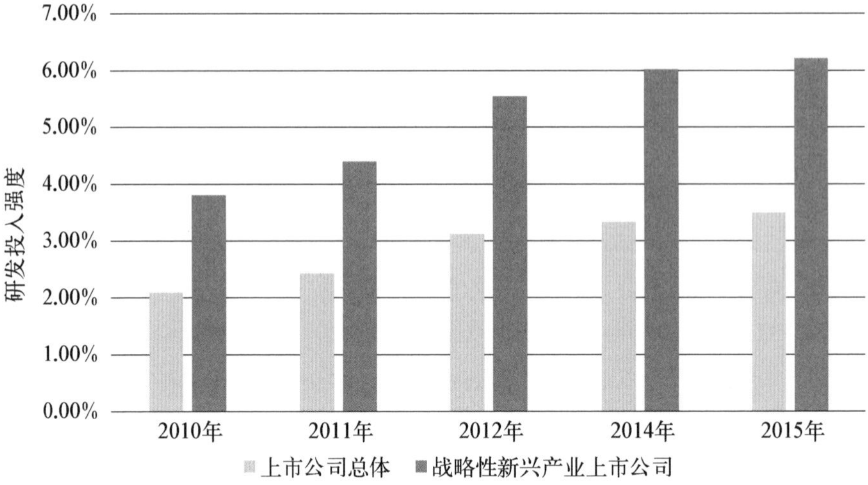

图 6－2　2010—2015 年上市公司及战略性新兴产业上市公司研发投入强度

对于不同股权性质的企业，政府补贴对其技术创新的激励效率可能存在显著的差异性。由于控股股东不同，企业经营特征与治理机制的差异性会影响政府补贴对其技术创新的激励效率。例如，有些企业会通过投资于较低水平的技术研发来迎合政府政策以获取政府补贴，而这种行为会严重降低政府补贴对企业高水平技术创新项目的补贴效率。国内很多学者经过研究发现，政府补贴对技术创新投入的影响的确会因股权性质不同而存在差异。前文研究发现民营控股企业技术创新绩效高于国有控股企业，本章将进一步研究在政府补贴的影响下，两种股权性质的企业技术创新绩效的影响机制。此外，政府补贴的支持也会影响高管对技术创新的投资决策。政府补贴一方面可以通过降低研发成本直接降低技术创新的风险，另一方面通过营造良好的市场技术创新环境来降低管理层因技术研发失败可能引发的职务风险。

① 参考《2015 年战略性新兴产业 A 股上市公司发展报告》，研发投入强度＝平均研发支出/公司营业收入。

本章基于前文所构建的理论模型和推论 3，选取我国沪深两市 2010—2015 年战略性新兴产业上市企业为研究样本，通过构建多元回归模型实证分析在政府补贴影响效应下，股权性质、高管激励与企业技术创新的关系。本章首先基于政府补贴影响效应，分析国有控股企业和民营控股企业两种股权性质企业的技术创新水平和绩效的差异性；其次基于政府补贴影响效应，分析高管激励对企业技术创新的影响效应；最后综合考虑股权性质异质性，分析政府补贴对高管激励和企业技术创新的影响效应。此外，对于企业技术创新效率测量方面，我们继续沿用前文的测量方法。将企业技术创新按照创新效率分为实质性技术创新与非实质性技术创新，以发明专利申请数测量企业的实质性技术创新水平，以非发明专利申请数测量企业的非实质性技术创新水平。政府补贴调节效应下的股权性质、高管激励与企业技术创新的关系模型如图 6-3 所示。

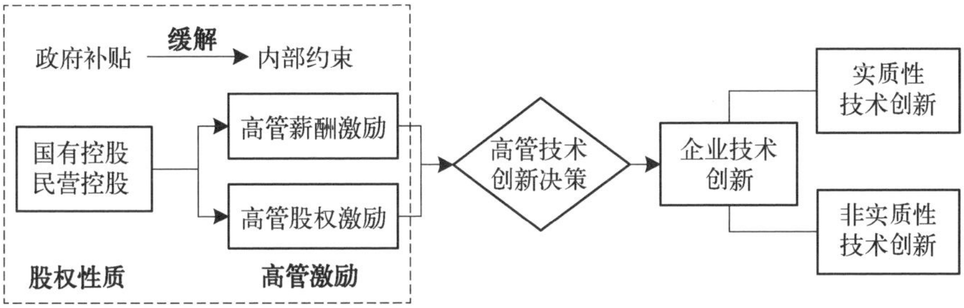

图 6-3　政府补贴调节效应下的股权性质、高管激励与企业技术创新关系模型

6.1　理论分析与研究假设

6.1.1　股权性质与企业技术创新——政府补贴调节效应

政府补贴是激励企业技术创新的一种重要政策工具，战略性新兴产业上市企业作为国家重点培育发展的对象，更是得到了我国政府的大力扶持。由于企业技术创新存在较高的研发沉没成本和知识外溢性，因此技术创新有较大的概率会使企业陷入资金链断裂所引致的研发终止，或法律保护制度不健全所导致的创新成果处于被抄袭模仿等困境。政府对企业技术创新的资金补贴可以通过降低研发成本等方式在一定程度上弥补企业技术创新的外部性损失。对于战略性新兴产业这种重大技术创新密集型产业，政府补贴可以弥补企业技术创新高投入所导致的资金不足，降低技术创新风险，提高企业技术创新产出。很多学者在研究中肯定了政府补贴对企业技术创新投入与产出的积极效用。Czarnitzki 和 Licht（2006）[172]通过对德国政府研发补贴与企业 R&D 的投入产出的关系研究，发现政府补贴提高了德国企业的整体创新产出。郭晓丹等（2011）[29]、肖兴志等（2013）[53]以我国战略性新兴产业上市企业为样本进行实证分析，得出了政府补贴提高了企业专利获取量、对企业技术创新投入有重要积极影响的结论。

对于不同股权性质的企业，政府补贴对其技术创新的补贴效率存在差异。有部分学者认为由于国有控股企业实际控股股东为国家政府，因此相较于民营控股企业，国有控股企业更容易获得政府的政策支持和补贴。而这种情况容易导致国有控股企业产生资源浪费的现象，从而产生政府补贴对民营控股企业技术创新补贴效率更高的局面（安同良等，2009[28]；汤吉军，2012[173]）。但也有学者认为国有控股企业与民营控股企业之间政府补贴对技术创新的补贴效率并不存在显著差异性。据此我们提出以下矛盾假设：

H1a：政府补贴对国有控股企业与民营控股企业技术创新均有正向影响。

H1b：相对于国有控股企业，政府补贴对民营控股企业技术创新的正向影响更加显著。

H1c：相对于民营控股企业，政府补贴对国有控股企业技术创新的正向影响更加显著。

H1d：相较于实质性技术创新，政府补贴对国有控股和民营控股企业的非实质性技术创新的正向影响效应更大。

H1e：相较于非实质性技术创新，政府补贴对国有控股和民营控股企业的实质性技术创新的正向效应更大。

6.1.2 高管激励与企业技术创新——政府补贴调节效应

我们在前文中就高管薪酬激励与股权激励对企业技术创新的直接

影响进行了实证研究，发现高管薪酬激励与股权激励均对企业技术创新存在显著的正向影响。表明高管薪酬激励与股权激励可以调动高管投资于技术创新项目的积极性，从而促进企业技术创新绩效的提高。而政府补贴是来自企业外部的宏观调控，政府补贴不仅可以降低企业技术研发的成本，直接降低高管技术创新的风险，还可以调动市场对技术创新的投资积极性，从而能够吸引更多的投资者。市场对技术创新项目的看好会进一步影响到企业高管对技术创新的偏好，进而调动高管对技术创新的投资积极性，最终促进企业技术创新绩效的提高。由此我们认为在高管内部激励的积极影响下，政府补贴可以进一步促进高管激励对企业技术创新产生显著的正向影响。又因为根据前文实证检验结果，我们发现高管薪酬激励对企业技术创新的促进作用高于高管股权激励的影响效用。因此我们认为在政府补贴影响下，对高管薪酬激励与企业技术创新关系的促进作用会更加明显。据此我们提出以下假设：

H2a：相较于高管股权激励，政府补贴对高管薪酬激励与企业技术创新之间的关系存在更加显著的正向调节效应。

在企业技术创新效率方面，根据前文实证研究结果，我们发现在不考虑外部影响因素时，高管薪酬激励对企业较高水平的实质性技术创新的正向影响更加显著，因此当企业外部存在政府补贴等有利于促进企业技术创新的宏观环境时，高管薪酬激励则更加有利于企业较高水平的技术创新投入与绩效产出。据此我们提出以下假设：

H2b：相较于非实质性技术创新，政府补贴对高管薪酬激励与企业实质性技术创新之间的关系存在更加显著的正向调节效应。

6.1.3　股权性质、高管激励与企业技术创新——政府补贴调节效应

政府政策性补贴对高管技术创新决策乃至企业战略决策都有着重要的影响，政府补贴一方面可以通过直接降低企业研发成本降低高管技术创新风险，另一方面可以通过向市场传递企业创新的利好信号为高管创新提供良好的宏观政策环境。因此，在企业内部存在较完善的高管激励机制情况

下，企业外部良好的政策环境可以进一步促进高管激励机制对企业创新产生激励效应。根据前文分析，高管薪酬激励对国有控股企业与民营控股企业技术创新均有较显著的激励效应，那么在政府补贴宏观调控下，我们认为会进一步促进薪酬激励对国有控股企业与民营控股企业技术创新的正向效应，但是关于政府补贴与高管薪酬激励对哪种股权性质企业技术创新具有更高的正向交互影响效应，还需要通过实证研究来进行讨论。据此我们提出以下矛盾假设：

H3a：相对于民营控股企业，政府补贴对高管薪酬激励与国有控股企业技术创新之间的关系有着更显著的正向调节效应。

H3b：相对于国有控股企业，政府补贴对高管薪酬激励与民营控股企业技术创新之间的关系有着更显著的正向调节效应。

在创新效率方面，根据前文分析，高管薪酬激励对企业较高水平的实质性技术创新有更加显著的促进作用。那么在政府补贴利好信号影响下，会进一步促进高管薪酬激励对企业较高水平技术创新的正向影响效应。由此我们提出以下假设：

H4a：相对于非实质性技术创新，政府补贴对高管薪酬激励与国有控股企业实质性技术创新之间的关系有着更显著的正向调节效应。

H4b：相对于非实质性技术创新，政府补贴对高管薪酬激励与民营控股企业实质性技术创新之间的关系有着更显著的正向调节效应。

而在股权激励影响效应方面，根据前文实证研究结论，高管股权激励对企业技术创新的影响效应弱于高管薪酬激励。由于我国上市企业股权激励具有较长的禁售期，因此对高管而言较难及时套现，且上市企业股价受多方因素影响，因此股权的价值具有很大的不确定性，很难与高管的现时绩效直接挂钩。所以我们认为，在政府补贴影响效应下，高管股权激励在很大概率上无法对企业技术创新产生显著的正向影响。相较而言，政府补贴与高管薪酬激励会对企业技术创新产生更显著的正向交互影响。因此我们提出以下假设：

H5：相对于高管股权激励，政府补贴对高管薪酬激励与国有控股企业和民营控股企业技术创新之间的关系有着更显著的正向调节效应。

6.2　样本、变量与模型

6.2.1　样本选择

本章研究样本依然为我国沪深两市战略性新兴产业上市企业 2010—2015 年的面板数据，样本处理方法同前文所述，最终得到 1 117 家企业的有效样本观测值。主要原始数据来源于 CSMAR 数据库，且采用 Matlab 和 Stata 12.0 对原始数据进行处理和模型回归。

6.2.2　变量设置

本章被解释变量、主要解释变量以及控制变量的设置与定义如表 6-1 所示。其中，被解释变量仍然选用企业技术创新（*Patent*）、实质性技术创新（*InvPat*）和非实质性技术创新（*UnPat*）。主要解释变量为股权性质（*Nsoe*）、高管薪酬激励（*SE*）、高管股权激励（*HE*）与政府补贴（*GovS*）。具体指标选择与解释说明如下所示。

表 6-1　主要变量说明

变　　量	定　　义
企业技术创新（*Patent*）	当年专利申请总数
实质性技术创新（*InvPat*）	当年发明专利申请总数
非实质性技术创新（*UnPat*）	当年非发明专利申请总数
股权性质（*Nsoe*）	虚拟变量，国有控股企业取“0”，民营控股企业取“1”
高管薪酬激励（*SE*）	董事、监事及高管前三名薪酬总额
高管股权激励（*HE*）	企业董事、监事及高管持股数量/总股数
政府补贴（*GovS*）	政府补贴收入/总资产
企业规模（*Size*）	年末总资产的自然对数

续 表

变　　量	定　　义
企业年龄（*Age*）	成立年数的自然对数
企业成长性（*Growth*）	营业收入增长率
负债比率（*Dts*）	年末总负债/年末总资产×100%
现金流量（*Cash*）	经营活动产生现金净流量/总资产
总经理兼任董事情况（*Ceodir*）	虚拟变量，总经理兼任董事取“1”，否则取“0”
股权集中度（*Sh*1）	企业第一大股东持股比例

1. 被解释变量

本章以企业专利申请数衡量企业整体创新绩效，以发明专利申请数衡量企业实质性创新绩效，以非发明专利申请数衡量企业非实质性创新水平和绩效。详细说明见前文所述，在此不再赘述。

2. 主要解释变量

对于企业股权性质，我们依然按照前文的划分标准进行测量，即如果企业属于国有控股企业，那么股权性质取值为“0”，如果企业属于民营控股企业，那么股权性质取值为“1”。高管激励仍然基于高管薪酬激励（*SE*）与股权激励（*HE*）两种激励制度视角来反映和测量。其中，高管薪酬激励用企业董事、监事及高管前三名薪酬总额①来测量，高管股权激励用企业董事、监事及高管持股数量与企业总股数比值衡量。对于政府补贴的测量，借鉴马红和王元月（2015）[174]、黎文靖和郑曼妮（2016）[96]的研究成果，本书用企业财务报表附注中获取的政府补贴值与总资产的比值来测量。政府补贴是政府鼓励企业技术创新的一种重要政策工具，同时也可以直观地反映政府政策对企业创新活动的支持力度。政府对企业的创新补贴越多，表明政府对企业技术创新的政策支持力度和影响程度越大。

① 参考相关研究，对其取对数处理。

3. 控制变量

同前文对控制变量的设置，这里仍选用企业规模（*Size*）、企业年龄（*Age*）、企业成长性（*Growth*）、负债比率（*Dts*）、现金流量（*Cash*）、总经理兼任董事情况（*Ceodir*）和第一大股东持股比例（*Sh*1）作为控制变量。其中，企业规模和年龄主要反映企业资产规模、所处生命周期等基本特征。企业成长性、负债比率和现金流量主要反映企业资金储备等财务经营状况。总经理兼任董事情况和第一大股东持股比例主要反映企业高管的权力及股权集中度情况。

6.2.3　基本模型

基于以上理论分析与研究假设，首先构建股权性质、政府补贴与企业技术创新、企业实质性技术创新和非实质性技术创新的回归模型以检验假设 H1a~假设 H1e。其次构建高管激励、政府补贴与企业技术创新、企业实质性技术创新和非实质性技术创新的回归模型以检验假设 H2a 与假设 H2b。最后综合考虑股权性质与高管激励影响，构建政府补贴影响下的股权性质、高管激励与企业技术创新、企业实质性技术创新和非实质性技术创新的回归模型以检验假设 H3a~假设 H5。具体模型构建如下所示。

1. 股权性质、政府补贴与企业技术创新关系回归模型

为检验政府补贴对不同股权性质的企业技术创新水平和绩效的影响差异性，将全样本基于股权性质划分为国有控股企业样本与民营控股企业样本，并构建政府补贴与企业技术创新关系模型进行分组回归。

首先，为验证假设 H1a、假设 H1b 与假设 H1c，以企业整体技术创新绩效为被解释变量构建政府补贴与企业技术创新总产出的多元回归模型，具体模型如下所示：

$$\ln Patent_{it} = \alpha_0 + \alpha_1 \times GovS_{it} + \alpha_2 \times Size_{it} + \alpha_3 \times Age_{it} + \alpha_4 \times Growth_{it} + \alpha_5 \times Dts_{it} + \alpha_6 \times Cash_{it} + \alpha_7 \times Ceodir_{it} + \alpha_8 \times Sh1_{it} + \alpha_i + \alpha_j + \varepsilon_{it} \tag{6-1}$$

其中，$\ln Patent_{it}$ 表示第 i 个企业第 t 年的专利申请总数加 1 取自然对数；$GovS_{it}$ 表示第 i 个企业第 t 年所获取的政府补贴与总资产的比值；α_0 表

示截距项；$\alpha_1 \sim \alpha_8$ 表示待估系数；α_i 与 α_j 分别表示行业固定效应与年度固定效应；ε_{it} 表示随机误差项。其余变量含义参见前文与表 6-1。

其次，为验证假设 H1d 与假设 H1e，即进一步检验不同股权性质下政府补贴对企业技术创新水平和效率的差异性，将上述模型中被解释变量 $\ln Patent_{it}$ 分别替换成 $\ln InvPat_{it}$ 和 $\ln UnPat_{it}$。据此得到以下模型：

$$\ln InvPat_{it} = \alpha_0 + \alpha_1 \times GovS_{it} + \alpha_2 \times Size_{it} + \alpha_3 \times Age_{it} + \alpha_4 \times Growth_{it} + \alpha_5 \times Dts_{it} + \alpha_6 \times Cash_{it} + \alpha_7 \times Ceodir_{it} + \alpha_8 \times Sh1_{it} + \alpha_i + \alpha_j + \varepsilon_{it} \tag{6-2}$$

$$\ln UnPat_{it} = \alpha_0 + \alpha_1 \times GovS_{it} + \alpha_2 \times Size_{it} + \alpha_3 \times Age_{it} + \alpha_4 \times Growth_{it} + \alpha_5 \times Dts_{it} + \alpha_6 \times Cash_{it} + \alpha_7 \times Ceodir_{it} + \alpha_8 \times Sh1_{it} + \alpha_i + \alpha_j + \varepsilon_{it} \tag{6-3}$$

其中，$\ln InvPat_{it}$ 表示第 i 个企业第 t 年的发明专利申请总数加 1 取自然对数；$\ln UnPat_{it}$ 表示第 i 个企业第 t 年的非发明专利申请总数加 1 取自然对数。其他参数及变量含义参见前文和表 6-1。

2. 高管激励、政府补贴与企业技术创新关系回归模型

为检验政府补贴与不同高管激励机制对企业整体技术创新绩效及技术创新效率的影响，分别基于高管薪酬激励与股权激励两种激励机制，检验高管激励、政府补贴对企业技术创新整体绩效、企业实质性技术创新与非实质性技术创新绩效的影响效应。

首先，分别构建高管薪酬激励和股权激励、政府补贴与企业技术创新的关系回归模型，以检验假设 H2a。利用前文模型构建的方法，在模型中加入高管薪酬激励和股权激励与政府补贴交互项，并对模型进行标准化处理，以分析政府补贴与高管激励对企业技术创新的交互影响效应。具体模型如下所示：

$$\ln Patent_{it} = \alpha_0 + \alpha_1 \times \ln SE_{it} + \alpha_2 \times GovS_{it} + \alpha_3 \times (\ln SE_{it} - \overline{\ln SE_{it}}) \times (GovS_{it} - \overline{GovS_{it}}) + \alpha_4 \times Size_{it} + \alpha_5 \times Age_{it} + \alpha_6 \times Growth_{it} + \alpha_7 \times Dts_{it} + \alpha_8 \times Cash_{it} + \alpha_9 \times Ceodir_{it} + \alpha_{10} \times Sh1_{it} + \alpha_i + \alpha_j + \varepsilon_{it} \tag{6-4}$$

$$
\begin{aligned}
\ln Patent_{it} = {} & \alpha_0 + \alpha_1 \times HE_{it} + \alpha_2 \times GovS_{it} \\
& + \alpha_3 \times (HE_{it} - \overline{HE_{it}}) \times (GovS_{it} - \overline{GovS_{it}}) \\
& + \alpha_4 \times Size_{it} + \alpha_5 \times Age_{it} + \alpha_6 \times Growth_{it} + \alpha_7 \times Dts_{it} + \alpha_8 \times Cash_{it} \\
& + \alpha_9 \times Ceodir_{it} + \alpha_{10} \times Sh1_{it} + \alpha_i + \alpha_j + \varepsilon_{it}
\end{aligned} \tag{6-5}
$$

其中，$\ln SE_{it}$ 表示第 i 个企业第 t 年的董事、监事及高管前三名薪酬总额取自然对数；HE_{it} 表示第 i 个企业第 t 年董事、监事及高管持股数量与总股数的比值。其余参数与变量含义参见前文与表 6-1。

其次，为验证假设 H2b，即进一步检验高管薪酬激励、股权激励与政府补贴交互项对企业技术创新水平和效率的影响效应，将上述两个模型中被解释变量 $\ln Patent_{it}$ 分别替换成 $\ln InvPat_{it}$ 和 $\ln UnPat_{it}$。据此得到以下模型：

$$
\begin{aligned}
\ln InvPat_{it} = {} & \alpha_0 + \alpha_1 \times \ln SE_{it} + \alpha_2 \times GovS_{it} \\
& + \alpha_3 \times (\ln SE_{it} - \overline{\ln SE_{it}}) \times (GovS_{it} - \overline{GovS_{it}}) \\
& + \alpha_4 \times Size_{it} + \alpha_5 \times Age_{it} + \alpha_6 \times Growth_{it} + \alpha_7 \times Dts_{it} + \alpha_8 \times Cash_{it} \\
& + \alpha_9 \times Ceodir_{it} + \alpha_{10} \times Sh1_{it} + \alpha_i + \alpha_j + \varepsilon_{it}
\end{aligned} \tag{6-6}
$$

$$
\begin{aligned}
\ln UnPat_{it} = {} & \alpha_0 + \alpha_1 \times \ln SE_{it} + \alpha_2 \times GovS_{it} \\
& + \alpha_3 \times (\ln SE_{it} - \overline{\ln SE_{it}}) \times (GovS_{it} - \overline{GovS_{it}}) \\
& + \alpha_4 \times Size_{it} + \alpha_5 \times Age_{it} + \alpha_6 \times Growth_{it} + \alpha_7 \times Dts_{it} + \alpha_8 \times Cash_{it} \\
& + \alpha_9 \times Ceodir_{it} + \alpha_{10} \times Sh1_{it} + \alpha_i + \alpha_j + \varepsilon_{it}
\end{aligned} \tag{6-7}
$$

$$
\begin{aligned}
\ln InvPat_{it} = {} & \alpha_0 + \alpha_1 \times HE_{it} + \alpha_2 \times GovS_{it} \\
& + \alpha_3 \times (HE_{it} - \overline{HE_{it}}) \times (GovS_{it} - \overline{GovS_{it}}) \\
& + \alpha_4 \times Size_{it} + \alpha_5 \times Age_{it} + \alpha_6 \times Growth_{it} + \alpha_7 \times Dts_{it} + \alpha_8 \times Cash_{it} \\
& + \alpha_9 \times Ceodir_{it} + \alpha_{10} \times Sh1_{it} + \alpha_i + \alpha_j + \varepsilon_{it}
\end{aligned} \tag{6-8}
$$

$$
\begin{aligned}
\ln UnPat_{it} = {} & \alpha_0 + \alpha_1 \times HE_{it} + \alpha_2 \times GovS_{it} \\
& + \alpha_3 \times (HE_{it} - \overline{HE_{it}}) \times (GovS_{it} - \overline{GovS_{it}}) \\
& + \alpha_4 \times Size_{it} + \alpha_5 \times Age_{it} + \alpha_6 \times Growth_{it} + \alpha_7 \times Dts_{it} + \alpha_8 \times Cash_{it} \\
& + \alpha_9 \times Ceodir_{it} + \alpha_{10} \times Sh1_{it} + \alpha_i + \alpha_j + \varepsilon_{it}
\end{aligned} \tag{6-9}
$$

其中，$\ln InvPat_{it}$ 表示第 i 个企业第 t 年的发明专利申请总数加 1 取自然对数；$\ln UnPat_{it}$ 表示第 i 个企业第 t 年的非发明专利申请总数加1取自然对数。其他参数及变量含义参见前文和表6-1。

3. 政府补贴影响下的股权性质、高管激励与企业技术创新关系回归模型

在检验政府补贴影响下的股权性质、高管激励与企业技术创新的关系时，我们基于股权性质（$Nsoe$）将全样本分为国有控股企业样本与民营控股企业样本，并沿用模型（6-4）~模型（6-9）进行分组回归。根据回归结果中关键变量的显著性水平、绝对值以及SUR检验来进行相关分析，以检验假设H3a~假设H5。具体检验规则如下所示：

假设H3a与假设H3b主要是为了检验不同股权性质下高管薪酬激励与政府补贴交互项对企业整体技术创新绩效的影响效应。在此沿用模型（6-4）。假设国有控股企业样本数据对模型（6-4）进行回归后的系数 α_3 为 $G(\alpha_3)$，民营企业样本数据对模型（6-4）进行回归后的系数 α_3 为 $P(\alpha_3)$，且两个系数均大于0。如果系数 $G(\alpha_3)$ 的显著性水平大于系数 $P(\alpha_3)$ 的显著性水平，或在显著性水平相同的情况下 $G(\alpha_3)$ 的绝对值大于 $P(\alpha_3)$ 的绝对值①，且两个系数根据SUR检验显示具有显著差异性，则表明相较于民营控股企业，高管薪酬激励与政府补贴交互项对国有控股企业技术创新有更加显著的正向影响。即假设H3a得到验证，反之假设H3b通过检验。

假设H3c与假设H3d是进一步检验高管薪酬激励与政府补贴交互项对国有控股企业与民营控股企业技术创新效率的影响效应。假设国有控股企业样本数据对模型（6-6）与模型（6-7）进行回归后的系数 α_3 分别为 $G_I(\alpha_3)$ 与 $G_{UI}(\alpha_3)$，且两个回归系数均大于0。如果系数 $G_I(\alpha_1)$ 的显著性水平高于系数 $G_{UI}(\alpha_1)$ 的显著性水平，或在显著性水平相同的情况下 $G_I(\alpha_1)$ 的绝对值大于 $G_{UI}(\alpha_1)$ 的绝对值，且两个系数通过SUR检验后具有显著差异性，则表明相较于非实质性技术创新，高管薪酬激励与政府补贴交互项对国有控股企业实质性技术创新有着更加显著的正向影响。此时假设H3c得到验证。同理，假设民营控股企业样本数据对模型（6-6）与模型（6-7）进行回归后的系数 α_3 分别为 $P_I(\alpha_3)$ 与 $P_{UI}(\alpha_3)$，且两个

① 对于两个模型系数差异性检验采用SUR检验来判定，下同。

回归系数均大于0。如果系数 $P_I(\alpha_1)$ 的显著性水平高于系数 $P_{UI}(\alpha_1)$ 的显著性水平，或在显著性水平相同的情况下 $P_I(\alpha_1)$ 的绝对值大于 $P_{UI}(\alpha_1)$ 的绝对值，且两个系数通过 SUR 检验后具有显著差异性，则表明相较于非实质性技术创新，高管薪酬激励与政府补贴交互项对民营控股企业实质性技术创新有着更加显著的正向影响。此时假设 H3d 通过检验。

假设 H5 主要是为了检验在政府补贴影响效应下，高管薪酬激励与股权激励对企业整体技术创新绩效影响的差异性。在此沿用模型（6-4）与模型（6-5）。假设国有控股企业与民营控股企业样本数据对模型(6-4)进行回归后的系数 α_3 分别为 $G_S(\alpha_3)$ 与 $P_S(\alpha_3)$，对模型（6-5）进行回归后的系数 α_3 分别为 $G_H(\alpha_3)$ 与 $P_H(\alpha_3)$。假设四个系数均大于0，如果系数 $G_S(\alpha_3)$ 与 $P_S(\alpha_3)$ 的显著性水平均大于 $G_H(\alpha_3)$ 与 $P_H(\alpha_3)$ 的显著性水平，或在显著性水平相同的情况下系数 $G_S(\alpha_3)$ 与 $P_S(\alpha_3)$ 的绝对值大于 $G_H(\alpha_3)$ 与 $P_H(\alpha_3)$ 的绝对值，且经过 SUR 检验系数具有显著差异性，那么此时假设 H5 通过检验。

6.3 实证结果分析

6.3.1 描述性统计与 Pearson 相关系数

表6-2给出了主要变量的描述性统计的相关结果。据表6-2所示，我国战略性新兴产业上市企业政府补贴与总资产比值的均值为0.01，标准差为0.01，中位数为0。表明虽然政府有出台扶持我国战略性新兴产业发展的政策，但是对战略性新兴产业上市企业而言，它们所获取的政府补贴普遍较少。关于被解释变量（企业专利申请数）、主要解释变量（高管薪酬激励与高管股权激励）和控制变量的描述性统计分析已在前文中给出，在此不再赘述。

表6-2　描述性统计结果

变量名称	*N*	平均值	标准差	最小值	中位数	最大值
Patent	3 126	37.71	49.15	0.00	18.00	249.00
GovS	3 126	0.01	0.01	0.00	0.00	0.05

续 表

变量名称	N	平均值	标准差	最小值	中位数	最大值
Size	3 126	21.70	1.06	19.43	21.59	26.97
Age	3 126	2.52	0.46	0.69	2.56	3.56
Growth	3 126	0.37	0.65	-3.25	0.19	4.67
Dts	3 126	0.37	0.20	0.01	0.36	0.99
Cash	3 126	0.04	0.07	-0.35	0.03	0.45
Ceodir	3 126	0.33	0.47	0.00	0.00	1.00
*Sh*1	3 126	0.33	0.14	0.04	0.31	0.81

表6-3给出了股权性质、高管激励、政府补贴与企业技术创新以及控制变量的Pearson相关系数。根据表6-3的Pearson相关系数结果，政府补贴对专利总产出的回归系数为显著的正值，但是相关系数绝对值较小，因此政府补贴对企业技术创新的影响效应需要进一步的检验。其他主要解释变量，包括股权性质、高管薪酬激励与股权激励，以及控制变量对企业技术创新的Pearson相关系数结果与前文大致相同，在此不再赘述。此外，各个变量间Pearson相关系数绝对值均低于0.6，由此可以初步判断各变量之间不存在多重共线性。

6.3.2 股权性质、政府补贴与企业技术创新回归结果

股权性质、政府补贴与企业技术创新的关系模型（6-1）、模型（6-2）与模型（6-3）的回归结果如表6-4与表6-5所示。表6-4为政府补贴与国有控股企业技术创新关系模型回归结果。根据模型（6-1）的回归结果，可以看出政府补贴对企业技术创新总产出的回归系数为26.630 5，且在1%的水平上显著，表明政府补贴对国有控股企业技术创新存在较显著的正向影响效应。进一步看企业技术创新效率回归结果，根据模型(6-2)与模型(6-3)的回归结果，可以看出政府补贴对国有控股企业实质性技术创新的回归系数为30.614 9，在1%的水平上显著。政府补贴对国有控股企业非

表6-3　主要变量的 Pearson 相关系数

变量名称	*Patent*	*Nsoe*	ln*SE*	*HE*	*GovS*	*Size*	*Age*	*Growth*	*Dts*	*Cash*	*Ceodir*	*Sh*1
Patent	1											
Nsoe	0.07^{***}	1										
ln*SE*	0.22^{***}	-0.04^{**}	1									
HE	-0.07^{***}	-0.52^{***}	-0.08^{***}	1								
GovS	0.07^{***}	0.07^{***}	0.08^{***}	0.05^{***}	1							
Size	0.38^{***}	-0.38^{***}	0.29^{***}	-0.40^{***}	-0.15^{***}	1						
Age	0.04^{**}	-0.24^{***}	0.03^{*}	-0.30^{***}	-0.07^{***}	0.20^{***}	1					
Growth	0.00	-0.01	0.02	0.02	0.06^{***}	-0.03^{*}	0.02	1				
Dts	0.18^{***}	-0.39^{***}	0.02	-0.44^{***}	-0.15^{***}	0.54^{***}	0.30^{***}	0.00	1			
Cash	0.03^{*}	0.01	0.16^{***}	-0.04^{**}	0.10^{***}	0.05^{***}	0.03^{*}	-0.10^{***}	-0.10^{***}	1		
Ceodir	-0.01	0.36^{***}	-0.07^{***}	0.42^{***}	0.03^{**}	-0.22^{***}	-0.11^{***}	-0.03^{**}	-0.18^{***}	-0.02	1	
*Sh*1	0.05^{***}	-0.15^{***}	0.01	-0.05^{***}	-0.08^{***}	0.20^{***}	-0.06^{***}	-0.03^{**}	0.12^{***}	-0.02^{*}	0.01	1

注：*、**、***分别表示回归结果在10%、5%和1%的水平上显著。

表 6-4 政府补贴与国有控股企业技术创新关系模型回归结果

模 型	(6-1)	(6-2)	(6-3)
变 量	ln*Patent*	ln*InvPat*	ln*UnPat*
GovS	26.630 5*** (4.98)	30.614 9*** (5.81)	10.755 2** (2.13)
Size	0.513 5*** (12.64)	0.519 4*** (12.98)	0.451 1*** (11.75)
Age	-0.280 8** (-2.41)	-0.261 7** (-2.28)	-0.173 9 (-1.58)
Growth	0.177 4*** (3.04)	0.226 2*** (3.93)	0.115 6** (2.10)
Dts	-0.933 1*** (-4.10)	-1.081 9*** (-4.83)	-0.673 9*** (-3.13)
Cash	0.760 8 (1.21)	0.708 9 (1.15)	0.276 7 (0.47)
Ceodir	0.039 6 (0.27)	0.161 (1.13)	-0.041 7 (-0.31)
*Sh*1	-1.582*** (-5.13)	-1.270*** (-4.18)	-1.299 1*** (-4.46)
Constant	-8.996 0*** (-8.99)	-9.917 5*** (-10.07)	-8.157 8*** (-8.63)
Industry	control	control	control
Year	control	control	control
N	1 030	1 030	1 030
$\bar{R}^2$	0.304 5	0.258 4	0.332 9
F	24.71	19.87	28.02

注：*、**、*** 分别表示回归结果在 10%、5%和 1%的水平上显著。

实质性技术创新的回归系数为 10.755 2，且在 5%的水平上显著。由此可见，政府补贴对国有控股企业较高水平的技术创新有着更加显著的促进作用，表明在国有控股企业中，政府补贴对企业技术创新的补贴效率较高。

表 6－5 为政府补贴与民营控股企业技术创新关系模型回归结果。根据模型（6－1）的回归结果，可以看出政府补贴对民营控股企业技术创新总产出的回归系数为 23. 813 1，且在 1%的水平上显著，表明政府补贴对民营控股企业技术创新存在较显著的正向影响效应。此外，通过 SUR 检验比较政府补贴对国有控股企业技术创新总产出的回归系数与政府补贴对民营控股企业技术创新总产出的回归系数，发现两者并不存在显著差异性。由此可以看出政府补贴对国有控股和民营控股企业的补贴效率并不存在较大差别，政府补贴对两种股权性质的企业技术创新均存在较显著的促进作用。据此假设 H1a 通过检验，而假设 H1b 与 H1c 均没有得到验证。进一步看企业技术创新效率回归结果，根据模型（6－2）与模型（6－3）的回归结果，可以看出政府补贴对民营控股企业实质性技术创新的回归系数为 31. 121 6，在 1%的水平上显著。政府补贴对民营控股企业非实质性技术创新的回归系数为 11. 586 6，也在 1%的水平上显著。同时根据 SUR 检验，以上两个回归系数具有显著差异性，表明政府补贴对民营控股企业较高水平的技术创新有着更加显著的促进作用。由此可见，无论是国有控股企业还是民营控股企业，政府补贴均对其较高水平的技术创新有着较显著的正向影响。据此我们接受假设 H1d。

表 6－5　政府补贴与民营控股企业技术创新关系模型回归结果

模　型	(6－1)	(6－2)	(6－3)
变　量	ln*Patent*	ln*InvPat*	ln*UnPat*
GovS	23. 813 1*** (7. 57)	31. 121 6*** (10. 10)	11. 586 6*** (3. 68)
Size	0. 676 8*** (19. 85)	0. 724 2*** (21. 68)	0. 547 1*** (16. 03)
Age	-0. 124 3** (-2. 10)	-0. 092 8* (-2. 60)	-0. 179 0*** (-3. 02)
Growth	0. 004 2*** (3. 10)	0. 002 9** (2. 22)	0. 003 9*** (2. 93)

续 表

模　型	(6-1)	(6-2)	(6-3)
变　量	ln*Patent*	ln*InvPat*	ln*UnPat*
Dts	-0.403 9** (-2.43)	-0.063 8** (-2.39)	-0.925 5*** (-5.56)
Cash	0.616 1 (1.61)	0.538 5 (1.44)	0.281 9 (0.74)
Ceodir	0.141 6*** (2.69)	0.110 6** (2.15)	0.168 6*** (3.20)
*Sh*1	-0.013 9 (0.195)	-0.048 1 (-0.25)	0.111 7 (0.57)
Constant	-11.872 4*** (-0.07)	-13.758 1*** (-18.04)	-9.465 7*** (-12.15)
Industry	control	control	control
Year	control	control	control
N	2 096	2 096	2 096
$\bar{R}^2$	0.358 9	0.296 6	0.410 9
F	65.84	49.86	81.80

注：*、**、*** 分别表示回归结果在 10%、5%和 1%的水平上显著。

6.3.3 高管激励、政府补贴与企业技术创新回归结果

高管激励、政府补贴与企业技术创新关系的回归结果，主要基于高管薪酬激励和高管股权激励两种激励方式下的关系模型得出，回归结果由表 6-6 与表 6-7 给出。

表 6-6 为高管薪酬激励、政府补贴与企业技术创新关系模型回归结果。根据回归结果可以看出，高管薪酬激励和政府补贴对企业技术创新、实质性技术创新与非实质性技术创新的回归系数均在 1%的水平上显著，表明高管薪酬激励与政府补贴的确对企业技术创新有着显著的正向促进作

用，也证明了前文对应回归结果的稳健性。关于高管薪酬激励与政府补贴的交互影响效应，根据模型（6-4）的回归结果，高管薪酬激励与政府补贴的交互项对企业技术创新总产出的回归系数为5.146 6，且在5%的水平上显著。表明政府补贴与高管薪酬激励交互项对企业技术创新有着较为显著的正向影响效应，即政府补贴对高管薪酬激励与企业技术创新间的关系存在显著的正向调节效应。根据模型（6-6）与模型（6-7）的回归结果，高管薪酬激励与政府补贴交互项对企业实质性技术创新产出的回归系数为9.489 6，且在5%的水平上显著，但是高管薪酬激励与政府补贴交互项对企业非实质性技术创新产出的回归系数为不显著的正值。表明相较于非实质性技术创新，高管薪酬激励与政府补贴交互项对企业较高水平的实质性技术创新有着更加显著的正向影响效应。据此假设H2b通过检验。

表6-6　高管薪酬激励、政府补贴与企业技术创新关系模型回归结果

模　型	(6-4)	(6-6)	(6-7)
变　量	ln*Patent*	ln*InvPat*	ln*UnPat*
ln*SE*	0.306 9*** (8.15)	0.337 8*** (9.30)	0.194 9*** (5.23)
GovS	21.513 7*** (7.83)	25.897 3*** (9.77)	10.750 6*** (3.96)
GovS×ln*SE*	5.146 6** (3.31)	9.489 6** (2.50)	1.933 5 (0.50)
Size	0.592 2*** (20.30)	0.620 0*** (22.02)	0.529*** (18.35)
Age	-0.146 1*** (-2.61)	-0.091 4* (-1.69)	-0.176 1*** (-3.18)
Growth	0.000 8 (0.12)	0.008 6 (1.19)	-0.013 3* (-1.80)
Dts	-0.069 1 (-0.46)	-0.327** (-2.27)	-0.314 2** (-2.13)

续 表

模 型	(6-4)	(6-6)	(6-7)
变 量	ln*Patent*	ln*InvPat*	ln*UnPat*
Cash	0.294 0 (0.79)	0.223 0 (0.62)	0.475 9 (1.30)
Ceodir	0.179 0*** (3.28)	0.118 0** (2.23)	0.222 7*** (4.13)
*Sh*1	-0.708 0*** (-3.98)	-0.598 8*** (-3.49)	-0.569 9*** (-3.24)
Constant	-15.293 6*** (-22.45)	-17.094 5*** (-26.00)	-12.700 7*** (-18.85)
Industry	control	control	control
Year	control	control	control
N	2 498	2 498	2 498
$\bar{R}^2$	0.375 2	0.344 7	0.407 0
F	83.16	72.99	94.92

注：*、**、***分别表示回归结果在10%、5%和1%的水平上显著。

表6-7为高管股权激励、政府补贴与企业技术创新关系模型回归结果。根据回归结果可以看出，高管股权激励对企业技术创新、非实质性技术创新的回归系数均在5%的水平上显著为正，政府补贴则对企业技术创新、实质性技术创新与非实质性技术创新的回归系数均在1%的水平上显著为正。回归结果与前文对应回归结果具有一致性。关于高管股权激励与政府补贴的交互影响效应，根据模型（6-5）、模型（6-8）与模型(6-9)的回归结果，高管股权激励与政府补贴交互项对企业技术创新、实质性技术创新与非实质性技术创新的回归系数均不显著，表明政府补贴对高管股权激励与企业技术创新间关系并不存在显著的正向调节效应。因此相较于高管股权激励，政府补贴对高管薪酬激励与企业技术创新间关系存在更加显著的正向调节效应。据此假设H2a通过检验。

表 6－7 高管股权激励、政府补贴与企业技术创新关系模型回归结果

模　型	(6－5)	(6－8)	(6－9)
变　量	ln*Patent*	ln*InvPat*	ln*UnPat*
HE	0. 210 8** (2. 49)	0. 084 3 (1. 03)	0. 212 0** (2. 54)
GovS	23. 321 6*** (8. 40)	29. 008 1*** (10. 76)	10. 988 4*** (4. 00)
GovS×*HE*	－5. 274 2 (－0. 68)	6. 256 7 (0. 83)	－8. 007 (－1. 05)
Size	0. 710 4*** (25. 37)	0. 741 1*** (27. 27)	0. 610 0*** (22. 05)
Age	－0. 112 9* (－1. 95)	－0. 078 1 (－1. 39)	－0. 143 3** (－2. 50)
Growth	－0. 000 1 (－0. 01)	0. 007 4 (1. 02)	－0. 013 8* (－1. 87)
Dts	－0. 112 9 (－0. 73)	－0. 426 1*** (－2. 83)	－0. 318 9** (－2. 08)
Cash	0. 205 9 (0. 55)	0. 296 2 (0. 81)	－0. 119 6 (－0. 32)
Ceodir	0. 119 7** (2. 03)	0. 085 2 (1. 49)	0. 165 8*** (2. 84)
*Sh*1	－0. 752 9*** (－4. 16)	－0. 648 7*** (－3. 69)	－0. 587 7*** (－3. 28)
Constant	－13. 662 9*** (－20. 85)	－15. 023 6*** (－23. 61)	－11. 842 4*** (－18. 29)
Industry	control	control	control
Year	control	control	control
N	2 404	2 404	2 404
$\bar{R}^2$	0. 367 7	0. 330 9	0. 406 9
F	77. 48	66. 03	91. 23

注：*、**、*** 分别表示回归结果在 10%、5%和 1%的水平上显著。

6.3.4 政府补贴调节效应下股权性质、高管激励与企业技术创新回归结果

为检验政府补贴宏观调控影响下股权性质、高管激励与企业技术创新的关系，我们将政府补贴与高管薪酬激励、高管股权激励交互项加入模型中，继续基于股权性质对模型（6－4）~模型（6－9）重新进行分组回归。其中，政府补贴调节效应下的股权性质、高管薪酬激励与企业技术创新回归结果如表 6－8 所示，政府补贴调节效应下的股权性质、高管股权激励与企业技术创新回归结果如表 6－9 所示。

根据表 6－8 回归结果，可以看出在国有控股企业中，高管薪酬激励和政府补贴对企业技术创新、实质性技术创新与非实质性技术创新的单项回归系数均在 1%的水平上显著为正，表明高管薪酬激励和政府补贴对国有控股企业技术创新有着显著的促进作用。这与前文对应回归结论具有一致性。高管薪酬激励与政府补贴交互项对国有控股企业技术创新总产出的回归系数为 1.026 4，且在 5%的水平上显著，表明政府补贴对高管薪酬激励与企业技术创新间的关系具有显著的正向调节效应。高管薪酬激励与政府补贴交互项对企业实质性技术创新的回归系数为 6.952 2，且在 5%的水平上显著，对非实质性技术创新的回归系数为 11.743 0，且在 10%的水平上显著。表明相较于非实质性技术创新，政府补贴对高管薪酬激励与企业较高水平的实质性技术创新间的关系有着更加显著的调节效应。据此假设 H4a 通过检验。

根据民营控股企业样本回归结果，可以看出高管薪酬激励与政府补贴依然对企业技术创新、实质性技术创新与非实质性技术创新有着显著的单项正向影响。但高管薪酬激励与政府补贴交互项的影响效应却与国有控股企业回归结果有差异。根据模型（6－4）在民营控股企业样本中的回归结果，高管薪酬激励与政府补贴交互项对民营控股企业技术创新的回归系数为 6.291 4，但仅在 10%的水平上显著。由此可以看出，相较于民营控股企业，政府补贴对高管薪酬激励与国有控股企业技术创新间的关系产生更加显著的正向调节效应。据此假设 H3a 得到验证。在企业技术创新效率方

面，高管薪酬激励与政府补贴交互项对企业实质性技术创新的回归系数在5%的水平上显著为正，但对企业非实质性技术创新的回归系数却为不显著的正值。表明相较于非实质性技术创新，政府补贴对高管薪酬激励与民营企业实质性技术创新的正向调节效应更加显著。据此假设 H4b 通过检验。

表 6-8　政府补贴调节效应下的股权性质、高管薪酬激励与企业技术创新回归结果

	Soe			Nsoe		
模型	(6-4)	(6-6)	(6-7)	(6-4)	(6-6)	(6-7)
变量	ln*Patent*	ln*InvPat*	ln*UnPat*	ln*Patent*	ln*InvPat*	ln*UnPat*
ln*SE*	0. 392 0*** (6. 39)	0. 376 6*** (6. 35)	0. 280 3*** (4. 75)	0. 199 2*** (4. 14)	0. 289 7*** (6. 21)	0. 084 2* (1. 74)
GovS	21. 190 8*** (4. 76)	22. 452 3*** (5. 21)	13. 666 7*** (3. 18)	23. 037 0*** (6. 54)	29. 478 2*** (8. 63)	11. 307 0*** (3. 19)
ln*SE*× *GovS*	1. 026 4** (3. 16)	6. 952 2** (3. 12)	11. 743 0* (1. 91)	6. 291 4* (2. 25)	10. 733 3** (2. 19)	2. 915 9 (0. 57)
Size	0. 610 7*** (13. 79)	0. 603 2*** (14. 09)	0. 601 6*** (14. 11)	0. 607 7*** (14. 30)	0. 635 7*** (15. 42)	0. 505 3*** (11. 81)
Age	-0. 286 3** (-2. 41)	-0. 294 5** (-2. 56)	-0. 160 5 (-1. 40)	-0. 117 2* (-1. 84)	-0. 073 2* (-1. 98)	-0. 185 4*** (-2. 89)
Growth	0. 030 8 (1. 47)	0. 039 8* (1. 96)	0. 024 5 (1. 21)	-0. 002 6 (-0. 35)	0. 004 1 (0. 56)	-0. 017 7** (-2. 32)
Dts	-0. 874 4*** (-3. 41)	-1. 016 2*** (-4. 09)	-0. 579 4** (-2. 34)	-0. 607 2*** (-3. 27)	-0. 129 5** (-3. 72)	-1. 106 0*** (-5. 91)
Cash	0. 525 9 (0. 79)	0. 380 6 (0. 59)	0. 761 3 (1. 18)	0. 183 8 (0. 42)	0. 135 4 (0. 32)	-0. 056 7 (-0. 13)
Ceodir	0. 161 1 (1. 08)	0. 250 6* (1. 74)	0. 121 9 (0. 85)	0. 136 8** (2. 31)	0. 105 6* (1. 84)	0. 162*** (2. 71)
*Sh*1	-1. 513 8*** (-4. 62)	-1. 250 7*** (-3. 95)	-1. 309*** (-4. 15)	-0. 066 0 (-0. 30)	-0. 074 3 (-0. 35)	0. 075 2 (0. 34)

续 表

	Soe			Nsoe		
模型	(6-4)	(6-6)	(6-7)	(6-4)	(6-6)	(6-7)
变量	ln*Patent*	ln*InvPat*	ln*UnPat*	ln*Patent*	ln*InvPat*	ln*UnPat*
Constant	-16.923 8*** (-15.57)	-17.161 0*** (-16.32)	-15.815 9*** (-15.11)	-13.180 7*** (-13.83)	-15.858 3*** (-17.15)	-9.763 7*** (-10.17)
Industry	control	control	control	control	control	control
Year	control	control	control	control	control	control
N	860	860	860	1 638	1 638	1 638
$\bar{R}^2$	0.422 6	0.392 9	0.440 0	0.363 6	0.313 7	0.410 7
F	38.29	33.98	41.03	50.06	40.24	60.83

注：*、**、*** 分别表示回归结果在 10%、5%和 1%的水平上显著。

根据表 6-9 回归结果，可以看出在国有控股企业样本中，高管股权激励对企业技术创新、实质性技术创新与非实质性技术创新均没有显著的影响效应。但在民营控股企业样本中，高管股权激励对企业技术创新、实质性技术创新和非实质性技术创新均有着显著的正向影响。由此可以看出，高管股权激励对民营控股企业技术创新有着更加显著的正向影响，这也与前文结论具有一致性。政府补贴对企业技术创新的正向影响也具有较好的稳健性，对国有控股企业与民营控股企业技术创新均有着较显著的正向影响。对于高管股权激励与政府补贴交互项，根据回归结果可以看出，在国有控股与民营控股样本中，高管股权激励与政府补贴交互项对企业技术创新、实质性技术创新与非实质性技术创新均没有显著的影响效应。由此可见，政府补贴对高管股权激励与企业技术创新间的关系无法产生显著的正向影响效应。因此相较于高管股权激励，政府补贴对高管薪酬激励与国有控股企业和民营控股企业技术创新间关系有着更加显著的正向调节效应。假设 H5 通过检验。

表6-9　政府补贴调节效应下的股权性质、高管股权激励与企业技术创新回归结果

	Soe			Nsoe		
模型	(6-5)	(6-8)	(6-9)	(6-5)	(6-8)	(6-9)
变量	ln*Patent*	ln*InvPat*	ln*UnPat*	ln*Patent*	ln*InvPat*	ln*UnPat*
HE	-1.007 7 (-0.83)	-0.593 0 (-0.50)	-1.049 9 (-0.90)	0.254 4*** (2.94)	0.187 4** (2.22)	0.201 8** (2.32)
GovS	22.920 9** (2.28)	25.784 3*** (2.80)	23.843 4** (2.90)	24.292 7*** (6.67)	29.845 2*** (8.38)	12.445 6*** (3.40)
HE×*GovS*	-7.961 5 (-0.11)	0.700 8 (0.01)	16.356 1 (0.23)	-3.118 4 (-0.36)	6.780 6 (0.81)	-6.165 3 (-0.72)
Size	0.757 8*** (18.17)	0.747 7*** (18.47)	0.705 7*** (17.52)	0.687 3*** (17.06)	0.744 6*** (18.91)	0.544 3*** (13.44)
Age	-0.241 0* (-1.87)	-0.238 3* (-1.91)	-0.112 5 (-0.90)	-0.103 5 (-1.60)	-0.075 8 (-1.20)	-0.168 7*** (-2.59)
Growth	0.035 0* (1.66)	0.042 2** (2.06)	0.028 7 (1.41)	-0.004 0 (-0.53)	0.002 5 (0.35)	-0.018 6** (-2.44)
Dts	-1.189 6*** (-4.52)	-1.308*** (-5.12)	-0.786 5*** (-3.09)	-0.650 7*** (-3.39)	-0.139 8** (-3.74)	-1.144 1*** (-5.92)
Cash	0.061 0 (0.09)	0.024 2 (0.04)	0.312 3 (0.46)	0.553 0 (1.28)	0.637 1 (1.51)	0.138 5 (0.32)
Ceodir	0.130 9 (0.87)	0.212 2 (1.45)	0.119 5 (0.82)	0.085 6 (1.37)	0.056 8 (0.93)	0.124 2** (1.98)
*Sh*1	-1.718 8*** (-5.02)	-1.451 1*** (-4.37)	-1.415 1*** (-4.28)	-0.152 7 (-0.69)	-0.133 9 (-0.62)	-0.007 9 (-0.04)
Constant	-14.570 5*** (-13.81)	-14.994 9*** (-14.64)	-14.241 3*** (-13.98)	-12.196 6*** (-13.24)	-14.203 7*** (-15.77)	-9.504 1*** (-10.26)
Industry	control	control	control	control	control	control
Year	control	control	control	control	control	control
N	803	803	803	1 601	1 601	1 601
$\bar{R}^2$	0.409 6	0.378 2	0.431 2	0.361 6	0.301 6	0.414 0
F	33.99	29.93	37.04	48.53	37.22	60.26

注：*、**、***分别表示回归结果在10%、5%和1%的水平上显著。

6.4 稳健性检验

为了提高实证结论的可靠性与稳健性，我们基于模型可能存在的多重共线性、逆向因果关系以及样本选择偏误问题进行稳健性检验。本章的稳健性检验主要包括以下几个方面：

首先，对模型的主要解释变量，包括股权性质、高管薪酬激励、高管股权激励、政府补贴以及控制变量进行多重共线性检验。由于本章各变量间 Pearson 相关系数结果均低于 0.6，可以初步判断模型各变量间不存在多重共线性问题。为进一步检验模型是否存在多重共线性问题从而保证模型的稳健性，我们基于各主要变量间的异方差计算结果来进一步检验模型是否存在多重共线性问题。

其次，构建股权性质、高管薪酬激励、高管股权激励、政府补贴与企业技术创新的 PVAR 模型进行回归分析，并进行 Granger 因果检验，以此来检验股权性质、高管薪酬激励和股权激励、政府补贴与企业技术创新之间是否存在由逆向因果关系所引发的内生性问题。由于高管激励机制和政府补贴与企业技术创新均有可能存在逆向关系问题，两者对企业技术创新的影响效应会变得不稳健。而 Granger 因果检验可以对变量之间的因果关系进行检验分析，因此我们可以通过 Granger 因果检验来检验模型是否存在被解释变量对解释变量的逆向因果关系。

最后，为检验模型是否存在样本选择偏误，我们选用 CSMAR 数据库中不包括董事和监事的高管人员前三名薪酬总额[①]以及持股百分比作为高管薪酬激励与股权激励下衡量指标，对模型（6-4）~模型（6-9）基于异质股权性质进行重新回归，从而进一步检验模型回归结果的稳健性。

表 6-10 给出了股权性质、高管薪酬激励、高管股权激励、政府补贴以及各个控制变量的异方差检验结果。根据各个变量 *VIF* 值的计算结果，可以看出主要解释变量的 *VIF* 值均低于 1.71，各控制变量的 *VIF* 值均低于 1.85，各解释变量的平均 *VIF* 值为 1.34，都远远低于异方差检验的临界值 10。由此可以看出回归模型中的各个变量不存在多重共线性。

---

① 对其进行取对数处理。

表 6－10　主要解释变量与控制变量的异方差检验结果

变　量	VIF	1/VIF
Nsoe	1.57	0.637 1
ln*SE*	1.17	0.853 9
HE	1.70	0.586 5
GovS	1.06	0.942 7
Size	1.83	0.546 3
Age	1.19	0.841 9
Growth	1.02	0.976 2
Dts	1.76	0.569 5
Cash	1.08	0.926 3
Ceodir	1.27	0.786 9
*Sh*1	1.10	0.909 9
Mean *VIF*	1.34	

我们在此通过构建 PVAR 模型来对股权性质、高管薪酬激励和股权激励、政府补贴与企业技术创新关系进行回归，并基于 PVAR 模型的 Granger 因果检验对可能存在的由于逆向因果关系所导致的模型内生性问题进行检验。表 6－11 给出了主要解释变量（股权性质、高管薪酬激励、高管股权激励、政府补贴）与被解释变量（企业技术创新），以及上述几个主要解释变量之间的 Granger 因果检验。由检验结果可以看出，*Prob*>*chi2* 列的值均远大于 0.05，表明企业技术创新绩效并非股权性质、高管薪酬激励、高管股权激励与政府补贴的因。由此我们可以判定模型不存在逆向因果关系。此外，我们还可以从 Granger 因果关系结果中看出，股权性质、高管薪酬激励、高管股权激励与政府补贴之间也不存在因果关系，据此进一步证明模型的合理性与稳健性。

表 6-11　主要解释变量与被解释变量的 Granger 因果检验

Panel VAR-Granger causality Wald test
Ho: Excluded variable does not Granger-cause Equation variable
Ha: Excluded variable Granger-causes Equation variable

Equation \ Excluded	*chi2*	*df*	*Prob>chi2*
Nsoe			
Patent	4. 355	1	0. 137
ln*SE*	0. 157	1	0. 692
HE	4. 228	1	0. 140
GovS	0. 500	1	0. 479
All	6. 789	4	0. 147
ln*SE*			
Patent	0. 712	1	0. 399
Nsoe	1. 457	1	0. 227
HE	2. 057	1	0. 151
GovS	1. 526	1	0. 217
All	3. 557	4	0. 469
HE			
Patent	0. 006	1	0. 941
Nsoe	0. 039	1	0. 843
ln*SE*	0. 021	1	0. 883
GovS	0. 012	1	0. 913
All	0. 961	4	0. 916

续　表

Equation \ Excluded	*chi2*	*df*	*Prob>chi2*
GovS			
Patent	0.981	1	0.322
Nsoe	2.098	1	0.147
ln*SE*	2.348	1	0.125
HE	0.003	1	0.954
All	8.577	4	0.073

表 6－12 与表 6－13 给出了以不包括董事和监事的高管人员前三名薪酬总额以及持股百分比作为高管薪酬激励与高管股权激励衡量指标，对模型（6－4）～模型（6－9）进行回归后的结果。相较于高管股权激励，政府补贴对高管薪酬激励与企业技术创新有着更加显著的正向调节效应，且政府补贴与高管薪酬激励交互项对企业较高水平的实质性技术创新有着更加显著的正向影响效应。由此可见，主要结论与前文回归结果具有一致性，表明模型具有较好的稳健性。

表 6－12　政府补贴调节效应下的股权性质、高管薪酬激励与企业技术创新稳健性回归结果

	Soe			Nsoe		
模型	(6－4)	(6－6)	(6－7)	(6－4)	(6－6)	(6－7)
变量	ln*Patent*	ln*InvPat*	ln*UnPat*	ln*Patent*	ln*InvPat*	ln*UnPat*
ln*SE*	0.378 5*** (6.19)	0.373 1*** (6.32)	0.265 7*** (4.51)	0.251 5*** (4.55)	0.378 7*** (7.07)	0.094 4* (1.69)
GovS	21.67*** (4.99)	23.081 4*** (5.50)	13.242 8*** (3.16)	23.402 4*** (6.65)	30.052 8*** (8.82)	11.512 0*** (3.24)

续 表

	Soe			Nsoe		
模型	(6－4)	(6－6)	(6－7)	(6－4)	(6－6)	(6－7)
变量	ln*Patent*	ln*InvPat*	ln*UnPat*	ln*Patent*	ln*InvPat*	ln*UnPat*
ln*SE*× *GovS*	0. 293 5*** (2. 05)	6. 307 6** (3. 12)	10. 643 5* (1. 90)	8. 012 6** (3. 39)	12. 214 9** (2. 19)	4. 509 5 (0. 78)
Size	0. 614 0*** (13. 82)	0. 603 6*** (14. 07)	0. 605 0*** (14. 13)	0. 588 1*** (13. 38)	0. 601 3*** (14. 14)	0. 502 0*** (11. 32)
Age	−0. 286 6** (−2. 40)	−0. 293 4** (−2. 54)	−0. 163 1 (−1. 42)	−0. 110 2* (−1. 73)	−0. 061 7* (−1. 80)	−0. 183 6*** (−2. 86)
Growth	0. 030 4 (1. 45)	0. 039 4* (1. 94)	0. 024 3 (1. 20)	−0. 002 5 (−0. 34)	0. 004 3 (0. 59)	−0. 017 7** (−2. 32)
Dts	−0. 867 6*** (−3. 37)	−1. 004 5*** (−4. 04)	−0. 573 6** (−2. 31)	−0. 639 9*** (−3. 44)	−0. 182 2** (−3. 01)	−1. 116 4*** (−5. 95)
Cash	0. 502 2 (0. 75)	0. 358 5 (0. 55)	0. 739 4 (1. 15)	0. 100 9 (0. 23)	−0. 015 3 (−0. 04)	−0. 065 5 (−0. 15)
Ceodir	0. 143 0 (0. 96)	0. 231 7 (1. 61)	0. 112 6 (0. 78)	0. 109 2* (1. 84)	0. 065 6 (1. 15)	0. 149 7** (2. 51)
*Sh*1	−1. 529 0*** (−4. 66)	−1. 257 4*** (−3. 97)	−1. 330 6*** (−4. 21)	−0. 067 5 (−0. 31)	−0. 077 9 (−0. 37)	0. 076 6 (0. 35)
Constant	−16. 772 6*** (−15. 47)	−17. 094 3*** (−16. 32)	−15. 650 4*** (−14. 98)	−13. 483 8*** (−14. 06)	−16. 353 4*** (−17. 62)	−9. 834 7*** (−10. 17)
Industry	control	control	control	control	control	control
Year	control	control	control	control	control	control
N	860	860	860	1 638	1 638	1 638
$\bar{R}^2$	0. 420 7	0. 392 5	0. 437 7	0. 365 1	0. 319 3	0. 410 7
F	37. 96	33. 88	40. 61	50. 34	41. 25	60. 79

注：*、**、*** 分别表示回归结果在 10%、5%和 1%的水平上显著。

表6-13 政府补贴调节效应下的股权性质、高管股权激励与企业技术创新稳健性回归结果

	Soe			Nsoe		
模型	(6-5)	(6-8)	(6-9)	(6-5)	(6-8)	(6-9)
变量	ln*Patent*	ln*InvPat*	ln*UnPat*	ln*Patent*	ln*InvPat*	ln*UnPat*
HE	-0.399 2 (-0.15)	-1.321 9 (-0.50)	-0.930 8 (-0.36)	0.465 9** (2.53)	0.395 7** (2.20)	0.272 8** (2.47)
GovS	13.388 5*** (0.73)	16.994 9** (0.96)	10.428 5*** (0.59)	24.099 3*** (6.68)	29.993 0*** (8.50)	12.207 6*** (3.37)
HE×*GovS*	-118.4 (-0.66)	-105.6 (-0.61)	-34.11 (-0.20)	-6.204 2 (-0.36)	8.890 5 (0.52)	-10.576 0 (-0.61)
Size	0.771 0*** (18.64)	0.756 9*** (18.87)	0.720 5*** (18.08)	0.684 4*** (17.19)	0.743 7*** (19.10)	0.539 6*** (13.49)
Age	-0.172 6** (-3.37)	-0.187** (-3.53)	-0.060 7* (-2.50)	-0.116 8* (-1.82)	-0.085 3 (-1.36)	-0.182 8*** (-2.83)
Growth	0.033 9** (3.60)	0.041 3** (2.01)	0.027 3* (2.34)	-0.003 6 (-0.48)	0.003 1 (0.42)	-0.018 3** (-2.40)
Dts	-1.164 1*** (-4.42)	-1.268 9*** (-4.96)	-0.778 9*** (-3.07)	-0.637 4*** (-3.36)	-0.131 3 (-0.71)	-1.130 4*** (-5.94)
Cash	0.368 5 (0.53)	0.305 6 (0.45)	0.556 0 (0.83)	0.528 4 (1.23)	0.604 2 (1.43)	0.124 5 (0.29)
Ceodir	0.153 2 (1.02)	0.233 3 (1.60)	0.138 1 (0.96)	0.058 9 (0.88)	0.030 5 (0.46)	0.119 5* (1.78)
*Sh*1	-1.620 4*** (-4.77)	-1.340 6*** (-4.07)	-1.391 0*** (-4.25)	-0.139 4 (-0.63)	-0.130 2 (-0.60)	-0.020 4 (-0.09)
Constant	-15.003 0*** (-14.30)	-15.294 6*** (-15.02)	-14.645 0*** (-14.48)	-12.073 7*** (-13.31)	-14.137 0*** (-15.94)	-9.350 9*** (-10.26)
Industry	control	control	control	control	control	control
Year	control	control	control	control	control	control

续 表

	Soe			Nsoe		
模型	(6-5)	(6-8)	(6-9)	(6-5)	(6-8)	(6-9)
变量	ln*Patent*	ln*InvPat*	ln*UnPat*	ln*Patent*	ln*InvPat*	ln*UnPat*
N	803	803	803	1 601	1 601	1 601
$\bar{R}^2$	0. 410 3	0. 379 3	0. 432 5	0. 360 6	0. 301 5	0. 412 4
F	34. 71	30. 61	37. 93	48. 94	37. 69	60. 66

注：*、**、***分别表示回归结果在10%、5%和1%的水平上显著。

6.5 本章小结

本章以理论模型所得出的推论3为基础，对政府补贴调节效应下的股权性质、高管激励与企业技术创新关系进行理论分析，并基于异质股权性质和异质高管激励双重异质性进行相应扩展讨论后提出实证模型假设，以2010—2015年我国沪深两市战略性新兴产业上市企业为研究样本进行实证分析，最终得到以下结论：

首先，政府补贴对我国战略性新兴产业上市企业技术创新有着显著的正向激励作用，且政府补贴对国有控股与民营控股企业技术创新的正向激励效应差距不大。假设H1a通过检验。根据前文统计分析，国有控股企业与民营控股企业的政府补贴与总资产比值不存在显著差异，表明政府补贴对两种股权性质的补贴程度相差不大，因此政府补贴对两种股权性质企业技术创新的补贴效率也不存在明显差异。在创新效率方面，相较于非实质性创新，政府补贴对国有控股企业和民营控股企业较高水平的实质性技术创新均产生了更加显著的正向影响。假设H1d得到验证。由此可以看出，在不考虑其他影响因素的情况下，政府补贴可以对战略性新兴产业较高水平的技术创新产生积极影响，具有较高的补贴效率。

其次，相较于高管股权激励，政府补贴对高管薪酬激励与战略性新兴产业上市企业技术创新之间的关系产生更加显著的促进作用。据此假设H2a通过检验。由于我国高管股权具有禁售期，流通性较差，不能如薪酬那样即时兑付，因此相对而言，薪酬激励更能够调动高管投资于技术创新的积极性进而提高企业整体创新绩效。在企业外部政府补贴利好环境的影响下，会进一步增强高管薪酬激励对技术创新的正向影响效应。在企业技术创新效率方面，相较于非实质性技术创新，政府补贴对高管薪酬激励与企业实质性技术创新之间的关系产生更加显著的促进作用。假设 H2b 得到验证。由此可以看出，企业内部完善的激励机制与企业外部良好的政策环境，有利于促进企业高水平的技术创新。

最后，相较于民营控股企业，政府补贴的外部刺激更利于对高管薪酬激励与战略性新兴产业国有控股企业技术创新之间的关系产生更显著的正向调节作用。假设 H3a 得到检验。根据前文统计分析，我们发现国有控股企业更多采用薪酬激励的高管激励机制，因此在政府补贴正向影响下，会使高管薪酬激励对国有控股企业技术创新的正向影响更加突出。在技术创新效率方面，相较于非实质性技术创新，政府补贴对高管薪酬激励与国有控股企业和民营控股企业实质性技术创新之间的关系均有着更加显著的促进作用。假设 H4a 与假设 H4b 通过验证。而在高管股权激励方面效果并不理想，政府补贴无法对高管股权激励与企业技术创新之间的关系产生正向促进作用。

第7章 机构持股、高管激励与企业技术创新实证研究——政府补贴调节效应

根据前文理论模型推导，机构投资者主要会对企业经营收益形成外部约束，从而对高管技术创新决策产生负面影响。依据前文实证分析，高管薪酬激励可以削弱机构持股对企业技术创新的负面效应，从而对机构持股与企业技术创新之间的关系产生正向调节效应。在理论模型推导中，政府补贴通过缓解机构投资者对企业预期收益约束来促进机构持股对企业技术创新的正向影响效应。本章在前文研究的基础上实证研究机构持股、高管激励与政府补贴三者对企业技术创新的综合影响。

本章以我国沪深两市2010—2015年战略性新兴产业上市企业为研究样本，通过构建多元回归模型进行实证分析，进一步讨论政府补贴调节效应下机构持股、高管激励与企业技术创新的关系。首先，基于政府补贴调节效应，分析机构持股对企业技术创新的影响效应；其次，考虑机构投资者异质性，分别基于基金持股、券商持股与QFII持股，分析异质机构、政府补贴与企业技术创新的关系；最后，综合考虑高管激励影响，分析政府补贴调节效应下机构持股、高管激励与企业技术创新的关系。此外，对于企业技术创新效率测量方面，我们继续沿用前文的测量方法，将企业技术创新按照创新效率分为实质性技术创新与非实质性技术创新，以发明专利申请数测量企业的实质性技术创新水平，以非发明专利申请数测量企业的非实质性技术创新水平。政府补贴调节效应下的机构持股、高管激励与企业技术创新的关系模型如图7-1所示。

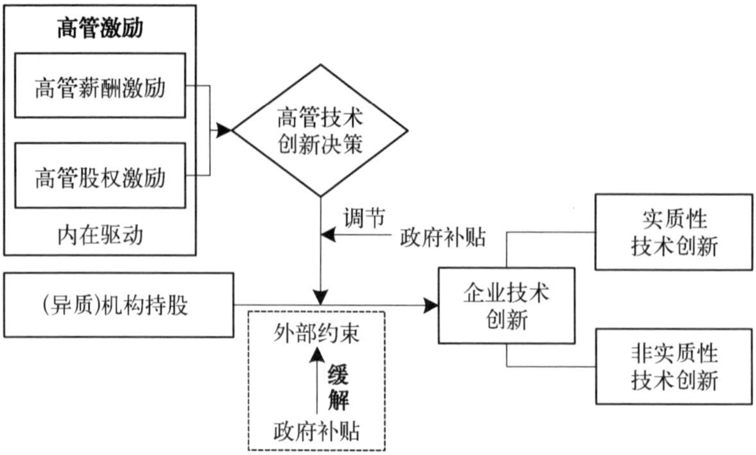

图 7-1　政府补贴调节效应下的机构持股、高管激励与企业技术创新关系模型

7.1　理论分析与研究假设

7.1.1　机构持股与企业技术创新——政府补贴调节效应

关于机构股东对企业创新的影响，西方学者的相关研究较成熟，且较多学者得出机构持股有利于促进企业创新的结论（Jensen，1993[170]；Wahal 和 McConnell，2000[68]；Aghion 等，2013[7]）。但是在我国发展尚未成熟的资本市场及上市企业复杂度较高的股权结构的环境形势下，机构持股对企业创新的影响效应存在很大的不确定性。我国部分学者经过研究指出机构持股对企业 R&D 投入有显著的正向影响（冯根福和温军，2008[47]；范海峰和胡玉明，2012[70]），但也有部分学者持不同意见，认为机构持股对企业研发创新并没有显著影响，甚至某些机构股东对企业创新产生了消极负面的影响（Porter，1992[171]；赵洪江和夏晖，2009[71]）。相较于西方国家的机构股东，我国机构股东在专业背景和经验积累方面均较弱，因此在很多情况下，机构股东交易行为和投资目标仍存在一定的短视性。本书认为在政府补贴的宏观调控下，机构持股对企业技术创新的影响效应会发生显著的变化。

虽然我国机构股东稍逊色于西方专业水平较高的机构股东，但是相较于我国资本市场中的小股东和散户而言，机构股东尚且具备较大的资源和专业优势。并且在我国局势多变的资本市场中，机构股东具备更强的信息搜集能力和敏感性。因此，当政府出台有利于技术创新的政策时，机构投资者往往也会更加重视并敦促企业加大对创新项目的投资。此外，机构投资者在资本市场中的交易往往具备投资规模相对较大，且持有时间相对较长的特征，因此机构投资者也会有动力和意愿去关注技术创新等有利于企业长远可持续发展的投资项目。据此我们认为政府补贴宏观调控的利好信号能够削弱机构投资者的短视性，从而促进机构股东对企业创新产生正向影响。另外，鉴于机构投资者较高的信息搜集能力和专业优势，机构投资者可以更好地识别企业创新水平和效率，从而能够更有效地识别企业的实质性创新和非实质性创新活动。所以我们认为在政府补贴的调节作用下，机构股东会更倾向于投资企业的实质性创新以促进企业高质量的技术升级和可持续发展（Kochhar 和 David，1996）[67]。综上所述，我们提出以下相关假设：

H1a：政府补贴对机构持股与企业技术创新之间的关系产生正向调节作用。

H1b：相对于企业非实质性技术创新，政府补贴对机构持股与企业实质性技术创新的关系起到更显著的正向调节作用。

7.1.2 异质机构与企业技术创新——政府补贴调节效应

同前文分析，本章依然基于基金、券商和 QFII 三类机构投资者，对异质机构、政府补贴与企业技术创新之间的关系进行理论分析并提出相关假设。

1. 基金持股、政府补贴与企业技术创新

根据前文分析与实证研究结果，由于我国基金运营存在定期披露经营绩效等压力，基金持股对企业技术创新等可能会导致企业收益暂时性下跌的项目具有排斥性，甚至会阻碍企业开展研发活动或在企业进行研发活动导致收益下跌时抛售股票。但是当政府宏观调控介入，对企业技术创新进行政策性补贴时，会向市场投资者传递创新型企业的利好信号，引导市场投资者对创新型企业进行投资，从而有利于促进基金对企业技术创新活动的投资和支持。由于高质量的实质性创新需要更多的资本投入和研发成本，对于有排名压力的基金而言，政府补贴的宏观调控可能会使其更倾向于投资成本较低的非实质性创新。基于以上讨论，我们提出以下假设：

H2a：政府补贴对基金持股与企业技术创新的关系起到正向调节作用。

H2b：相较于企业实质性技术创新，政府补贴对基金持股与企业非实质性技术创新的关系起到更显著的正向调节作用。

2. 券商持股、政府补贴与企业技术创新

根据前文分析，相对于基金而言，券商可能会更倾向于支持企业的技术研发活动，更看重企业可持续发展所带来的长期收益而非短线买卖的投机盈利。在政府出台支持企业创新和长远发展的优惠政策性补贴情况下，券商亦会更加重视对企业技术研发活动的投资，尤其是可以为企业带来较大技术升级和竞争力的实质性技术创新活动。因此，本书认为在政府补贴的政策性支持和激励下，券商直接持股会加大对企业技术创新，尤其是实质性技术创新的投资和支持。基于以上讨论，我们提出以下假设：

H3a：政府补贴对券商持股与企业技术创新产出的关系起到正向调节作用。

H3b：相对于企业非实质性技术创新，政府补贴对券商持股与企业实质性技术创新的关系起到更显著的正向调节作用。

3. QFII 持股、政府补贴与企业技术创新

根据前文实证分析，在不考虑高管激励与政府补贴影响因素的情况下，QFII 对企业技术创新有着显著的正向影响，表明 QFII 本身对企业技术创新偏好高于基金和券商机构。因此在政府鼓励企业技术创新的政策性补贴支持下，可以进一步降低企业研发成本，从而促进 QFII 对企业技术创新，尤其是能为企业带来较大技术进步的实质性技术创新的进一步投资和支持。据此提出以下假设：

H4a：政府补贴对 QFII 持股与企业技术创新产出的关系起到正向调节作用。

H4b：相对于企业非实质性技术创新，政府补贴对 QFII 持股与企业实

质性技术创新的关系起到更显著的正向调节作用。

7.1.3　机构持股、高管激励与企业技术创新——政府补贴调节效应

根据前文实证检验结果，在不考虑政府补贴影响的情况下，机构持股与高管薪酬激励对企业技术创新有较显著的正向交互影响，而机构持股与高管股权激励却无法对企业技术创新产生显著的影响效应。据此我们认为相较于高管股权激励，高管薪酬激励能够对机构持股与企业技术创新产生显著的正向影响。而政府补贴宏观调控一方面可以降低机构投资者对企业技术创新预期收益约束条件，促进高管做出企业技术创新的决策，另一方面可以通过为企业技术创新提供外部利好政策环境的途径，进一步调动机构投资者和高管对企业技术创新的投资积极性。所以，通过企业内部高管激励机制和企业外部政府补贴的综合调节效应，可以调动机构投资者对企业技术创新的投资积极性。又因为在前文实证分析中，高管股权激励对机构投资者与企业技术创新的调节效应并不显著，所以我们认为高管薪酬激励具有更高的激励效应。据此提出以下假设：

H5a：相较于高管股权激励，高管薪酬激励与政府补贴对机构持股与企业技术创新的关系存在更加显著的正向调节效应。

在企业技术创新效率方面，根据前文实证结果，高管薪酬激励对企业较高水平的实质性技术创新有着更加显著的激励效应，因此我们认为在政府补贴宏观利好政策环境的影响下，会进一步对企业实质性技术创新产生更加显著的促进作用。据此提出以下假设：

H5b：相较于非实质性技术创新，高管薪酬激励与政府补贴对机构持股与企业实质性技术创新的关系存在更加显著的正向调节效应。

7.2　样本、变量与模型

7.2.1　样本选择

本章仍以我国沪深两市战略性新兴产业上市企业 2010—2015 年的面板数据为研究样本，根据研究需要对样本数据进行筛选后，得到 1 117 家企业的有效样本观测值。样本筛选和数据处理方法同前文。

7.2.2 变量设置

本章被解释变量、主要解释变量和控制变量的设置与定义如表7-1所示。其中，被解释变量仍然选用企业技术创新（*Patent*）、实质性技术创新（*InvPat*）和非实质性技术创新（*UnPat*）。主要解释变量为机构持股（*InsPro*）、高管薪酬激励（*SE*）、高管股权激励（*HE*）与政府补贴（*GovS*）。具体指标选择与解释说明如下所示。

表7-1 主要变量说明

变　　量	定　　义
企业技术创新（*Patent*）	当年专利申请总数
实质性技术创新（*InvPat*）	当年发明专利申请总数
非实质性技术创新（*UnPat*）	当年非发明专利申请总数
机构持股（*InsPro*）	当年机构持股比例
基金持股（*FHPro*）	当年基金持股比例
券商持股（*BHPro*）	当年券商持股比例
合格境外投资者持股（*QFIIPro*）	当年合格境外投资者持股比例
高管薪酬激励（*SE*）	董事、监事及高管前三名薪酬总额
高管股权激励（*HE*）	企业董事、监事及高管持股数量/总股数
政府补贴（*GovS*）	政府补贴收入/总资产
企业规模（*Size*）	年末总资产的自然对数
企业年龄（*Age*）	成立年数的自然对数
企业成长性（*Growth*）	营业收入增长率
负债比率（*Dts*）	年末总负债/年末总资产×100%
现金流量（*Cash*）	经营活动产生现金净流量/总资产
总经理兼任董事情况（*Ceodir*）	虚拟变量，总经理兼任董事取“1”，否则取“0”
股权集中度（*Sh*1）	企业第一大股东持股比例

1. 被解释变量

本章仍采用企业当年专利总申请数衡量企业整体创新绩效，以发明专利申请数衡量企业实质性创新绩效，以非发明专利申请数衡量企业非实质性创新水平和绩效。

2. 主要解释变量

对于机构持股和异质机构，包括基金持股、券商持股与 QFII 持股仍采用对应机构持股比例衡量。高管激励仍基于高管薪酬激励与股权激励两种激励制度视角来反映和测量。其中，高管薪酬激励用企业董事、监事及高管前三名薪酬总额[①]来测量，高管股权激励用企业董事、监事及高管持股数量与企业总股数比值衡量。对于政府补贴的测量，仍采用企业财务报表附注中获取的政府补贴值与总资产的比值来测量。

3. 控制变量

本章仍选用企业规模（*Size*）、企业年龄（*Age*）、企业成长性（*Growth*）、负债比率（*Dts*）、现金流量（*Cash*）、总经理兼任董事情况（*Ceodir*）和第一大股东持股比例（*Sh*1）作为控制变量。

7.2.3　基本模型

基于以上理论分析与研究假设，首先将机构投资者视为整体，构建政府补贴调节效应下的机构持股、高管激励与企业技术创新、实质性技术创新与非实质性技术创新的关系回归模型。其次考虑机构投资者异质性影响，分别基于基金持股、券商持股与 QFII 持股，构建政府补贴调节效应下异质机构、高管激励与企业技术创新关系模型。最后以机构持股比例50%分位数为分界点，基于机构持股比例 50%分位数进行分组回归，分析高管激励、政府补贴对机构持股与企业技术创新关系的综合调节效应。

1. 机构持股、政府补贴与企业技术创新关系回归模型

为检验政府补贴调节效应下机构持股对企业技术创新的影响，首先将机构投资者视为整体，构建包含机构持股与政府补贴交互项的关系回归模型，并将模型进行标准化处理，以分析政府补贴与机构持股对企业技术创

① 参考相关研究，对其取对数处理。

新的交互影响效应，即验证假设 H1a。具体模型如下所示：

$$\begin{aligned}\ln Patent_{it} = &\alpha_0 + \alpha_1 \times InsPro_{it} + \alpha_2 \times GovS_{it} \\ &+ \alpha_3 \times (InsPro_{it} - \overline{InsPro_{it}}) \times (GovS_{it} - \overline{GovS_{it}}) \\ &+ \alpha_4 \times Size_{it} + \alpha_5 \times Age_{it} + \alpha_6 \times Growth_{it} + \alpha_7 \times Dts_{it} + \alpha_8 \times Cash_{it} \\ &+ \alpha_9 \times Ceodir_{it} + \alpha_{10} \times Sh1_{it} + \alpha_i + \alpha_j + \varepsilon_{it}\end{aligned} \tag{7-1}$$

其中，$\ln Patent_{it}$ 表示第 i 个企业第 t 年的专利申请总数加 1 取自然对数；$InsPro_{it}$ 表示第 i 个企业第 t 年的机构持股比例；$GovS_{it}$ 表示第 i 个企业第 t 年所获取的政府补贴与总资产的比值；α_0 表示截距项；$\alpha_1 \sim \alpha_{10}$ 表示待估系数；α_i 与 α_j 分别表示行业固定效应与年度固定效应；ε_{it} 表示随机误差项。其余变量含义参见前文与表 7-1。

为验证假设 H1b，即进一步检验政府补贴调节效应下机构持股对企业技术创新水平和效率的影响效应，将上述模型中被解释变量 $\ln Patent_{it}$ 分别替换成 $\ln InvPat_{it}$ 和 $\ln UnPat_{it}$。据此得到以下模型：

$$\begin{aligned}\ln InvPat_{it} = &\alpha_0 + \alpha_1 \times InsPro_{it} + \alpha_2 \times GovS_{it} \\ &+ \alpha_3 \times (InsPro_{it} - \overline{InsPro_{it}}) \times (GovS_{it} - \overline{GovS_{it}}) \\ &+ \alpha_4 \times Size_{it} + \alpha_5 \times Age_{it} + \alpha_6 \times Growth_{it} + \alpha_7 \times Dts_{it} + \alpha_8 \times Cash_{it} \\ &+ \alpha_9 \times Ceodir_{it} + \alpha_{10} \times Sh1_{it} + \alpha_i + \alpha_j + \varepsilon_{it}\end{aligned} \tag{7-2}$$

$$\begin{aligned}\ln UnPat_{it} = &\alpha_0 + \alpha_1 \times InsPro_{it} + \alpha_2 \times GovS_{it} \\ &+ \alpha_3 \times (InsPro_{it} - \overline{InsPro_{it}}) \times (GovS_{it} - \overline{GovS_{it}}) \\ &+ \alpha_4 \times Size_{it} + \alpha_5 \times Age_{it} + \alpha_6 \times Growth_{it} + \alpha_7 \times Dts_{it} + \alpha_8 \times Cash_{it} \\ &+ \alpha_9 \times Ceodir_{it} + \alpha_{10} \times Sh1_{it} + \alpha_i + \alpha_j + \varepsilon_{it}\end{aligned} \tag{7-3}$$

其中，$\ln InvPat_{it}$ 表示第 i 个企业第 t 年的发明专利申请总数加 1 取自然对数；$\ln UnPat_{it}$ 表示第 i 个企业第 t 年的非发明专利申请总数加 1 取自然对数。其他参数及变量含义参见前文和表 7-1。

2. 异质机构、政府补贴与企业技术创新关系回归模型

为检验在政府补贴宏观调控下，不同机构投资者对企业技术创新绩效的影响情况，我们基于基金持股、券商持股与 QFII 持股情况构建异质机

构、政府补贴与企业技术创新的关系回归模型，以检验假设 H2a ~ 假设 H4b。

首先，为检验假设 H3a 和假设 H3b，构建基金持股、政府补贴与企业技术创新、实质性技术创新与非实质性技术创新的关系回归模型，并进行标准化处理，以分析在政府补贴宏观调控下，基金持股对企业技术创新水平和绩效的影响效应。具体回归模型如下所示：

$$\begin{aligned}\ln Patent_{it} = {} & \alpha_0 + \alpha_1 \times FHPro_{it} + \alpha_2 \times GovS_{it} \\ & + \alpha_3 \times (FHPro_{it} - \overline{FHPro_{it}}) \times (GovS_{it} - \overline{GovS_{it}}) \\ & + \alpha_4 \times Size_{it} + \alpha_5 \times Age_{it} + \alpha_6 \times Growth_{it} + \alpha_7 \times Dts_{it} + \alpha_8 \times Cash_{it} \\ & + \alpha_9 \times Ceodir_{it} + \alpha_{10} \times Sh1_{it} + \alpha_i + \alpha_j + \varepsilon_{it} \end{aligned} \tag{7-4}$$

$$\begin{aligned}\ln InvPat_{it} = {} & \alpha_0 + \alpha_1 \times FHPro_{it} + \alpha_2 \times GovS_{it} \\ & + \alpha_3 \times (FHPro_{it} - \overline{FHPro_{it}}) \times (GovS_{it} - \overline{GovS_{it}}) \\ & + \alpha_4 \times Size_{it} + \alpha_5 \times Age_{it} + \alpha_6 \times Growth_{it} + \alpha_7 \times Dts_{it} + \alpha_8 \times Cash_{it} \\ & + \alpha_9 \times Ceodir_{it} + \alpha_{10} \times Sh1_{it} + \alpha_i + \alpha_j + \varepsilon_{it} \end{aligned} \tag{7-5}$$

$$\begin{aligned}\ln UnPat_{it} = {} & \alpha_0 + \alpha_1 \times FHPro_{it} + \alpha_2 \times GovS_{it} \\ & + \alpha_3 \times (FHPro_{it} - \overline{FHPro_{it}}) \times (GovS_{it} - \overline{GovS_{it}}) \\ & + \alpha_4 \times Size_{it} + \alpha_5 \times Age_{it} + \alpha_6 \times Growth_{it} + \alpha_7 \times Dts_{it} + \alpha_8 \times Cash_{it} \\ & + \alpha_9 \times Ceodir_{it} + \alpha_{10} \times Sh1_{it} + \alpha_i + \alpha_j + \varepsilon_{it} \end{aligned} \tag{7-6}$$

其中，$FHPro_{it}$ 表示第 i 个企业第 t 年的基金持股比例。其余参数和变量含义参见前文和表 7-1。

其次，为检验假设 H4a 和假设 H4b，构建券商持股、政府补贴与企业技术创新、实质性技术创新与非实质性技术创新的关系回归模型，并进行标准化处理，以分析在政府补贴宏观调控下，券商持股对企业技术创新水平和绩效的影响效应。具体回归模型如下所示：

$$\begin{aligned}\ln Patent_{it} = {} & \alpha_0 + \alpha_1 \times BHPro_{it} + \alpha_2 \times GovS_{it} \\ & + \alpha_3 \times (BHPro_{it} - \overline{BHPro_{it}}) \times (GovS_{it} - \overline{GovS_{it}}) \\ & + \alpha_4 \times Size_{it} + \alpha_5 \times Age_{it} + \alpha_6 \times Growth_{it} + \alpha_7 \times Dts_{it} + \alpha_8 \times Cash_{it} \\ & + \alpha_9 \times Ceodir_{it} + \alpha_{10} \times Sh1_{it} + \alpha_i + \alpha_j + \varepsilon_{it} \end{aligned} \tag{7-7}$$

$$\ln InvPat_{it} = \alpha_0 + \alpha_1 \times BHPro_{it} + \alpha_2 \times GovS_{it} + \alpha_3 \times (BHPro_{it} - \overline{BHPro_{it}}) \times (GovS_{it} - \overline{GovS_{it}}) + \alpha_4 \times Size_{it} + \alpha_5 \times Age_{it} + \alpha_6 \times Growth_{it} + \alpha_7 \times Dts_{it} + \alpha_8 \times Cash_{it} + \alpha_9 \times Ceodir_{it} + \alpha_{10} \times Sh1_{it} + \alpha_i + \alpha_j + \varepsilon_{it} \tag{7-8}$$

$$\ln UnPat_{it} = \alpha_0 + \alpha_1 \times BHPro_{it} + \alpha_2 \times GovS_{it} + \alpha_3 \times (BHPro_{it} - \overline{BHPro_{it}}) \times (GovS_{it} - \overline{GovS_{it}}) + \alpha_4 \times Size_{it} + \alpha_5 \times Age_{it} + \alpha_6 \times Growth_{it} + \alpha_7 \times Dts_{it} + \alpha_8 \times Cash_{it} + \alpha_9 \times Ceodir_{it} + \alpha_{10} \times Sh1_{it} + \alpha_i + \alpha_j + \varepsilon_{it} \tag{7-9}$$

其中，$BHPro_{it}$ 表示第 i 个企业第 t 年的基金持股比例。其余参数和变量含义参见前文和表 7-1。

最后，为检验假设 H5a 和假设 H5b，构建 QFII 持股、政府补贴与企业技术创新、实质性技术创新与非实质性技术创新的关系回归模型，并进行标准化处理，以分析在政府补贴宏观调控下，QFII 持股对企业技术创新水平和绩效的影响效应。具体回归模型如下所示：

$$\ln Patent_{it} = \alpha_0 + \alpha_1 \times QFIIPro_{it} + \alpha_2 \times GovS_{it} + \alpha_3 \times (QFIIPro_{it} - \overline{QFIIPro_{it}}) \times (GovS_{it} - \overline{GovS_{it}}) + \alpha_4 \times Size_{it} + \alpha_5 \times Age_{it} + \alpha_6 \times Growth_{it} + \alpha_7 \times Dts_{it} + \alpha_8 \times Cash_{it} + \alpha_9 \times Ceodir_{it} + \alpha_{10} \times Sh1_{it} + \alpha_i + \alpha_j + \varepsilon_{it} \tag{7-10}$$

$$\ln InvPat_{it} = \alpha_0 + \alpha_1 \times QFIIPro_{it} + \alpha_2 \times GovS_{it} + \alpha_3 \times (QFIIPro_{it} - \overline{QFIIPro_{it}}) \times (GovS_{it} - \overline{GovS_{it}}) + \alpha_4 \times Size_{it} + \alpha_5 \times Age_{it} + \alpha_6 \times Growth_{it} + \alpha_7 \times Dts_{it} + \alpha_8 \times Cash_{it} + \alpha_9 \times Ceodir_{it} + \alpha_{10} \times Sh1_{it} + \alpha_i + \alpha_j + \varepsilon_{it} \tag{7-11}$$

$$\ln UnPat_{it} = \alpha_0 + \alpha_1 \times QFIIPro_{it} + \alpha_2 \times GovS_{it} + \alpha_3 \times (QFIIPro_{it} - \overline{QFIIPro_{it}}) \times (GovS_{it} - \overline{GovS_{it}}) + \alpha_4 \times Size_{it} + \alpha_5 \times Age_{it} + \alpha_6 \times Growth_{it} + \alpha_7 \times Dts_{it} + \alpha_8 \times Cash_{it} + \alpha_9 \times Ceodir_{it} + \alpha_{10} \times Sh1_{it} + \alpha_i + \alpha_j + \varepsilon_{it} \tag{7-12}$$

其中，$QFIIPro_{it}$ 表示第 i 个企业第 t 年的基金持股比例。其余参数和变量含义参见前文和表 7-1。

3. 政府补贴调节效应下机构持股、高管激励与企业技术创新回归模型

为检验政府补贴、高管激励对机构投资者与企业技术创新关系的综合调节效应，参考相关文献，以机构持股比例的 50%分位数为分界点，将全样本按照机构持股比例分为两组①，以检验假设 H5a 与假设 H5b。模型沿用第 6 章高管薪激励、政府补贴与企业技术创新关系模型（6-4）~模型（6-9）。具体检验规则如下所示：

假设 H3a 主要是为了检验哪种高管激励与政府补贴会对机构持股与企业技术创新关系产生更加显著的促进作用。在此沿用模型（6-4）与模型（6-5）。假设高份额机构持股样本数据对模型（6-4）进行回归后的系数 α_3 为 $H_S(\alpha_3)$，低份额机构持股样本数据对模型（6-4）进行回归后的系数 α_3 为 $L_S(\alpha_3)$；高份额机构持股样本数据对模型（6-5）进行回归后的系数 α_3 为 $H_H(\alpha_3)$，低份额机构持股样本数据对模型（6-5）进行回归后的系数 α_3 为 $L_H(\alpha_3)$，且以上回归系数均为正值。如果高管薪酬激励与政府补贴交互项的分组回归系数 $H_S(\alpha_3)$ 与 $L_S(\alpha_3)$ 显著性水平均大于高管股权激励与政府补贴交互项的分组回归系数 $H_H(\alpha_3)$ 与 $L_H(\alpha_3)$，那么表明相较于高管股权激励，高管薪酬激励与政府补贴交互项对机构持股与企业技术创新有着更加显著的促进作用。即假设 H3a 通过检验。

假设 H3b 主要是为了进一步检验高管薪酬激励与政府补贴交互项对机构持股与企业技术创新效率的影响效应。同理，沿用模型（6-6）与模型（6-7）。假设高份额机构持股样本数据对模型（6-6）进行回归后的系数 α_3 为 $H_{SI}(\alpha_3)$，低份额机构持股样本数据对模型（6-6）进行回归后的系数 α_3 为 $L_{SI}(\alpha_3)$；高份额机构持股样本数据对模型（6-7）进行回归后的系数 α_3 为 $H_{HUI}(\alpha_3)$，低份额机构持股样本数据对模型（6-7）进行回归后的系数 α_3 为 $L_{HUI}(\alpha_3)$，且以上回归系数均为正值。如果高管薪酬激励与政府补贴交互项对企业实质性技术创新的分组回归系数 $H_{SI}(\alpha_3)$ 与

① 将机构持股设置为虚拟变量，如果机构持股比例小于其 50%分位数，则取值为“0”，否则取值为“1”，下同。

$L_{SI}(\alpha_3)$ 显著性水平全都大于高管薪酬激励与政府补贴交互项对企业非实质性技术创新的分组回归系数 $H_{HUI}(\alpha_3)$ 与 $L_{HUI}(\alpha_3)$，那么表明相较于企业非实质性技术创新，高管薪酬激励与政府补贴的交互项对机构持股与企业实质性技术创新有着更加显著的促进作用，即假设 H3b 通过检验。

7.3 实证结果分析

7.3.1 描述性统计与 Pearson 相关系数

本章主要变量描述性统计结果与前文各个变量描述性统计结果没有显著差异，具体变量描述性统计分析参见前文。本章在此主要给出新增变量关系的 Pearson 相关系数结果，以分析模型变动后各变量之间的相关性。表 7－2 给出了机构持股、政府补贴及各控制变量之间的 Pearson 相关系数。可以看出机构持股对企业技术创新 Pearson 相关系数绝对值依然较小，而政府补贴对企业技术创新 Pearson 相关系数为较显著的正值。其他变量的相关系数结果与前文大致相同，在此不再赘述。此外，各个变量间 Pearson 相关系数绝对值均低于 0.5，由此可以初步判断各变量之间不存在多重共线性。

7.3.2 机构持股、政府补贴与企业技术创新回归结果

关于机构持股、政府补贴与企业技术创新关系的模型（7－1）、模型（7－2）与模型（7－3）回归结果如表 7－3 所示。从模型（7－1）回归结果可以看出，机构持股对企业技术创新、实质性技术创新与非实质性技术创新的回归系数均不显著，而政府补贴对企业技术创新、实质性技术创新与非实质性技术创新的回归系数均在 1%的水平上显著为正。表明机构持股整体对企业技术创新绩效并不存在直接影响效应，政府补贴对企业创新绩效存在较显著的促进作用。这也与前文的回归结果具有一致性。机构持股与政府补贴交互项对企业技术创新总产出的回归系数在 5%的水平上显著为正。表明机构持股与政府补贴对企业技术创新绩效存在显著的交互影响效应，即在政府补贴宏观调控下，激励了机构股东对企业技术创新绩效的投资与支持，政府补贴对机构持股与企业技术创新关系存在正向调节作

表 7－2　主要变量 Pearson 相关系数

变量名称	*Patent*	*InsPro*	*GovS*	*Size*	*Age*	*Growth*	*Dts*	*Cash*	*Ceodir*	*Sh1*
Patent	1									
InsPro	0.08***	1								
GovS	0.11***	0.02	1							
Size	0.44***	0.16***	−0.12***	1						
Age	0.05**	0.06*	−0.04***	0.19***	1					
Growth	−0.03*	−0.01	0.01	0.01	0.02	1				
Dts	0.15***	0.05	−0.08***	0.30***	0.24***	−0.00	1			
Cash	0.03**	0.05***	0.10***	0.06***	0.02	−0.10	−0.15***	1		
Ceodir	−0.01	−0.09***	0.00	−0.22***	−0.13***	−0.01	−0.14***	−0.02	1	
Sh1	0.03**	0.02*	−0.04***	0.20***	−0.06***	−0.01	0.06***	−0.01	0.01	1

注：*、**、*** 分别表示回归结果在 10%、5%和 1%的水平上显著。

用。由此可见，政府政策性补贴的宏观调控可以改善机构不看好企业技术创新的短视行为，调动机构对企业技术创新资本投入的积极性。假设 H1a 通过检验。

表 7-3 机构持股、政府补贴与企业技术创新关系模型回归结果

模　型	(7-1)	(7-2)	(7-3)
变　量	ln*Patent*	ln*InvPat*	ln*UnPat*
InsPro	0.002 8 (0.01)	0.247 3 (0.64)	0.197 5 (0.48)
GovS	8.541 4** (2.75)	7.020 5** (2.37)	7.557 4** (2.42)
InsPro×*GovS*	59.727 1*** (3.39)	69.797 0* (1.70)	15.609 8 (0.36)
Size	0.519 5*** (19.30)	0.554 5*** (21.28)	0.414 2*** (15.70)
Age	-0.108 5** (-2.08)	-0.029 9 (-0.59)	-0.167 8*** (-3.28)
Growth	0.063 5* (1.80)	0.113 4*** (3.31)	0.002 9 (0.09)
Dts	-0.248 1* (-1.82)	-0.511 0*** (-3.86)	0.195 7 (01.46)
Cash	0.368 3 (1.09)	0.331 0 (1.01)	0.022 9 (0.07)
Ceodir	0.119 6** (2.47)	0.066 4 (1.42)	0.164 4*** (3.47)
*Sh*1	-0.547 1*** (-3.35)	-0.430*** (-2.72)	-0.436 3*** (-2.73)
Constant	-9.374 0*** (-15.29)	-11.056 5*** (-18.63)	-7.276 2*** (-12.11)

续 表

模 型	(7-1)	(7-2)	(7-3)
变 量	ln*Patent*	ln*InvPat*	ln*UnPat*
Industry	control	control	control
Year	control	control	control
N	3 126	3 126	3 126
$\bar{R}^2$	0. 271 2	0. 219 7	0. 327 3
F	56. 37	42. 91	73. 40

注：*、**、*** 分别表示回归结果在10%、5%和1%的水平上显著。

进一步看被解释变量分别为企业实质性技术创新与非实质性技术创新的模型（7-2）与模型（7-3）的回归结果，可以看出机构持股与政府补贴交互项对实质性技术创新产出回归系数为69. 797 0，且在10%的水平上显著，但交互项对非实质性技术创新产出的回归系数却为不显著的正值。表明机构持股与政府补贴交互项对企业实质性技术创新有着显著的促进作用，但对企业非实质性技术创新没有显著的影响效应。由此可见，相较于企业非实质性技术创新，政府补贴的宏观调控可以促进机构持股对企业实质性技术创新活动产生正向的影响效应，即政府补贴对机构持股与企业实质性技术创新间的关系起到更显著的正向调节效应。假设H1b得到验证。

7.3.3 异质机构、政府补贴与企业技术创新回归结果

异质机构、政府补贴与企业技术创新的回归结果主要基于基金持股、券商持股与QFII持股三类机构持股的差异性得出的。具体回归结果在表7-4、表7-5和表7-6中列示，关于回归结果的详细分析如下文所示。

1. 基金持股、政府补贴与企业技术创新关系模型回归结果

关于基金持股、政府补贴与企业创新关系的模型（7-4）、模型（7-5）与模型（7-6）的回归结果如表7-4所示。由模型（7-4）的回归结果可以看出，基金持股对企业技术创新存在较显著的负向影响，政府

补贴对企业技术创新存在较显著的正向影响。基金持股与政府补贴交互项对企业技术创新回归系数在5%的水平上显著为正。表明基金持股与政府补贴对企业总体技术创新绩效有着显著的正向交互效应，即政府补贴能够削弱基金持股对企业技术创新的消极态度，从而激励基金投资者对企业技术创新的投资和重视。由此可见，在政府政策性补贴宏观调控下，可以改善基金持股的短视性，使其更愿意投资企业技术创新等收益周期较长但有利于企业可持续发展的项目，政府补贴对基金持股与企业技术创新间的关系起到正向调节作用。假设H2a得到验证。

表7-4　基金持股、政府补贴与企业技术创新关系模型回归结果

模　型	(7-4)	(7-5)	(7-6)
变　量	ln*Patent*	ln*InvPat*	ln*UnPat*
FHPro	-1.2232** (-2.47)	-1.2176** (-2.56)	-1.5508*** (-3.08)
GovS	9.4016*** (4.84)	7.7828*** (4.17)	9.3942*** (4.75)
FHPro×GovS	62.5435** (3.55)	34.7759 (0.86)	42.5717** (2.59)
Size	0.6882*** (28.54)	0.7272*** (30.94)	0.5932*** (25.12)
Age	-0.1402*** (-2.67)	-0.0835 (-1.63)	-0.1760*** (-3.42)
Growth	-0.0044*** (-3.08)	-0.0029** (-2.13)	-0.0044*** (-3.14)
Dts	-0.2391* (-1.77)	-0.5036*** (-3.83)	-0.1652* (-1.85)
Cash	0.3705 (1.11)	0.3296 (0.99)	0.1017 (0.31)
Ceodir	0.1872*** (3.81)	0.1244*** (2.60)	0.2331*** (4.85)

续　表

模　型	(7-4)	(7-5)	(7-6)
变　量	ln*Patent*	ln*InvPat*	ln*UnPat*
*Sh*1	-0.6038^{***} (-3.72)	-0.5374^{***} (-3.40)	-0.4636^{***} (-2.92)
Constant	-13.0596^{***} (-23.27)	-14.7279^{***} (-26.93)	-11.3018^{***} (-20.57)
Industry	control	control	control
Year	control	control	control
N	3 126	3 126	3 126
$\bar{R}^2$	0. 294 4	0. 266 4	0. 287 2
F	31. 58	34. 50	22. 25

注：*、**、*** 分别表示回归结果在 10%、5%和 1%的水平上显著。

进一步看企业技术创新效率回归结果。由模型（7-5）的回归结果可以看出，基基金持股与政府补贴交互项对企业技术创新总产出的回归系数为不显著的正值，而基金持股与政府补贴交互项对企业非实质性技术创新产出的回归系数为在 5%的水平上显著为正。表明基金持股与政府补贴对企业实质性技术创新绩效有着不显著的正向影响，对企业非实质性技术创新绩效却有着较显著的正向影响。由此可见，虽然政府补贴宏观调控促进了基金持股对企业技术创新的投资，但是相较于实质性技术创新，政府补贴更有利于促进基金持股对企业非实质性技术创新活动的投资与支持，政府补贴的调节效率有待提高。假设 H2b 得到验证。

2. 券商持股、政府补贴与企业技术创新关系模型回归结果

关于券商持股、政府补贴与企业技术创新关系的模型（7-7）、模型（7-8）与模型（7-9）回归结果如表 7-5 所示。由模型（7-7）的回归结果可以看出，券商持股对企业技术创新不存在显著的促进作用，而政府补贴依然对企业技术创新有着较稳定的正向促进作用。券商持股与政府补贴交互项对企业技术创新总产出的回归系数在 5%的水平上显著为正，表

明券商持股与政府补贴对企业技术创新绩效存在正向影响。虽然券商持股对企业技术创新绩效没有显著的正向影响，但是在政府补贴宏观调控下，券商持股对企业技术创新产生了正向促进作用，即政府补贴对券商持股与企业技术创新间的关系存在正向调节效应。假设 H3a 得到验证。

表 7－5　券商持股、政府补贴与企业技术创新关系模型回归结果

模　型	(7－7)	(7－8)	(7－9)
变　量	ln*Patent*	ln*InvPat*	ln*UnPat*
BHPro	－1. 407 8 (－1. 11)	－1. 252 6 (－1. 02)	－0. 934 4 (－0. 72)
GovS	9. 109 3*** (4. 73)	7. 186 2*** (3. 88)	9. 561 8*** (4. 87)
BHPro×*GovS*	221. 230 1** (3. 80)	152. 459 5** (3. 29)	167. 377 6* (2. 34)
Size	0. 689 9*** (28. 50)	0. 728 1*** (30. 86)	0. 596 4*** (25. 1)
Age	－0. 141 0*** (－2. 69)	－0. 088 7* (－1. 73)	－0. 168 1*** (－3. 26)
Growth	－0. 004 4*** (－3. 10)	－0. 003 0** (－2. 16)	－0. 004 4*** (－3. 15)
Dts	－0. 238 1* (－1. 76)	－0. 499 9*** (－3. 80)	0. 160 5 (1. 21)
Cash	0. 414 9 (1. 25)	0. 368 4 (1. 14)	0. 114 6 (0. 35)
Ceodir	0. 190 1*** (3. 87)	0. 127 4*** (2. 66)	0. 233 8*** (4. 85)
*Sh*1	－0. 627 1*** (－3. 87)	－0. 569 3*** (－3. 60)	－0. 460 6*** (－2. 89)
Constant	－13. 023 7*** (－23. 18)	－14. 674 9*** (－26. 80)	－11. 331 1*** (－20. 56)

续　表

模　型	(7－7)	(7－8)	(7－9)
变　量	ln*Patent*	ln*InvPat*	ln*UnPat*
Industry	control	control	control
Year	control	control	control
N	3 126	3 126	3 126
$\bar{R}^2$	0. 364 4	0. 325 6	0. 405 0
F	94. 71	79. 92	91. 85

注：*、**、*** 分别表示回归结果在 10%、5%和 1%的水平上显著。

根据模型（7－8）和模型（7－9）的回归结果，可以看出券商持股与政府补贴交互项对企业实质性技术创新总产出回归系数在 5%的水平上显著为正。表明券商持股与政府补贴交互项对企业实质性技术创新活动存在显著的正向影响，即政府补贴对券商持股与企业实质性技术创新关系存在正向调节效应。券商持股与政府补贴对企业非实质性技术创新的回归系数在 10%的水平上显著为正，表明券商持股与政府补贴对企业非实质性技术创新活动也存在正向影响，但影响程度低于实质性技术创新。综上所述，我们可以看出，相较于企业非实质性技术创新，政府补贴对券商持股与企业实质性技术创新的正向调节效应更加显著。假设 H3b 得到验证。

3. QFII 持股、政府补贴与企业技术创新关系模型回归结果

关于 QFII 持股、政府补贴与企业创新关系的模型（7－10）、模型（7－11）与模型（7－12）回归结果如表 7－6 所示。由模型（7－10）的回归结果可以看出，QFII 持股和政府补贴对企业技术创新均有着较显著的促进作用。QFII 持股与政府补贴交互项对企业技术创新产出回归系数在 1%的水平上显著为正。表明 QFII 持股与政府补贴对企业技术创新总体绩效产生了正向交互效应，政府补贴的宏观调控可以进一步促进 QFII 对企业技术创新的投资和重视，即政府补贴对 QFII 持股与企业技术创新间的关系起到较显著的正向调节效应。假设 H4a 通过检验。

表 7-6 QFII 持股、政府补贴与企业技术创新关系模型回归结果

模 型	(7-10)	(7-11)	(7-12)
变 量	ln*Patent*	ln*InvPat*	ln*UnPat*
QFIIPro	21.712 0*** (4.77)	17.602 3*** (3.96)	18.512 6*** (4.14)
GovS	20.805 0*** (9.44)	24.772 8*** (11.53)	11.366 7*** (5.26)
QFIIPro×GovS	3.180 3*** (3.01)	10.874 0*** (3.19)	5.733 9*** (4.01)
Size	0.674 3*** (27.81)	0.715 4*** (30.24)	0.582 1*** (24.46)
Age	-0.154 0*** (-2.94)	-0.099 6* (-1.95)	-0.180 5*** (-3.51)
Growth	-0.003 9*** (-3.07)	-0.002 9** (-2.13)	-0.004 3*** (-3.12)
Dts	-0.229 6* (-1.70)	-0.492 4*** (-3.75)	-0.168 7* (-2.28)
Cash	0.319 8 (0.96)	0.291 7 (0.90)	0.037 3 (0.11)
Ceodir	0.180 2*** (3.68)	0.119 3** (2.50)	0.226 1*** (4.70)
*Sh*1	-0.567 0*** (-3.50)	-0.519 9*** (-3.29)	-0.412 7*** (-2.60)
Constant	-12.726 2*** (-22.64)	-14.433 0*** (-26.32)	-11.056 4*** (-20.04)
Industry	control	control	control
Year	control	control	control
N	3 126	3 126	3 126
$\bar{R}^2$	0.368 2	0.328 4	0.407 8
F	96.26	80.93	97.33

注：*、**、*** 分别表示回归结果在 10%、5%和 1%的水平上显著。

根据模型（7-11）和模型（7-12）的回归结果，QFII 持股与政府补贴交互项对企业实质性技术创新回归系数为 10.874 0，对非实质性技术创新回归系数为 5.733 9，且均在 1%的水平上显著为正。经过 SUR 检验，上述两个系数具有显著差异性。表明相较于非实质性技术创新，QFII 持股与政府补贴交互项对企业实质性技术创新活动具有更加显著的正向影响效应，即政府补贴更有利于促进 QFII 对企业较高水平的技术创新的投资。假设 H4b 通过检验。

7.3.4　政府补贴调节效应下机构持股、高管激励与企业技术创新回归结果

为检验政府补贴宏观调控影响下机构持股、高管激励与企业技术创新的关系，我们将政府补贴与高管薪酬激励、高管股权激励交互项加入模型，继续基于机构持股比例对模型（6-4）~模型（6-9）重新进行分组回归。其中，政府补贴调节效应下的机构持股、高管薪酬激励与企业技术创新回归结果如表 7-7 所示，政府补贴调节效应下的机构持股、高管股权激励与企业技术创新回归结果如表 7-8 所示。

根据表 7-7 的回归结果，不论机构投资者持股比例高低，高管薪酬激励和政府补贴对企业技术创新总产出、实质性技术创新与非实质性技术创新的回归系数均为较显著的正值，表明高管薪酬激励与政府补贴对企业技术创新的正向影响效应比较稳健。根据分组回归结果，可以看出当企业中机构持股比例较高（*InsPro*>50%分位数）时，高管薪酬激励与政府补贴交互项对企业技术创新回归系数在 5%的水平上显著为正，对实质性技术创新回归系数在 1%的水平上显著为正，对非实质性技术创新的回归系数为不显著的正值。但在机构持股比例较低（*InsPro*<50%分位数）时，高管薪酬激励与政府补贴交互项对企业技术创新、实质性技术创新与非实质性技术创新的回归系数为不显著的正值。由此可以看出，高管薪酬激励与政府补贴对机构持股与企业技术创新尤其是较高水平的实质性技术创新关系能够产生显著的正向影响。假设 H5b 通过检验。

表 7-7 政府补贴调节效应下的机构持股、高管薪酬激励与企业技术创新回归结果

	InsPro<50%分位数			*InsPro*>50%分位数		
模型	(6-4)	(6-6)	(6-7)	(6-4)	(6-6)	(6-7)
变量	ln*Patent*	ln*InvPat*	ln*UnPat*	ln*Patent*	ln*InvPat*	ln*UnPat*
ln*SE*	0.248 2*** (5.13)	0.261 4*** (5.58)	0.178 7*** (3.78)	0.411 2*** (6.30)	0.480 3*** (7.68)	0.224 5*** (3.41)
GovS	21.657 0*** (5.73)	23.006 9*** (6.28)	14.059 6*** (3.81)	22.065 3*** (5.36)	30.317 8*** (7.68)	7.455 0* (1.80)
GovS×ln*SE*	2.470 7 (0.45)	2.138 2 (0.41)	3.940 3 (0.71)	9.946 2** (2.62)	15.823 2*** (2.66)	1.391 3 (0.23)
Size	0.547 5*** (14.09)	0.564 0*** (14.98)	0.515 9*** (13.61)	0.602 4*** (13.13)	0.635 4*** (14.45)	0.524 4*** (11.34)
Age	-0.212 3*** (-2.66)	-0.091 7 (-1.18)	-0.263 7*** (-3.38)	-0.079 6 (-1.01)	-0.080 5 (-1.07)	-0.092 4 (-1.17)
Growth	0.002 2** (2.29)	0.004 3** (3.58)	0.015 8** (2.08)	0.022 8 (0.96)	0.039 4* (1.74)	0.004 8 (0.20)
Dts	-0.144 0** (-3.74)	-0.432 4** (-2.30)	-0.182 3** (-2.96)	-0.064 3** (-2.27)	-0.184 6** (-2.82)	-0.512 1** (-2.16)
Cash	0.574 1 (1.14)	0.487 0 (1.00)	0.645 1 (1.31)	0.014 5 (0.03)	0.074 6 (0.14)	0.203 4 (0.37)
Ceodir	0.159 5** (2.12)	0.073 0** (2.00)	0.212 0*** (2.88)	0.194 5** (2.45)	0.147 2* (1.94)	0.237 2*** (2.96)
*Sh*1	-0.540 0** (-2.25)	-0.491 5** (-2.11)	-0.449 3* (-1.92)	-0.818 1*** (-3.08)	-0.640 3** (-2.51)	-0.674 6** (-2.52)
Constant	-13.992 3*** (-14.60)	-15.306 4*** (-16.49)	-12.559 0*** (-13.44)	-16.495 0*** (-16.29)	-18.931 7*** (-19.51)	-12.655 2*** (-12.40)
Industry	control	control	control	control	control	control
Year	control	control	control	control	control	control
N	1 360	1 360	1 360	1 378	1 378	1 378
$\bar{R}^2$	0.351 6	0.307 1	0.390 9	0.398 1	0.379 6	0.422 4
F	37.84	31.11	44.60	46.54	43.13	51.34

注：*、**、***分别表示回归结果在10%、5%和1%的水平上显著。

根据表 7－8 的回归结果，不论机构投资者持股比例高低，高管股权激励对企业技术创新和非实质性技术创新的回归系数均为较显著的正值，政府补贴对企业技术创新总产出、实质性技术创新与非实质性技术创新的回归系数均为较显著的正值，表明高管股权激励与政府补贴对企业技术创新的正向影响效应比较稳健。根据分组回归结果，可以看出高管股权激励与政府补贴对企业技术创新、实质性技术创新与非实质性技术创新的回归系数均不显著，表明高管股权激励与政府补贴无法对机构持股与企业技术创新关系产生显著的正向调节效应。假设 H5a 通过检验。

表 7－8　政府补贴调节效应下的机构持股、高管股权激励与企业技术创新回归结果

	InsPro<50%分位数			*InsPro*>50%分位数		
模型	(6－5)	(6－8)	(6－9)	(6－5)	(6－8)	(6－9)
变量	ln*Patent*	ln*InvPat*	ln*UnPat*	ln*Patent*	ln*InvPat*	ln*UnPat*
HE	0. 205 7** (1. 89)	0. 106 8 (0. 95)	0. 138 6** (2. 23)	0. 243 0** (1. 96)	0. 075 3 (0. 63)	0. 316 3** (2. 54)
GovS	24. 204 8*** (6. 15)	25. 914 3*** (6. 76)	15. 973 8*** (4. 16)	22. 076 2*** (5. 64)	31. 645 0*** (8. 39)	6. 025 3** (3. 53)
GovS×*HE*	−24. 718 9 (−1. 30)	−14. 863 6 (−1. 43)	−23. 806 8 (−0. 20)	16. 256 7 (1. 47)	27. 400 2 (1. 55)	10. 334 9 (0. 96)
Size	0. 627 8*** (16. 33)	0. 642 4*** (17. 14)	0. 573 4*** (15. 28)	0. 777 7*** (18. 52)	0. 825 2*** (20. 37)	0. 636 4*** (15. 08)
Age	−0. 189 0** (−2. 30)	−0. 085 8 (−1. 07)	−0. 254 1*** (−3. 17)	−0. 050 5** (−2. 62)	−0. 076 5** (−2. 97)	−0. 046 1** (−2. 56)
Growth	0. 002 7** (2. 35)	0. 004 0* (1. 93)	0. 016 0** (2. 11)	0. 023 5 (0. 99)	0. 035 0 (1. 53)	0. 009 0 (0. 38)
Dts	−0. 110 4** (−2. 55)	−0. 433 1** (−2. 19)	−0. 213 1 (−1. 08)	−0. 055 6 (−0. 23)	−0. 392 1* (−1. 67)	0. 498 7** (2. 04)
Cash	0. 547 1 (1. 07)	0. 458 5 (0. 92)	0. 540 5 (1. 09)	1. 121 0** (2. 01)	1. 208 1** (2. 25)	0. 501 2 (0. 90)

续 表

	InsPro<50%分位数			*InsPro*>50%分位数		
Ceodir	0.070 9** (2.87)	0.004 0** (2.05)	0.152 8* (1.91)	0.173 9** (2.04)	0.167 6** (2.04)	0.187 0** (2.18)
*Sh*1	-0.479 1** (-1.97)	-0.451 3* (-1.90)	-0.358 8 (-1.51)	-0.979 3*** (-3.60)	-0.783 6*** (-2.99)	-0.819 7*** (-3.00)
Constant	-12.389 9*** (-13.61)	-13.410 9*** (-15.11)	-11.406 2*** (-12.83)	-14.611 5*** (-15.23)	-16.287 5*** (-17.60)	-12.103 9*** (-12.55)
Industry	control	control	control	control	control	control
Year	control	control	control	control	control	control
N	1 312	1 312	1 312	1 319	1 319	1 319
$\bar{R}^2$	0.348 2	0.300 8	0.389 8	0.392 9	0.364 8	0.427 7
F	36.02	29.20	42.87	43.64	38.85	50.26

注：*、**、*** 分别表示回归结果在10%、5%和1%的水平上显著。

7.4 稳健性检验

基于可能存在的多重共线性、逆向因果关系以及样本选择偏误等问题所导致的模型偏误问题，我们对本章的回归模型基于以上几项可能存在的模型偏误问题进行进一步的稳健性检验，以保证相关模型回归结果的可靠性与稳健性。本章的稳健性检验主要包括以下几个方面：

首先，对模型的主要解释变量，包括机构持股、高管激励、政府补贴以及控制变量进行多重共线性检验。因为本章各变量间 Pearson 相关系数结果均低于0.5，由此可以初步看出模型各变量间不存在多重共线性问题。为进一步检验模型是否存在多重共线性问题从而保证模型的稳健性，我们基于各主要变量间的异方差计算结果来检验模型是否存在多重共线性问题。

其次，构建机构持股、高管激励、政府补贴与企业技术创新的 PVAR 模型进行回归分析，并进行 Granger 因果检验，以此来检验机构持股、高管薪酬激励和股权激励、政府补贴与企业技术创新之间是否存在由逆向因果关系所引发的内生性问题。由于机构投资者、高管激励和政府补贴与企业技术创新均有可能存在逆向选择问题，三者对企业技术创新的影响效应会变得不稳健。而 Granger 因果检验可以对变量之间的因果关系进行检验分析，因此我们可以通过 Granger 因果检验来检验模型是否存在被解释变量对解释变量的逆向因果关系。

最后，为检验模型是否存在样本选择偏误，我们选用 CSMAR 数据库中不包括董事和监事的高管人员前三名薪酬总额[①]作为高管薪酬激励衡量指标，对政府补贴调节效应下机构持股、高管薪酬激励与企业技术创新的相关回归模型进行回归分析，从而进一步检验模型回归结果的稳健性[②]。

表 7 - 9 给出了机构持股、高管激励、政府补贴以及各个控制变量的异方差检验结果。根据各个变量 *VIF* 值的计算结果，可以看出主要解释变量的 *VIF* 值均低于 1.57，各控制变量的 *VIF* 值均低于 1.90，各解释变量的平均 *VIF* 值为 1.27，都远远低于异方差检验的临界值 10。由此可以看出回归模型中的各个变量不存在多重共线性。

表 7 - 9　主要解释变量与控制变量的异方差检验结果

变　量	*VIF*	1/*VIF*
InsPro	1.04	0.963 3
ln*SE*	1.23	0.809 9
HE	1.56	0.639 6
GovS	1.04	0.963 9
Size	1.89	0.529 4
Age	1.17	0.853 5
Growth	1.00	0.996 7

① 对其进行取对数处理。

② 由于高管股权激励与政府补贴交互项对企业技术创新回归系数并不显著，因此本书只针对高管薪酬激励的相关回归结果做稳健性检验。

续 表

变　　量	*VIF*	1/*VIF*
Dts	1.72	0.581 0
Cash	1.06	0.941 9
Ceodir	1.23	0.815 4
*Sh*1	1.08	0.928 3
Mean *VIF*	1.27	

我们通过构建 PVAR 模型来对机构持股、高管薪酬激励和股权激励、政府补贴与企业技术创新关系进行回归，并基于 PVAR 模型的 Granger 因果检验对可能存在的由于逆向因果关系所导致的模型内生性问题进行检验。表 7－10 给出了主要解释变量（机构持股、高管薪酬激励和股权激励、政府补贴）与被解释变量（企业技术创新）以及上述四个主要解释变量之间的 Granger 因果检验。由检验结果可以看出，*Prob*>*chi*2 列的值均大于 0.05，表明企业技术创新绩效并非机构持股、高管激励与政府补贴的因。由此我们可以判定模型不存在逆向因果关系。此外，我们还可以从 Granger 因果关系结果中看出，机构持股、高管薪酬激励和股权激励与政府补贴之间也不存在因果关系，据此进一步证明模型的合理性与稳健性。

表 7－10　主要解释变量与被解释变量的 Granger 因果检验

Panel VAR-Granger causality Wald test Ho：Excluded variable does not Granger-cause Equation variable Ha：Excluded variable Granger-causes Equation variable			
Equation \ Excluded	*chi*2	*df*	*Prob*>*chi*2
InsPro			
Patent	0.485	1	0.486
ln*SE*	0.103	1	0.748

续　表

Equation \ Excluded	*chi2*	*df*	*Prob>chi2*
HE	0. 299	1	0. 584
GovS	0. 158	1	0. 691
All	1. 444	4	0. 836
ln*SE*			
Patent	0. 134	1	0. 714
InsPro	0. 120	1	0. 729
HE	2. 147	1	0. 143
GovS	1. 162	1	0. 281
All	3. 481	4	0. 481
HE			
Patent	0. 000	1	0. 986
InsPro	0. 000	1	0. 999
ln*SE*	0. 066	1	0. 798
GovS	0. 326	1	0. 568
All	0. 396	4	0. 983
GovS			
Patent	0. 001	1	0. 973
InsPro	1. 905	1	0. 167
ln*SE*	1. 872	1	0. 171
HE	0. 228	1	0. 633
All	8. 656	4	0. 070

表 7-11 给出了以不包括董事和监事的高管人员前三名薪酬总额①作为高管薪酬激励衡量指标，对政府补贴调节效应下机构持股、高管薪酬激励与企业技术创新的相关回归模型进行回归，从而进一步检验模型回归结果的稳健性②。根据回归结果可以看出，高管薪酬激励与政府补贴交互项对机构持股与企业技术创新，尤其是实质性技术创新的关系产生了较显著的正向调节效应。这与前文主要结论具有一致性，表明模型具有较好的稳健性。

表 7-11　政府补贴调节效应下机构持股、高管薪酬激励与企业技术创新稳健性回归结果

	InsPro<50%分位数			*InsPro*>50%分位数		
模型	(6-4)	(6-6)	(6-7)	(6-4)	(6-6)	(6-7)
变量	ln*Patent*	ln*InvPat*	ln*UnPat*	ln*Patent*	ln*InvPat*	ln*UnPat*
ln*SE*	0.181 8*** (3.52)	0.204 8*** (4.12)	0.115 3** (2.29)	0.296 3*** (4.52)	0.406 5*** (6.47)	0.082 5** (2.25)
GovS	26.806 9*** (5.48)	28.634 6*** (6.08)	17.446 8*** (3.67)	21.301 0*** (4.82)	31.250 2*** (7.38)	4.696 9** (2.06)
GovS×ln*SE*	3.956 1 (0.52)	10.820 2 (1.49)	4.668 8 (0.63)	3.164 2** (2.50)	1.035 6** (2.17)	7.133 7 (1.12)
Size	0.406 5*** (9.31)	0.401 6*** (9.55)	0.374 1*** (8.80)	0.473 2*** (9.67)	0.501 7*** (10.70)	0.380 9*** (7.76)
Age	-0.155 9** (-1.97)	-0.020 4** (-2.27)	-0.211 3*** (-2.74)	-0.062 1** (-2.78)	-0.035 5** (-3.47)	-0.123 6** (-2.55)
Growth	0.037 6 (0.67)	0.011 8 (0.22)	0.084 7 (1.55)	0.038 9 (0.64)	0.094 4 (1.62)	0.033 8 (0.55)
Dts	-0.157 0** (-2.77)	-0.380* (-1.94)	0.166 1** (2.84)	0.062 6** (2.27)	-0.186 9** (-3.83)	0.526 3** (2.25)

① 对其进行取对数处理。

② 由于高管股权激励与政府补贴交互项对企业技术创新回归系数并不显著，因此本书只针对高管薪酬激励的相关回归结果做稳健性检验。

续　表

	InsPro<50%分位数			*InsPro*>50%分位数		
模型	(6-4)	(6-6)	(6-7)	(6-4)	(6-6)	(6-7)
变量	ln*Patent*	ln*InvPat*	ln*UnPat*	ln*Patent*	ln*InvPat*	ln*UnPat*
Cash	0.415 9 (0.82)	0.280 (0.57)	0.543 6 (1.10)	0.166 3 (0.30)	0.163 5 (0.30)	-0.168 9 (-0.30)
Ceodir	0.101 8** (2.37)	0.017 0** (2.24)	0.155 6** (2.15)	0.090 8** (2.15)	0.049 9* (1.86)	0.155 0* (1.95)
*Sh*1	-0.412 8* (-1.72)	-0.327** (-2.41)	-0.310 5** (-2.33)	-0.849 4*** (-3.14)	-0.576 8** (-2.22)	-0.798 8*** (-2.94)
Constant	-10.168 2*** (-9.62)	-11.220 1*** (-11.03)	-8.725 8*** (-8.49)	-11.947 6*** (-11.11)	-14.977 9*** (-14.53)	-7.244 2*** (-6.71)
Industry	control	control	control	control	control	control
Year	control	control	control	control	control	control
N	1 360	1 360	1 360	1 378	1 378	1 378
$\bar{R}^2$	0.257 2	0.196 0	0.307 5	0.309 2	0.276 3	0.356 3
F	22.99	16.48	29.20	28.40	24.37	34.88

注：*、**、*** 分别表示回归结果在 10%、5%和 1%的水平上显著。

7.5　本章小结

本章以理论模型所得出的推论 4 为基础，对政府补贴调节效应下的机构持股、高管激励与企业技术创新进行理论分析，并进行相应扩展讨论后提出实证模型假设，以 2010—2015 年我国沪深两市战略性新兴产业上市企业为研究样本，进行实证分析，最终得到以下结论：

首先，在政府补贴调节作用下，机构持股对企业技术创新产生了显著的促进作用。即政府补贴对机构持股与企业技术创新关系存在正向调节作用，理论模型推论 4 及本章假设 H1a 均通过检验。在创新效率方面，相对于非实质性技术创新，政府补贴对机构持股与企业实质性技术创新之间关系的正向调节效应更加明显，假设 H1b 得到检验。由此可见，政府补贴的宏观调控能够有效降低机构持股对企业技术创新的外部约束，调动企业技术创新的积极性，从而与机构持股对企业技术创新产生正向交互影响。

其次，政府补贴与不同机构股东对企业技术创新的交互效应有显著差异性，这与不同机构经营特征的异质性有关。基金持股有绩效排名压力且相对注重短期收益，对企业技术创新活动有着显著的负向影响。但政府补贴可以削弱基金持股对企业技术创新的负向影响，从而促进其对企业技术创新产生正向影响效应。由此本章假设 H2a 通过检验。券商持股虽然对企业技术创新有着不显著的负向影响，但在政府补贴调节效应下，可以促进其对企业技术创新产生正向影响。假设 H3a 得到验证。QFII 股东则相对更加青睐于企业高质量的技术创新活动，QFII 持股对企业技术创新有着较显著的正向影响效应，且政府补贴进一步促进了 QFII 对企业创新的正向影响。由此本章假设 H4a 通过检验。表明 QFII 在机构投资者中更倾向于对企业较高水平的技术创新活动进行投资，政府宏观优惠政策也为 QFII 对我国企业技术创新的投资提供了良好的政策环境，从而更加有利于推动 QFII 对企业实质性技术创新的投资和支持。

再次，在政府补贴宏观调控下，不同机构持股对企业技术创新效率的影响也有着较大的差异性。相较于企业实质性创新，政府补贴对基金持股与企业非实质性技术创新之间关系的正向调节效应更加显著。据此本章假设 H2b 得到验证。表明政府补贴对基金持股与企业技术创新关系的调节效率有待提高。而券商持股与 QFII 持股的结论却与基金持股相关结论大不相同。相对于企业非实质性技术创新，政府补贴对券商持股和 QFII 持股与企业实质性技术创新之间的关系有着更加显著的正向调节作用。由此本章假设 H3b 与假设 4b 通过检验。可以看出政府创新优惠政策对券商持股和 QFII 持股与企业技术创新关系的正向调节效率更高，政府宏观调控更有利于引导券商机构与 QFII 机构投资者对企业实质性技术创新活动的资本投入。

最后，相较于高管股权激励，高管薪酬激励与政府补贴对机构持股与企业技术创新关系存在更加显著的正向调节效应。据此本章假设 H5a 通过检验。表明在企业内部（高管薪酬激励）及企业外部（政府补贴）利好政策环境下，能够调动机构投资者对企业技术创新的投资积极性，从而促进企业技术创新绩效的提高。在企业技术创新效率方面，相较于企业非实质性技术创新，高管薪酬激励与政府补贴对机构持股与企业实质性技术创新关系存在更加显著的正向调节效应。据此本章假设 H5b 得到验证。由此可以看出，高管薪酬激励与政府补贴对机构持股与企业较高水平的实质性技术创新关系的正向调节效率较高。

第 8 章　结论与政策建议

8.1 主要结论

本书在我国经济转型背景下，以2010—2015年我国战略性新兴产业上市企业为例，从企业内部治理机制与外部宏观环境两个方面，分析了政府补贴宏观调控下，股权结构、高管激励与企业技术创新的关系。在以往相关文献研究的基础上，本书首先构建相关理论模型进行理论分析并提出相关推论。然后基于战略性新兴产业上市企业样本，通过实证分析检验理论模型得出的推论，并结合我国上市企业实际情况进一步进行扩展分析。主要研究内容与结论如下所示。

第一，构建股权结构、高管激励与企业技术创新的关系理论模型进行理论分析并提出相关推论，主要理论模型与相应推论包括以下几个方面：

（1）构建股权性质、高管激励与企业技术创新关系理论模型，通过模型推导发现民营控股企业技术创新绩效高于国有控股企业技术创新绩效。究其原因，国有控股企业更多采用与短期绩效挂钩的高管薪酬激励，对高管能力的评估更倾向依赖于其短期业绩表现，因此更大概率上会抑制高管对投资回报周期较长的技术创新的投资。控股股东对技术创新所带来风险的承受能力会影响高管技术创新决策，控股股东对技术创新风险的耐受力越高，越有利于高管选择技术创新，从而促进企业技术创新绩效的提高。

（2）构建机构持股、高管激励与企业技术创新关系理论模型，通过模型推导发现机构持股对企业技术创新有负向影响。机构投资者虽然在战略性新兴企业中持股比例较少，但是相较于股票二级市场的散户持股比例，机构投资者持股数量拥有绝对优势，足以在资本市场上对一个上市企业的股价产生重大影响。机构投资者会对企业投资收益产生一个外部约束，而此约束会提高企业高管对技术创新的决策门槛，从而抑制高管对技术创新的投资。

（3）构建政府补贴调节效应下的股权结构、高管激励与企业技术创新关系理论模型，通过模型推导发现：一方面，政府补贴可以促进国有控股和民营控股高管对技术创新的投资，从而对企业技术创新产生正向影响；另一方面，政府补贴可以通过降低机构投资者对企业预期收益约束的途径，缓解机构投资者对企业技术创新决策的负向影响，对机构持股与企业技术创新关系产生正向调节效应。

第二，实证检验股权结构（包括股权性质与机构持股）、高管激励（包括高管薪酬激励、高管股权激励）与企业技术创新关系理论模型推论，并结合上市企业实际情况进行拓展分析，从而得出以下几项结论：

（1）在我国战略性新兴产业上市企业中，民营控股企业整体技术创新绩效显著高于国有控股企业。根据样本统计和理论分析，相较于民营控股企业，国有控股企业更加注重高管绩效评估，而技术创新具有投资回报周期长和研发风险高的特点，因此国有控股企业对业绩的重视不利于其高管做出技术创新的决策，从而导致企业技术创新绩效低于民营控股企业。

（2）高管薪酬激励与股权激励对我国战略性新兴产业上市企业技术创新均有着较显著的促进作用。在技术创新效率方面，高管薪酬激励对企业实质性技术创新具有更加显著的促进作用，而高管股权激励则对企业非实质性技术创新具有更加显著的促进作用。由此可见，高管薪酬激励比股权激励对企业技术创新的激励效率更高，这可能是因为我国高管股权具有禁售期，流通性较差，不能如薪酬那样即时兑付，因此相对而言薪酬激励更能够调动高管投资于高水平技术创新的积极性进而提高企业技术创新水平和绩效。

（3）对于战略性新兴国有控股和民营控股企业，高管薪酬激励均能够对其技术创新，尤其是高水平的实质性技术创新产生较显著的正向影响。由此可见，高管薪酬激励对企业技术创新的正向影响效应比较稳健，在不同股权性质的企业中，均能够较有效地激励高管投资于技术创新，从而提高企业技术创新的绩效。

（4）相较于国有控股企业，高管股权激励对战略性新兴产业民营控股企业技术创新有着更加显著的促进作用。在企业技术创新效率方面，高管股权激励对民营控股企业非实质性技术创新有更加显著的正向影响。由于国有控股企业控股股东为政府，因此对高管股权激励有着较严格的管控。相较而言，民营控股企业高管股权激励机制更加具有灵活性，因此更加有利于高管股权配置激励效应的发挥，进而更加有利于调动高管技术创新的积极性，从而促进企业技术创新绩效的提高。此外，根据前文样本分析发现，国有控股企业中高管股权激励较少，据此也会导致高管股权激励对国有控股企业技术创新影响效应减弱，对比之下，高管股权激励对民营控股企业技术创新的促进作用则会更加显著。

（5）机构持股整体对战略性新兴产业上市企业技术创新没有显著的直接影响。但考虑机构投资者异质性后发现，基金持股和券商持股对企业技术创新分别产生了显著和不显著的负向影响，QFII 持股对企业技术创新产生了显著的正向影响。由此可见，不同机构投资者对企业技术创新影响差异性较大，占比较大的基金持股和券商持股对企业技术创新的负向影响，说明机构投资者很大概率上会对企业预期收益形成外部约束，从而抑制高管对企业技术创新的投资。

（6）高管薪酬激励对机构持股与战略性新兴产业上市企业技术创新之间的关系产生正向调节效应。高管薪酬激励一方面可以缓解机构投资者对企业预期收益的外部约束，从而对高管投资于技术创新等有利于企业长远发展的项目产生正向激励；另一方面可以在促进企业内部技术创新绩效提高的基础上，调动机构投资者对企业技术创新的投资积极性。相较而言，高管股权激励无法对机构持股与企业技术创新之间的关系产生显著正向调节效应。在企业技术创新效率方面，相较于非实质性技术创新，高管薪酬激励对机构持股与企业较高水平的实质性技术创新有着更加显著的正向影响。

（7）高管激励对机构持股与企业技术创新关系的调节效应也会因机构投资者异质性产生差异。高管薪酬激励和股权激励对基金持股、券商持股与我国战略性新兴产业上市企业技术创新之间的关系均无法产生显著的正向调节效应，但是高管薪酬激励可以对 QFII 持股与战略性新兴产业上市企业技术创新之间的关系产生较显著的正向调节效应。在创新效率方面，相较于非实质性技术创新，高管薪酬激励对 QFII 持股与企业实质性技术创新产生更加显著的正向调节效应。由此可见，对于不同机构投资者，企业内部高管激励机制的调节效应存在较大的差异性，如果要调动不同机构投资者对企业技术创新投资的积极性，仅靠完善企业内部治理机制是不够的，可能还要借助于企业外部的政府补贴等政策性支持的力量。

第三，实证检验政府补贴调节效应下的股权结构（包括股权性质与机构持股）、高管激励（包括高管薪酬激励、高管股权激励）与企业技术创新关系理论模型推论，并结合我国战略性新兴产业上市企业实际情况进行拓展分析，从而得出以下几项结论：

（1）政府补贴对我国战略性新兴产业国有控股与民营控股企业技术创新均有着显著的正向激励作用，且政府补贴对两种股权性质企业技术创新的激励效应并无显著差别。根据统计分析，国有控股与民营控股企业的政府补贴与总资产比值不存在显著差异，表明政府补贴对两种股权性质的补贴程度相差不大，因此政府补贴对两种股权性质企业技术创新的补贴效率也不存在明显差异。在创新效率方面，相较于非实质性技术创新，政府补贴对国有控股和民营控股企业较高水平的实质性技术创新均产生了更加显著的正向影响。由此可以看出，在不考虑其他影响因素情况下，政府补贴可以对战略性新兴产业上市企业较高水平的技术创新产生积极影响，具有较高的补贴效率。

（2）相较于高管股权激励，政府补贴对高管薪酬激励与战略性新兴产业上市企业技术创新之间的关系产生更加显著的促进作用。由于我国高管股权具有禁售期，流通性较差，不能如薪酬那样即时兑付，因此相对而言，薪酬激励更能调动高管投资于技术创新的积极性进而提高企业整体技术创新绩效。在企业外部政府补贴利好环境影响下，会进一步增强高管薪酬激励对技术创新的正向影响效应。在企业技术创新效率方面，相较于非实质性技术创新，政府补贴对高管薪酬激励与企业实质性技术创新之间的关系产生更加显著的促进作用。由此可以看出，企业内部完善的激励机制与企业外部良好的政策环境，有利于促进企业高水平的技术创新。

（3）相较于民营控股企业，政府补贴的外部刺激更利于对国有控股企业高管薪酬激励与企业技术创新之间的关系产生更显著的正向调节作用。根据统计分析发现，国有控股企业更多采用薪酬激励的高管激励机制，因此在政府补贴正向影响下，会使高管薪酬激励对国有控股企业技术创新的正向影响更加突出。在技术创新效率方面，相较于非实质性技术创新，政府补贴对高管薪酬激励与国有控股和民营控股企业实质性技术创新之间的关系均有着更加显著的促进作用。而在高管股权激励方面，效果并不理想。政府补贴无法对高管股权激励与企业技术创新之间的关系产生正向促进作用。

（4）政府补贴对机构持股与企业技术创新关系产生显著的正向调节效应。在技术创新效率方面，相对于非实质性技术创新，政府补贴对机构持股与企业实质性技术创新之间关系的正向调节效应更加明显。由此可见，政府补贴的宏观调控能够有效降低机构持股对企业技术创新的外部约束，调动企业技术创新的积极性，从而与机构持股对企业技术创新产生正向交互影响。

（5）在考虑机构投资者异质性后，政府补贴对异质机构股东与企业技术创新关系的调节效应也存在差异性。政府补贴能够削弱基金持股对企业技术创新的负向影响，对两者关系产生正向促进作用。但相较于实质性技术创新，政府补贴对基金持股与非实质性技术创新关系的正向调节效应更加显著。相较而言，政府补贴对券商持股、QFII 持股与企业技术创新，尤其是高水平的实质性技术创新产生了更加显著的正向调节效应。由此可以看出，政府创新优惠政策对券商持股和 QFII 持股与企业技术创新关系的正向调节效率更高，政府宏观调控更有利于引导券商机构与 QFII 投资者对企业实质性技术创新活动的资本投入。

（6）相较于高管股权激励，高管薪酬激励与政府补贴对机构持股与企业技术创新关系存在更加显著的正向调节效应。表明在企业内部高管薪酬激励以及企业外部政府补贴利好政策环境下，能够调动机构投资者对企业技术创新的投资积极性，从而促进企业技术创新绩效的提高。在企业技术创新效率方面，相较于企业非实质性技术创新，高管薪酬激励与政府补贴对机构持股与企业实质性技术创新之间的关系存在更加显著的正向调节效应。由此可以看出，高管薪酬激励与政府补贴对机构持股与企业较高水平的实质性技术创新关系的正向调节效率较高。

8.2 政策建议

基于以上研究结论，为提高我国企业技术创新绩效，进而带动产业升级和经济转型，本书基于以下几个方面提出政策建议。

第一，加强对于企业技术创新重要性的普及，营造良好的企业技术创新氛围。

企业技术创新重要性的普及具有较大的正外部性。一方面，全社会对于企业技术创新重要性的认识可以使企业充分地获取资源，从而增强企业的技术创新能力；另一方面，全社会对于企业技术创新的认同可以增强社会对于企业技术创新失败的容忍度，从而降低高管进行技术创新的职业风险。

第二，完善国有控股企业高管激励机制，建立完善的人才能力考核机制。

国有控股企业可以建立更加完善的人才能力考核机制，尽量做到不以成败论英雄。对于高管的绩效考核可以同时考虑高管的经济管理绩效和高管的管理能力，以此降低高管过分地关注职业前景而带来的决策羁绊。此外，国有控股企业可以进一步丰富企业内部高管激励机制，可以更多地给予高管股权激励。股权激励可以使得高管利益与企业利益趋于一致，从而促使高管投资技术创新等能够促进企业可持续发展的项目。

第三，提高股权激励的激励效率，促进高管对较高水平技术创新的投资。

企业可以进一步提高股权激励对高管投资于技术创新的激励效率。股权激励的目的在于通过转换高管身份，促使高管利益与企业利益一致化，从而激励高管投资于技术创新等风险较高，但却有利于企业长远发展的项目。然而，技术创新的衡量指标较多，股权激励是否真正促进了企业较高水平的技术创新，需要企业制定更加完善的绩效评估机制，以确保股权激励能够有效地促进高管投资于实质性的技术创新，从而防止高管为获取股权而仅进行低水平的技术创新的寻租行为。

第四，政府制定相关鼓励政策，引导机构投资者对战略性新兴企业进行战略投资。

机构投资者对战略性新兴企业的投资具有多重目的。政府可以制定相关政策引导机构投资者基于战略投资的目的，对战略性新兴产业进行投资。例如，机构投资者对战略性新兴企业进行长期投资，持股时间达到一定的期限，且持股期间被投资企业的技术创新绩效达到一定的要求，可以就投资收益甚至机构投资者本身的税收进行一定幅度的优惠。机构投资者对战略性新兴企业进行战略投资，不但可以帮助企业发展，而且可以降低企业发展时面临的外部约束。

第五，政府进一步完善政府补贴的管理机制，使补贴更加精准，从而提高政府补贴效率。

政府补贴可以直接降低企业技术创新的成本，对企业技术创新绩效的影响是直接的、显著的。然而，根据战略性新兴产业相关统计结果，发现政府补贴的发放具有一定的均等性。例如，国有控股企业和民营控股企业的单位资产、单位研发支出以及单位利润所获得的政府补贴具有趋同性。不同企业的技术创新程度存在差异性，趋同的政府补贴发放使得政府补贴的激励作用降低。因此，政府补贴的申请和发放的管理机制可以进一步完善，使补贴更精准地发放给真正进行技术创新的企业。

第六，健全专利保护等法制建设，降低企业技术创新成果的外溢性。

更加完善的法律法规，可以保护企业专利等技术研发成果，降低企业知识产权的外溢性，为企业技术创新营造良好的外部法律保护环境。据此可以降低企业投资于技术创新的风险，调动企业技术创新的积极性，从而有利于企业技术创新研发的健康发展。

8.3　不足与展望

本书通过理论模型分析与实证研究对政府补贴下的股权结构、高管激励与企业技术创新关系进行了较全面的分析，虽然在一定程度上丰富了以往相关研究，但仍存在以下不足：

首先，为简化推导过程，理论模型是基于严格假设条件下构建的，且对于机构异质性等影响因素没有在理论模型中反映出来。

其次，在实证研究方面，仅选取了我国沪深两市 2010—2015 年间战略性新兴产业上市企业为研究样本，未来可以进一步扩展样本进行研究，或针对个别典型企业进行更加详细的案例分析。

最后，在变量选取方面可能存在片面性，且对股权结构、高管激励的分析视角有一定的局限性，没有考虑股权集中度、股权制衡以及高管在职消费等影响因素。

综上所述，本书的研究主体还具有较大的扩展空间。一方面，可以在以上理论模型基础上放松假设，综合考虑更多影响企业技术创新的因素以完善理论模型并进行分析；另一方面，可以基于我国其他行业上市企业相关数据进行对比实证分析，从而增加实证结论的可靠性和全面性。此外，由于企业技术创新行为具有较高的复杂性，会受到市场、政府以及竞争企业等各方面的影响，同时各种影响又存在交互影响效应，所以可以进一步扩展研究视角对企业技术创新进行研究。

参考文献

[1] Schumpeter J A. Socialism, capitalism and democracy [M]. New York: Harper and Brothers, 1942.

[2] Solow R M. Technical change and the aggregate production function [J]. The Review of Economics and Statistics, 1957, 39 (3): 312.

[3] Romer P M. Endogenous technological change [J]. Journal of Political Economy, 1990, 98 (5, Part 2): S71 - S102.

[4] Demsetz H. Information and efficiency: another viewpoint [J]. The Journal of Law and Economics, 1969, 12 (1): 1 - 22.

[5] Arrow K J. Economic welfare and the allocation of resources for invention [M]. The Rate and Direction of Inventive Activity, 1962.

[6] O'Sullivan M. The innovative enterprise and corporate governance [J]. Cambridge Journal of Economics, 2000, 24 (4): 393 - 416.

[7] Aghion P, van Reenen J, Zingales L. Innovation and institutional ownership [J]. American Economic Review, 2013, 103 (1): 277 - 304.

[8] 王燕妮. 高管激励对研发投入的影响研究：基于我国制造业上市公司的实证检验 [J]. 科学学研究，2011，29 (7)：1071 - 1078.

[9] 鲁桐，党印. 公司治理与技术创新：分行业比较 [J]. 经济研究，2014，49 (6)：115 - 128.

[10] 仲为国，李兰，路江涌，等. 中国企业创新动向指数：创新的环境、战略与未来：2017·中国企业家成长与发展专题调查报告 [J]. 管理世界，2017 (6)：37 - 50.

[11] D'Aspremont C, Jacquemin A. Cooperative and noncooperative R&D in duopoly with spillovers [J]. The American Economic Review, 1988, 78 (5): 1133 - 1137.

[12] Zang I, Kamien M, Muller E. Research joint ventures and R&D cartels [J]. American Economic Review, 1992, 82 (5): 1293 - 1306.

[13] Kamien M I, Schwartz N L. Timing of innovations under rivalry [J]. Econometrica, 1972, 40 (1): 43 - 60.

[14] 马静玉. 对在技术创新与市场结构关系上几个问题的再明晰 [J]. 技术经济，1996，15 (12)：19 - 20.

[15] 王子君，张伟. 外国直接投资、技术许可与技术创新 [J]. 经济研究，2002，37 (3)：

69－75.

[16] 杜伟，康自平. 激励企业技术创新的市场环境培育探析 [J]. 广西大学学报（哲学社会科学版），2004，26（1）：68－71.

[17] Reinganum J F. A dynamic game of R and D: Patent protection and competitive behavior [J]. Econometrica, 1982, 50 (3): 671－688.

[18] 聂辉华，谭松涛，王宇锋. 创新、企业规模和市场竞争：基于中国企业层面的面板数据分析 [J]. 世界经济，2008，31（7）：57－66.

[19] Dasgupta P, Stiglitz J. Industrial structure and the nature of innovative activity [J]. The Economic Journal, 1980, 90 (358): 266－293.

[20] Spence M. Cost reduction, competition and industry performance [M] //New developments in the analysis of market structure. London: Palgrave Macmillan, 1986: 475－518.

[21] Vives X. Innovation and competitive pressure [J]. The Journal of Industrial Economics, 2008, 56 (3): 419－469.

[22] Chen Y M, Schwartz M. Product innovation incentives: Monopoly vs. competition [J]. Journal of Economics & Management Strategy, 2013, 22 (3): 513－528.

[23] 平新乔，周艺艺. 产品市场竞争度对企业研发的影响：基于中国制造业的实证分析 [J]. 产业经济研究，2007（5）：1－10.

[24] 寇宗来，高琼. 市场结构、市场绩效与企业的创新行为：基于中国工业企业层面的面板数据分析 [J]. 产业经济研究，2013（3）：1－11，110.

[25] Horowitz R . R & D: Essays on the Economics of Research and Developmentby Daniel Hamberg [J]. American Economic Review, 1967, 57 (1): 301－303.

[26] Neary J P. Pitfalls in the theory of international trade policy: *Concertina* reforms of tariffs, and subsidies to high-technology industries [J]. Scandinavian Journal of Economics, 1998, 100 (1): 187－206.

[27] Noland M, Pack H. Industrial policy in an era of globalization: Lessons from Asia [M]. Washington D. C.: Peterson Institute, 2003.

[28] 安同良，周绍东，皮建才. R&D补贴对中国企业自主创新的激励效应 [J]. 经济研究，2009，44（10）：87－98，120.

[29] 郭晓丹，何文韬，肖兴志. 战略性新兴产业的政府补贴、额外行为与研发活动变动 [J]. 宏观经济研究，2011（11）：63－69，111.

[30] 储德银，杨姗，宋根苗. 财政补贴、税收优惠与战略性新兴产业创新投入 [J]. 财贸研究，2016，27（5）：83－89.

[31] 陈武. 我国产学研合作创新法制建设的评估与展望 [J]. 中国科技论坛，2010（1）：19－24.

[32] 杨健，韩立新. 科技创新政策及法律环境研究 [J]. 科学学与科学技术管理，2010，31（1）：23－26.

[33] 胡冬雪，陈强. 促进我国产学研合作的法律对策研究 [J]. 中国软科学，2013（2）：154－174.

[34] Kaplan A D H. Big enterprise in a competitive system [M]. Washington D. C.: The Brooking Institution, 1954.
[35] Scherer F M. Size of firm, oligopoly, and research: A comment [J]. The Canadian Journal of Economics and Political Science, 1965, 31 (2): 256.
[36] Bound J, Cummins C, Griliches Z, et al. Who Does R&D and Who Patents? [R]. National Bureau of Economic Research, 1982.
[37] Cohen W M, Klepper S. A reprise of size and R&D [J]. The Economic Journal, 1996, 106 (437): 925 – 951.
[38] 吴延兵. 中国工业产业创新水平及影响因素—面板数据的实证分析 [J]. 产业经济评论, 2006 (2): 155 – 171.
[39] Shleifer A, Vishny R W. A survey of corporate governance [J]. The Journal of Finance, 1997, 52 (2): 737 – 783.
[40] 孙兆斌. 股权集中、股权制衡与上市公司的技术效率 [J]. 管理世界, 2006 (7): 115 – 124.
[41] 肖利平. 公司治理如何影响企业研发投入?: 来自中国战略性新兴产业的经验考察 [J]. 产业经济研究, 2016 (1): 60 – 70.
[42] Levin R C, Klevorick A K, Nelson R R, et al. Appropriating the returns from industrial research and development [J]. Brookings Papers on Economic Activity, 1987 (3): 783 – 831.
[43] Pearce J A I, Zahra S A. The relative power of Ceos and boards of directors: Associations with corporate performance [J]. Strategic Management Journal, 1991, 12 (2): 135 – 153.
[44] 张宗益, 张湄. 关于高新技术企业公司治理与 R&D 投资行为的实证研究 [J]. 科学学与科学技术管理, 2007, 28 (5): 23 – 26, 116.
[45] 田元飞, 孟志华, 梁莱歆. 高新技术企业内部治理与研发支出相关性实证研究 [J]. 兰州商学院学报, 2009, 25 (1): 100 – 105.
[46] 温军, 冯根福. 异质机构、企业性质与自主创新 [J]. 经济研究, 2012, 47 (3): 53 – 64.
[47] 冯根福, 温军. 中国上市公司治理与企业技术创新关系的实证分析 [J]. 中国工业经济, 2008 (7): 91 – 101.
[48] Fama E F. Agency problems and the theory of the firm [J]. Journal of Political Economy, 1980, 88 (2): 288 – 307.
[49] 徐金发, 刘翌. 企业治理结构与技术创新 [J]. 科研管理, 2002, 23 (3): 59 – 63.
[50] 杨勇, 达庆利, 周勤. 公司治理对企业技术创新投资影响的实证研究 [J]. 科学学与科学技术管理, 2007, 28 (11): 61 – 65.
[51] 蒋艳辉, 唐家财, 姚靠华. 机构投资者异质性与上市公司 R&D 投入: 来自 A 股市场高新技术企业的经验研究 [J]. 经济经纬, 2014, 31 (4): 86 – 91.
[52] 陈冬华, 陈信元, 万华林. 国有企业中的薪酬管制与在职消费 [J]. 经济研究,

2005, 40 (2): 92-101.

[53] 肖兴志, 王伊攀, 李姝. 政府激励、产权性质与企业创新: 基于战略性新兴产业260家上市公司数据 [J]. 财经问题研究, 2013 (12): 26-33.

[54] 舒谦, 陈治亚. 治理结构、研发投入与公司绩效: 基于中国制造型上市公司数据的研究 [J]. 预测, 2014, 33 (3): 45-50.

[55] 白艺昕, 刘星, 安灵. 所有权结构对 R&D 投资决策的影响 [J]. 统计与决策, 2008 (5): 131-134.

[56] 李丹蒙, 夏立军. 股权性质、制度环境与上市公司 R&D 强度 [J]. 财经研究, 2008, 34 (4): 93-104.

[57] 文芳. 股权集中度、股权制衡与公司 R&D 投资: 来自中国上市公司的经验证据 [J]. 南方经济, 2008 (4): 41-52.

[58] 杨建君, 盛锁. 股权结构对企业技术创新投入影响的实证研究 [J]. 科学学研究, 2007, 25 (4): 787-792.

[59] Shleifer A, Vishny R W. Greenmail, white knights, and shareholders' interest [J]. The RAND Journal of Economics, 1986, 17 (3): 293-309.

[60] Hill C W L, Snell S A. External control, corporate strategy, and firm performance in research-intensive industries [J]. Strategic Management Journal, 1988, 9 (6): 577-590.

[61] 赵洪江, 陈学华, 夏晖. 公司自主创新投入与治理结构特征实证研究 [J]. 中国软科学, 2008 (7): 145-149.

[62] 郭海. 监督机制、企业家创业能力与绩效关系研究 [J]. 商业经济与管理, 2010 (6): 40-46.

[63] 陈隆, 张宗益, 杨雪松. 上市企业公司治理结构对技术创新的影响 [J]. 科技管理研究, 2005, 25 (9): 137-141.

[64] Sah R K, Stiglitz J. The quality of managers in centralized versus decentralized organizations [J]. Quarterly Journal of Economics, 1991 (106): 289-295.

[64] Sah R K, Stiglitz J E. The quality of managers in centralized versus decentralized organizations [J]. The Quarterly Journal of Economics, 1991, 106 (1): 289-295.

[65] 任海云. 股权结构与企业 R&D 投入关系的实证研究: 基于 A 股制造业上市公司的数据分析 [J]. 中国软科学, 2010 (5): 126-135.

[66] 张其秀, 冉毅, 陈守明, 等. 研发投入与公司绩效: 股权制衡还是股权集中? ——基于国有上市公司的实证研究 [J]. 科学学与科学技术管理, 2012, 33 (7): 126-132.

[67] Kochhar R, David P. Institutional investors and firm innovation: A test of competing hypotheses [J]. Strategic Management Journal, 1996, 17 (1): 73-84.

[68] Wahal S, McConnell J J. Do institutional investors exacerbate managerial myopia? [J]. Journal of Corporate Finance, 2000, 6 (3): 307-329.

[69] Eng L L, Shackell M. The implications of long-term performance plans and institutional ownership for firms' research and development (R&D) investments [J]. Journal of

Accounting, Auditing & Finance, 2001, 16 (2): 117 - 139.

[70] 范海峰，胡玉明. 机构投资者持股与公司研发支出：基于中国证券市场的理论与实证研究 [J]. 南方经济，2012 (9): 60 - 69.

[71] 赵洪江，夏晖. 机构投资者持股与上市公司创新行为关系实证研究 [J]. 中国软科学，2009 (5): 33 - 39, 54.

[72] 徐宁，王帅. 高管激励与技术创新关系研究前沿探析与未来展望 [J]. 外国经济与管理，2013, 35 (6): 23 - 32.

[73] 何霞，苏晓华. 高管团队背景特征、高管激励与企业 R&D 投入：来自 A 股上市高新技术企业的数据分析 [J]. 科技管理研究，2012, 32 (6): 100 - 108.

[74] Jensen M C, Meckling W H. Theory of the firm: Managerial behavior, agency costs and ownership structure [J]. Journal of Financial Economics, 1976, 3 (4): 305 - 360.

[75] Cho S. Agency costs, management stockholding, and research and development expenditures [J]. Seoul Journal of Economics, 1992, 5 (2): 127 - 152.

[76] Lerner J, Wulf J. Innovation and incentives: Evidence from corporate R&D [J]. Review of Economics and Statistics, 2007, 89 (4): 634 - 644.

[77] Tien C L, Chen C N. Myth or reality? Assessing the moderating role of CEO compensation on the momentum of innovation in R&D [J]. The International Journal of Human Resource Management, 2012, 23 (13): 2763 - 2784.

[78] 徐宁，徐向艺. 控制权激励双重性与技术创新动态能力：基于高科技上市公司面板数据的实证分析 [J]. 中国工业经济，2012 (10): 109 - 121.

[79] 何霞. 高管激励、公司治理与绩效关系的理论研究 [J]. 科技管理研究，2013, 33 (13): 173 - 180.

[80] 徐宁，徐向艺. 技术创新导向的高管激励整合效应：基于高科技上市公司的实证研究 [J]. 科研管理，2013, 34 (9): 46 - 53.

[81] Francis J, Smith A. Agency costs and innovation some empirical evidence [J]. Journal of Accounting and Economics, 1995, 19 (2/3): 383 - 409.

[82] 姜涛，王怀明. 高管激励对高新技术企业 R&D 投入的影响：基于实际控制人类型视角 [J]. 研究与发展管理，2012, 24 (4): 53 - 60.

[83] 王燕妮，李爽. 基于自由现金流的高管激励与研发投入关系研究 [J]. 科学学与科学技术管理，2013, 34 (4): 143 - 149.

[84] Wu J F, Tu R. CEO stock option pay and R&D spending: A behavioral agency explanation [J]. Journal of Business Research, 2007, 60 (5): 482 - 492.

[85] Balkin D B, Markman G D, Gomez-Mejia L R. Is ceo pay in high-technology firms related to innovation? [J]. Academy of Management Journal, 2000, 43 (6): 1118 - 1129.

[86] Makri M, Lane P J, Gomez-Mejia L R. CEO incentives, innovation, and performance in technology-intensive firms: A reconciliation of outcome and behavior-based incentive schemes [J]. Strategic Management Journal, 2006, 27 (11): 1057 - 1080.

[87] Fong E A. Relative CEO underpayment and CEO behaviour towards R&D spending [J].

Journal of Management Studies, 2010, 47 (6): 1095 - 1122.

[88] Mathewson G F, Winter R A. An economic theory of vertical restraints [J]. The RAND Journal of Economics, 1984, 15 (1): 27 - 38.

[89] 叶林. 企业规模与创新技术选择 [J]. 经济评论, 2014 (6): 138 - 148.

[90] Utterback J M, Abernathy W J. A dynamic model of process and product innovation [J]. Omega, 1975, 3 (6): 639 - 656.

[91] Klepper S. Entry, exit, growth, and innovation over the product life cycle [J]. American Economic Review, 1996, 86 (3): 562 - 583.

[92] 王亚妮, 程新生. 环境不确定性、沉淀性冗余资源与企业创新: 基于中国制造业上市公司的经验证据 [J]. 科学学研究, 2014, 32 (8): 1242 - 1250.

[93] Brown A L, Campione J C. Psychological theory and the design of innovative learning environments: On procedures, principles, and systems [M]. NewJersey: Lawrence Erlbaum Associates, 1996.

[94] 徐幼民, 徐小康. 论技术创新的最优市场结构: 关于熊彼特猜想的研究 [J]. 财经理论与实践, 2013, 34 (3): 2 - 5.

[95] Tong T W, He W L, He Z L, et al. Patent regime shift and firm innovation: Evidence from the second amendment to China's patent law [J]. Academy of Management Proceedings, 2014, 2014 (1): 14174.

[96] 黎文靖, 郑曼妮. 实质性创新还是策略性创新? ——宏观产业政策对微观企业创新的影响 [J]. 经济研究, 2016, 51 (4): 60 - 73.

[97] Baysinger B D, Kosnik R D, Turk T A. Effects of board and ownership structure on corporate R&D strategy [J]. Academy of Management Journal, 1991, 34 (1): 205 - 214.

[98] Hansen G S, Hill C W L. Are institutional investors myopic? A time-series study of four technology-driven industries [J]. Strategic Management Journal, 1991, 12 (1): 1 - 16.

[99] Berrone P, Surroca J, Tribó J A. Corporate ethical identity as a determinant of firm performance: A test of the mediating role of stakeholder satisfaction [J]. Journal of Business Ethics, 2007, 76 (1): 35 - 53.

[100] Simonen J, McCann P. Firm innovation: The influence of R&D cooperation and the geography of human capital inputs [J]. Journal of Urban Economics, 2008, 64 (1): 146 - 154.

[101] Lunn J. An empirical analysis of process and product patenting: A simultaneous equation framework [J]. The Journal of Industrial Economics, 1986, 34 (3): 319 - 330.

[102] Lunn E R, Perry V H, Brown M C, et al. Absence of Wallerian Degeneration does not Hinder Regeneration in Peripheral Nerve [J]. European Journal of Neuroscience, 1989, 1 (1): 27 - 33.

[103] Bloom N, Propper C, Seiler S, et al. The impact of competition on management

quality: Evidence from public hospitals [J]. The Review of Economic Studies, 2015, 82 (2): 457 - 489.

[104] 孙晓华，田晓芳．市场力量与技术创新：基于联立方程模型的实证研究 [J]．研究与发展管理，2010，22 (1)：26 - 33.

[105] Hu A G Z, Jefferson G H, Qian J C. R&D and technology transfer: Firm-level evidence from Chinese industry [J]. Review of Economics and Statistics, 2005, 87 (4): 780 - 786.

[106] 马瑞超，张鹏．外资异质、吸收能力与创新绩效 [J]．当代财经，2013 (2)：98 - 107.

[107] Bennedsen M, Wolfenzon D. The balance of power in closely held corporations [J]. Journal of Financial Economics, 2000, 58 (1/2): 113 - 139.

[108] Chung K H, Wright P, Kedia B. Corporate governance and market valuation of capital and R&D investments [J]. Review of Financial Economics, 2003, 12 (2): 161 - 172.

[109] 刘胜强，刘星．股权结构对企业 R&D 投资的影响：来自制造业上市公司 2002—2008 年的经验证据 [J]．软科学，2010，24 (7)：32 - 36.

[110] 李文洲，冉茂盛，黄俊．大股东掏空视角下的薪酬激励与盈余管理 [J]．管理科学，2014，27 (6)：27 - 39.

[111] Belloc F. Corporate governance and innovation: A survey [J]. Journal of Economic Surveys, 2012, 26 (5): 835 - 864.

[112] Wu J F, Xu D A, Phan P H. The effects of ownership concentration and corporate debt on corporate divestitures in Chinese listed firms [J]. Asia Pacific Journal of Management, 2011, 28 (1): 95 - 114.

[113] Sauerwald S, Peng M W. Informal institutions, shareholder coalitions, and principal - principal conflicts [J]. Asia Pacific Journal of Management, 2013, 30 (3): 853 - 870.

[114] Cornett M M, McNutt J J, Tehranian H. Corporate governance and earnings management at large US bank holding companies [J]. Journal of Corporate Finance, 2009, 15 (4): 412 - 430.

[115] 杨建君，王婷，刘林波．股权集中度与企业自主创新行为：基于行为动机视角 [J]．管理科学，2015，28 (2)：1 - 11.

[116] Chin C L, Chen Y J, Kleinman G, et al. Corporate ownership structure and innovation: Evidence from Taiwan's electronics industry [J]. Journal of Accounting, Auditing & Finance, 2009, 24 (1): 145 - 175.

[117] Chen V Z, Li J, Shapiro D M. Are OECD-prescribed "good corporate governance practices" really good in an emerging economy? [J]. Asia Pacific Journal of Management, 2011, 28 (1): 115 - 138.

[118] La Porta R, Lopez-De-Silanes F, Shleifer A. Corporate ownership around the world [J]. The Journal of Finance, 1999, 54 (2): 471 - 517.

[119] Brickley J A, Lease R C, Smith C W Jr. Ownership structure and voting on antitakeover amendments [J]. Journal of Financial Economics, 1988, 20: 267-291.

[120] Bushee B J. Institutional investors, long-term investment, and earnings management [D]. Philadelphia : University of Pennsylvania, 1997.

[121] 刘华芳，杨建君. 异质股东持股、经理人激励与企业自主创新投入的实证研究 [J]. 管理学报，2014，11 (1): 79-85.

[122] 龙勇，吴洋，张合. 高新技术企业治理结构与技术创新的关系研究及指标设计 [J]. 软科学，2009，23 (4): 56-60.

[123] Pagano M, Röell A. The choice of stock ownership structure: Agency costs, monitoring, and the decision to go public [J]. The Quarterly Journal of Economics, 1998, 113 (1): 187-225.

[124] Gomes A, Novaes W. Sharing of control as a corporate governance mechanism [R]. University of Pennsylvania Center for Analytic Research in Economics and Social Science (CARESS), 2001.

[125] 冯根福，赵珏航. 管理者薪酬、在职消费与公司绩效：基于合作博弈的分析视角 [J]. 中国工业经济，2012 (6): 147-158.

[126] 杨典. 公司治理与企业绩效：基于中国经验的社会学分析 [J]. 中国社会科学，2013 (1): 72-94.

[127] Jensen M C, Murphy K J. Performance pay and top-management incentives [J]. Journal of Political Economy, 1990, 98 (2): 225-264.

[128] Markman G D, Balkin D B, Schjoedt L. Governing the innovation process in entrepreneurial firms [J]. The Journal of High Technology Management Research, 2001, 12 (2): 273-293.

[129] Cheng S J. R&D expenditures and CEO compensation [J]. The Accounting Review, 2004, 79 (2): 305-328.

[130] Lee P M. A comparison of ownership structures and innovations of US and Japanese firms [J]. Managerial and Decision Economics, 2005, 26 (1): 39-50.

[131] Holmström B. Managerial incentive problems: A dynamic perspective [J]. The Review of Economic Studies, 1999, 66 (1): 169-182.

[132] 刘运国，刘雯. 我国上市公司的高管任期与 R&D 支出 [J]. 管理世界，2007 (1): 128-136.

[133] 饶育蕾，王颖，王建新. CEO 职业生涯关注与短视投资关系的实证研究 [J]. 管理科学，2012，25 (5): 30-40.

[134] Caruana G, Celentani M. Career concerns and contingent compensation [J]. SSRN Electronic Journal, 2002.

[135] Auriol E, Friebel G, Pechlivanos L. Career concerns in teams [J]. Journal of Labor Economics, 2002, 20 (2): 289-307.

[136] 郭世俊，王颖. CEO 职业生涯初期与上市公司研发投入：基于 A 股市场面板数据的实证分析 [J]. 财会月刊，2016 (11): 19-23.

[137] Tylecote A, Conesa E. Corporate governance, innovation systems and industrial performance [J]. Industry and Innovation, 1999, 6 (1): 25-50.

[138] 毛良虎. 中小企业治理与技术创新: 基于中小企业板的实证研究 [J]. 中国科技论坛, 2008 (9): 67-72.

[139] Dale-Olsen H. Executive pay determination and firm performance—empirical evidence from a compressed wage environment [J]. The Manchester School, 2012, 80 (3): 355-376.

[140] 汪秀婷. 战略性新兴产业协同创新网络模型及能力动态演化研究 [J]. 中国科技论坛, 2012 (11): 51-57.

[141] 温兴琦, 李燕萍. 战略性新兴产业产学研用协同创新研究: 基于领导型用户的视角 [J]. 科技进步与对策, 2013, 30 (12): 67-70.

[142] 杜勇, 黄庆华, 张卫国. 战略性新兴产业微观主体协同创新风险控制机制研究 [J]. 科技进步与对策, 2014, 31 (12): 54-59.

[143] 巫强, 刘蓓. 政府研发补贴方式对战略性新兴产业创新的影响机制研究 [J]. 产业经济研究, 2014 (6): 41-49.

[144] 陆国庆, 王舟, 张春宇. 中国战略性新兴产业政府创新补贴的绩效研究 [J]. 经济研究, 2014, 49 (7): 44-55.

[145] 许罗丹, 何洁. 发展中国家发展高科技产业两种途径的选择条件 [J]. 世界经济, 2000, 23 (1): 12-20.

[146] 李晓华, 吕铁. 战略性新兴产业的特征与政策导向研究 [J]. 宏观经济研究, 2010 (9): 20-26.

[147] 高友才, 向倩. 我国战略性新兴产业的选择与发展对策 [J]. 经济管理, 2010, 32 (11): 21-25.

[148] 周铁昆. 战略性新兴产业创新博弈、研发外溢与政府补贴 [J]. 深圳大学学报 (人文社会科学版), 2012, 29 (5): 55-59.

[149] 肖兴志, 王伊攀. 不同补贴方式对战略性新兴产业竞争格局的影响 [J]. 产业经济评论 (山东), 2013 (4): 1-15.

[150] 郭晓丹, 何文韬. 战略性新兴产业政府 R&D 补贴信号效应的动态分析 [J]. 经济学动态, 2011 (9): 88-93.

[151] Isard W, Schooler E W. Industrial complex analysis, agglomeration economies, and regional development [J]. Journal of Regional Science, 1959, 1 (2): 19-33.

[152] 熊勇清, 李世才. 战略性新兴产业与传统产业的良性互动发展: 基于我国产业发展现状的分析与思考 [J]. 科技进步与对策, 2011, 28 (5): 54-58.

[153] 王宇, 刘志彪. 补贴方式与均衡发展: 战略性新兴产业成长与传统产业调整 [J]. 中国工业经济, 2013 (8): 57-69.

[154] 杨青, 宓众, 梁新. 高技术产业与传统产业协调发展模式及机制研究 [J]. 科技进步与对策, 2004, 21 (3): 83-85.

[155] 熊勇清, 李世才. 战略性新兴产业与传统产业耦合发展的过程及作用机制探讨 [J]. 科学学与科学技术管理, 2010, 31 (11): 84-87, 109.

[156] 贺正楚，吴艳. 战略性新兴产业的评价与选择 [J]. 科学学研究，2011，29 (5)：678 - 683，721.

[157] 余江，陈凯华. 中国战略性新兴产业的技术创新现状与挑战：基于专利文献计量的角度 [J]. 科学学研究，2012，30 (5)：682 - 695.

[158] 肖兴志，谢理. 中国战略性新兴产业创新效率的实证分析 [J]. 经济管理，2011，33 (11)：26 - 35.

[159] 李红锦，李胜会. 战略性新兴产业创新效率评价研究：LED 产业的实证分析 [J]. 中央财经大学学报，2013 (4)：75 - 80.

[160] 吕岩威，孙慧. 中国战略性新兴产业技术效率及其影响因素研究：基于 18 个大类行业面板数据的分析 [J]. 科学学与科学技术管理，2013，34 (11)：137 - 146.

[161] 孙早，肖利平. 产业特征、公司治理与企业研发投入：来自中国战略性新兴产业 A 股上市公司的经验证据 [J]. 经济管理，2015，37 (8)：23 - 34.

[162] 孙莹. 战略性新兴产业公司治理、研发投入延迟效应与企业绩效关系研究 [J]. 科技进步与对策，2017，34 (5)：66 - 72.

[163] 吴延兵. 市场结构、产权结构与 R&D：中国制造业的实证分析 [J]. 统计研究，2007，24 (5)：67 - 75.

[164] 陈小悦，徐晓东. 股权结构、企业绩效与投资者利益保护 [J]. 经济研究，2001，36 (11)：3 - 11，94.

[165] 徐二明，张晗. 中国上市公司国有股权对创新战略选择和绩效的影响研究 [J]. 管理学报，2011，8 (2)：206 - 213.

[166] Hall B H, Harhoff D. Recent research on the economics of patents [J]. Annual Review of Economics, 2012, 4 (1): 541 - 565.

[167] He J J, Tian X. The dark side of analyst coverage: The case of innovation [J]. Journal of Financial Economics, 2013, 109 (3): 856 - 878.

[168] 袁建国，后青松，程晨. 企业政治资源的诅咒效应：基于政治关联与企业技术创新的考察 [J]. 管理世界，2015 (1)：139 - 155.

[169] 薄仙慧，吴联生. 国有控股与机构投资者的治理效应：盈余管理视角 [J]. 经济研究，2009，44 (2)：81 - 91，160.

[170] Jensen M C. The modern industrial revolution, exit, and the failure of internal control systems [J]. The Journal of Finance, 1993, 48 (3): 831 - 880.

[171] Porter M E. Capital disadvantage: America's failing capital investment system [J]. Harvard Business Review, 1992, 70 (5): 65 - 82.

[172] Czarnitzki D, Licht G. Additionality of public R&D grants in a transition economy [J]. Economics of Transition, 2006, 14 (1): 101 - 131.

[173] 汤吉军. 沉淀成本效应与国有企业自主创新动力不足分析 [J]. 经济体制改革，2012 (5)：103 - 105.

[174] 马红，王元月. 融资约束、政府补贴和公司成长性：基于我国战略性新兴产业的实证研究 [J]. 中国管理科学，2015，23 (S1)：630 - 636.

后记

完成本书已是博士毕业后三年。本书是在我的博士论文基础上修改而成的，在整理修改过程中，仿佛又回到了读博士的那几年。

在整理这本书的过程中，我也回顾温习了博士期间的研究成果，不得不说博士期间的学习研究为我现在的工作打下了很好的基础。尤其是对企业微观主体的研究，为我进入国内大型银行工作奠定了一定的理论基础。站在银行投融资的视角再来看我国企业技术创新，又是另一番感悟。随着国际形势的紧张和全球竞争的加剧，我国企业技术创新变得迫在眉睫，政府也是通过各种政策措施敦促引导银行等机构资本投入企业技术创新。但是基于资本的逐利性，全面了解企业技术创新内在机制、评估识别企业技术创新风险，以降低投资风险、获取长期可持续高收益，已成为投资机构的重要研究课题。本书正是在一定程度上揭示了企业技术创新的内在机制，让我们更加了解内外部因素影响企业技术创新的路径。虽然目前的工作大多是微观实务性质，但博士期间养成的学习研究习惯也让我不断地在思考微观工作背后的内在机制，也希望自己以后可以对企业技术创新有更进一步的深入研究。

本书能够顺利付梓，主要得益于我的博士生导师吴柏钧教授的悉心指导和大力支持，非常感谢吴教授一直以来对我的帮助和提携！另，本书受到华东理工大学区域经济学和经济发展研究所学科建设经费支持，在此表示感谢！同时也要感谢华东理工大学社会科学高等研究院和华东理工大学出版社的大力支持！

由于技术创新会随着企业的不断发展而呈现出不同的特征，书中某些内容的叙述和取材难免会有谬误或不当，我们真诚地欢迎各界人士批评指正。

牟琪
2022 年初夏于沪